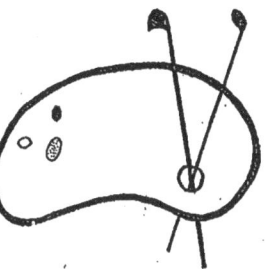

DÉBUT D'UNE SERIE DE DOCUMENTS
EN COULEUR

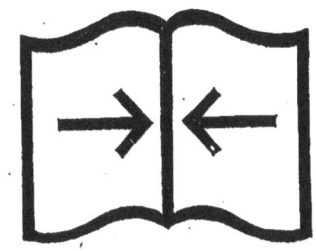

RELIURE SERRÉE
ABSENCE DE MARGES INTÉRIEURES

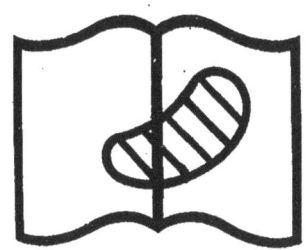

Illisibilité partielle

Un franc le volume
NOUVELLE COLLECTION MICHEL LÉVY
1 FR. 25 C. PAR LA POSTE

GEORGE SAND
— ŒUVRES COMPLÈTES —

LE
SECRÉTAIRE
INTIME

MATTÉA — LA VALLÉE NOIRE

NOUVELLE ÉDITION

CALMANN LÉVY, ÉDITEUR
ANCIENNE MAISON MICHEL LÉVY FRÈRES
RUE AUBER, 3, ET BOULEVARD DES ITALIENS, 15
A LA LIBRAIRIE NOUVELLE

EXTRAIT DU CATALOGUE MICHEL LÉVY

1 FRANC LE VOLUME. — 1 FR. 25 PAR LA POSTE

ROGER DE BEAUVOIR

Titre	vol.
AVENTURIÈRES ET COURTISANES	1
LE CABARET DES MORTS	1
LE CHEVALIER DE CHARNY	1
LE CHEVALIER DE SAINT-GEORGES	1
L'ÉCOLIER DE CLUNY	1
HISTOIRES CAVALIÈRES	1
LA LESCOMBAT	1
MADEMOISELLE DE CHOISY	1
LE MOULIN D'HEILLY	1
LES MYSTÈRES DE L'ILE SAINT-LOUIS	2
LES ŒUFS DE PAQUES	1
LE PAUVRE DIABLE	1
LES SOIRÉES DU LIDO	1
LES TROIS ROHAN	1

Mme ROGER DE BEAUVOIR

Titre	vol.
CONFIDENCES DE Mlle MARS	1
SOUS LE MASQUE	1

ALBERT BLANQUET

Titre	vol.
LA BELLE FÉRONNIÈRE	1
LA MAITRESSE DU ROI	1

CH. DE BOIGNE

Titre	vol.
LES PETITS MÉMOIRES DE L'OPÉRA	1

COMTESSE DASH

Titre	vol.
UN AMOUR COUPABLE	1
LES AMOURS DE LA BELLE AURORE	2
AVENTURES D'UNE JEUNE MARIÉE	1
LES BALS MASQUÉS	1
LA BELLE PARISIENNE	1
LA CEINTURE DE VÉNUS	1
LA CHAINE D'OR	1
LA CHAMBRE BLEUE	1
LE CHATEAU DE LA ROCHE-SANGLANTE	1
LES CHATEAUX EN AFRIQUE	1
LA DAME DU CHATEAU MURÉ	1
LA DERNIÈRE EXPIATION	2
LA DUCHESSE D'ÉPONNES	1
LE DRAME DE LA RUE DU SENTIER	1
LA DUCHESSE DE LAUZUN	3
LA FÉE AUX PERLES	1
LA FEMME DE L'AVEUGLE	1
LE FILS NATUREL	1
LES FOLIES DU CŒUR	1
LE FRUIT DÉFENDU	1
LES GALANTERIES DE LA COUR DE LOUIS XV	4
— LA RÉGENCE	1

COMTESSE DASH (Suite)

Titre	vol.
— LA JEUNESSE DE LOUIS XV	1
— LES MAITRESSES DU ROI	1
— LE PARC AUX CERFS	1
LE JEU DE LA REINE	1
LA JOLIE BOHÉMIENNE	1
LES LIONS DE PARIS	1
MADAME DE LA SABLIÈRE	1
MADAME LOUISE DE FRANCE	1
MADEMOISELLE DE LA TOUR DU PIN	1
LA MAIN GAUCHE ET LA MAIN DROITE	1
LES MALHEURS D'UNE REINE	1
LA MARQUISE DE PARABÈRE	1
LA MARQUISE SANGLANTE	1
LA NEUF DE PIQUE	1
LA POUDRE ET LA NEIGE	1
LA PRINCESSE DE CONTI	1
UN PROCÈS CRIMINEL	1
UNE RIVALE DE LA POMPADOUR	1
LE SALON DU DIABLE	1
LES SECRETS D'UNE SORCIÈRE	2
LA SORCIÈRE DU ROI	1
LES SOUPERS DE LA RÉGENCE	2
LES SUITES D'UNE FAUTE	1
TROIS AMOURS	1

ARSÈNE HOUSSAYE

Titre	vol.
L'AMOUR COMME IL EST	1
LES AVENTURES GALANTES DE MARGOT	1
LES FEMMES COMME ELLES SONT	1
LES FEMMES DU DIABLE	1

EUGÈNE DE MIRECOURT

Titre	vol.
ANDRÉ LE SORCIER	1
UN ASSASSIN	1
LA BOHÉMIENNE AMOUREUSE	1
CONFESSIONS DE MARION DELORME	3
CONFESSIONS DE NINON DE LENCLOS	3
LE FOU PAR AMOUR	1
UN MARIAGE SOUS LA TERREUR	1
LE MARI DE MADAME ISAURE	1
MASANIELLO, LE PÊCHEUR DE NAPLES	1

PAUL DE MOLÈNES

Titre	vol.
AVENTURES DU TEMPS PASSÉ	1
CARACTÈRES ET RÉCITS DU TEMPS	1
CHRONIQUES CONTEMPORAINES	1
HISTOIRES INTIMES	1
HISTOIRES SENTIMENTALES ET MILITAIRES	1
MÉM. D'UN GENTILH. DU SIÈCLE DERNIER	1

Le Catalogue complet sera envoyé franco à toute personne qui en fera la demande par lettre affranchie.

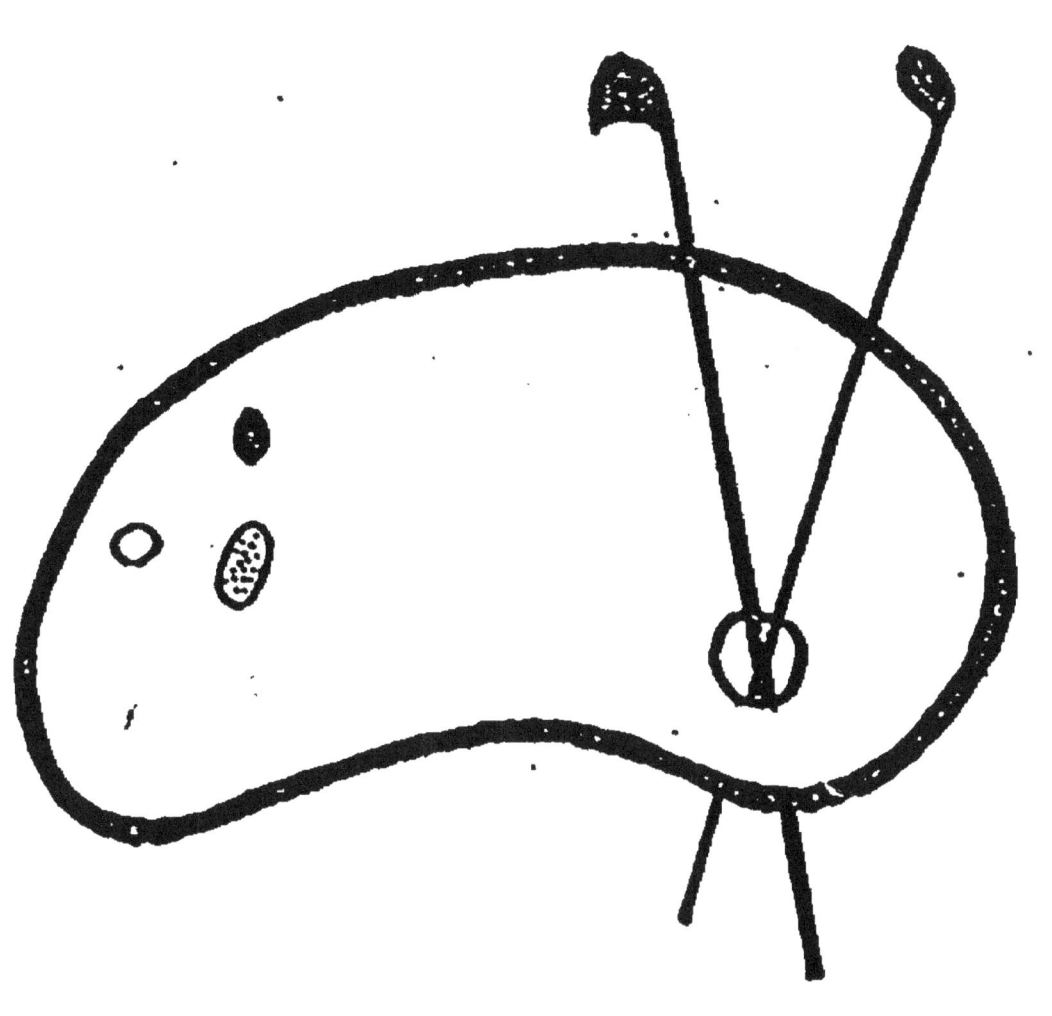

FIN D'UNE SERIE DE DOCUMENTS
EN COULEUR

ŒUVRES COMPLÈTES

DE

GEORGE SAND

LE SECRÉTAIRE INTIME

CALMANN LÉVY, ÉDITEUR

ŒUVRES COMPLÈTES DE GEORGE SAND

Format grand in-18.

	Vol.
LES AMOURS DE L'AGE D'OR	1
ADRIANI	1
ANDRÉ	1
ANTONIA	1
AUTOUR DE LA TABLE	1
LE BEAU LAURENCE	1
LES BEAUX MESSIEURS DE BOIS-DORÉ	2
CADIO	1
CÉSARINE DIETRICH	1
LE CHATEAU DE PICTORDU	1
LE CHATEAU DES DÉSERTES	1
LE CHÊNE PARLANT	1
LE COMPAGNON DU TOUR DE FRANCE	2
LA COMTESSE DE RUDOLSTADT	2
LA CONFESSION D'UNE JEUNE FILLE	2
CONSTANCE VERRIER	1
CONSUELO	3
CORRESPONDANCE	4
LA COUPE	1
LES DAMES VERTES	1
LA DANIELLA	2
LA DERNIÈRE ALDINI	1
LE DERNIER AMOUR	1
DERNIÈRES PAGES	1
LES DEUX FRÈRES	1
LE DIABLE AUX CHAMPS	1
ELLE ET LUI	1
LA FAMILLE DE GERMANDRE	1
LA FILLEULE	1
FLAMARANDE	1
FLAVIE	1
FRANCIA	1
FRANÇOIS LE CHAMPI	1
HISTOIRE DE MA VIE	4
UN HIVER A MAJORQUE. — SPIRIDION	1
L'HOMME DE NEIGE	3
HORACE	1
IMPRESSIONS ET SOUVENIRS	1
INDIANA	1
ISIDORA	1
JACQUES	1
JEAN DE LA ROCHE	1
JEAN ZISKA. — GABRIEL	1
JEANNE	1

	Vol.
JOURNAL D'UN VOYAGEUR PENDANT LA GUERRE	1
LAURA	1
LÉGENDES RUSTIQUES	1
LÉLIA. — MÉTELLA. — CORA	2
LETTRES D'UN VOYAGEUR	1
LUCREZIA FLORIANI. — LAVINIA	1
MADEMOISELLE LA QUINTINIE	1
MADEMOISELLE MERQUEM	1
LES MAITRES SONNEURS	1
LES MAITRES MOSAISTES	1
MALGRÉ TOUT	1
LA MARE AU DIABLE	1
LE MARQUIS DE VILLEMER	1
MA SŒUR JEANNE	1
MAUPRAT	1
LE MEUNIER D'ANGIBAULT	1
MONSIEUR SYLVESTRE	1
MONT-REVÊCHE	1
NANON	1
NARCISSE	1
NOUVELLES	1
NOUVELLES LETTRES D'UN VOYAGEUR	1
PAULINE	1
LA PETITE FADETTE	1
LE PÉCHÉ DE M. ANTOINE	1
LE PICCININO	2
PIERRE QUI ROULE	1
PROMENADE AUTOUR D'UN VILLAGE	1
QUESTIONS D'ART ET DE LITTÉRATURE	1
QUESTIONS POLITIQUES ET SOCIALES	1
LE SECRÉTAIRE INTIME	1
LES SEPT CORDES DE LA LYRE	1
SIMON	1
SOUVENIRS DE 1848	1
TAMARIS	1
TEVERINO. — LÉONE LÉONI	1
THÉATRE COMPLET	4
THÉATRE DE NOHANT	1
LA TOUR DE PERCEMONT. — MARIANNE	1
L'USCOQUE	1
VALENTINE	1
VALVÈDRE	1
LA VILLE NOIRE	1

Imprimerie D. Bardin et Cie, à Saint-Germain.

LE
SECRÉTAIRE
INTIME

MATTÉA — LA VALLÉE NOIRE

PAR

GEORGE SAND

NOUVELLE ÉDITION

PARIS
CALMANN LÉVY, ÉDITEUR
ANCIENNE MAISON MICHEL LÉVY FRÈRES
3, RUE AUBER, 3
—
1884
Droits de reproduction et de traduction réservés.

NOTICE

Le Secrétaire intime est une fantaisie sans rime ni raison qui m'est venue en 1833, après avoir relu les *Contes fantastiques d'Hoffman*. Cela manque d'ensemble et atteste une grande inexpérience littéraire. La fable est-elle amusante? L'imagination, à défaut de la vraisemblance, y trouve-t-elle son compte? Mon point de vue a tellement changé, que je ne suis plus un juge impartial des essais de ma jeunesse.

Nohant, 18 octobre 1852.

GEORGE SAND.

LE
SECRÉTAIRE INTIME

I.

Par une belle journée, cheminait sur la route de Lyon à Avignon un jeune homme de bonne mine. Il se nommait Louis de Saint-Julien, et portait à bon droit le titre de comte, car il était d'une des meilleures familles de sa province. Néanmoins il allait à pied avec un petit sac sur le dos; sa toilette était plus que modeste, et ses pieds enflaient d'heure en heure sous ses guêtres de cuir poudreux.

Ce jeune homme, élevé à la campagne par un bon et honnête curé, avait beaucoup de droiture, passablement d'esprit, et une instruction assez recommandable pour espérer l'emploi de précepteur, de sous-bibliothécaire ou de secrétaire intime. Il avait des qualités et même des vertus. Il avait aussi des travers et même des défauts; mais il n'avait point de vices. Il était bon et romanesque, mais orgueilleux et craintif, c'est-à-dire susceptible et méfiant, comme tous les gens sans expérience de la vie et sans connaissance du monde.

Si ce rapide exposé de son caractère ne suffit point pour exciter l'intérêt du lecteur, peut-être la lectrice lui accordera-t-elle un peu de bienveillance en apprenant que M. Louis de Saint-Julien avait de très-beaux yeux, la main blanche, les dents blanches et les cheveux noirs.

Pourquoi ce jeune homme voyageait-il à pied? c'est qu'apparemment il n'avait pas le moyen d'aller en voiture. D'où venait-il? c'est ce que nous vous dirons en temps et lieu. Où allait-il? il ne le savait pas lui-même. On peut résumer cependant son passé et son avenir en peu de mots : il venait du triste pays de la réalité, et il tâchait de s'élancer à tout hasard vers le joyeux pays des chimères.

Depuis huit jours qu'il était en route, il avait héroïquement supporté la fatigue, le soleil, la poussière, les mauvais gîtes, et l'effroi insurmontable qui chemine toujours triste et silencieux sur les talons d'un homme sans argent. Mais une écorchure à la cheville le força de s'asseoir au bord d'une haie, près d'une métairie où l'on avait récemment établi un relais de poste aux chevaux.

Il y était depuis un instant lorsqu'une très-belle et leste berline de voyage vint à passer devant lui; elle était suivie d'une calèche et d'une chaise de poste qui paraissaient contenir la suite ou la famille de quelque personnage considérable.

L'idée vint à Julien de monter derrière une de ces voitures; mais à peine y fut-il installé, que le postillon, jetant de côté un regard exercé à ce genre d'observation, découvrit la silhouette du délinquant, qui courait avec l'ombre de la voiture sur le sable blanc du chemin. Aussitôt il s'arrêta et lui commanda impérieusement de descendre. Saint-Julien descendit et s'adressa aux personnes qui étaient dans la chaise, s'imaginant dans sa confiance honnête qu'une telle demande ne pouvait être repoussée que par un postillon grossier; mais les deux personnes qui occupaient la voiture étaient une lectrice et un majordome, gens essentiellement hautains et insolents par état. Ils refusèrent avec impertinence.—Vous n'êtes que des laquais mal appris! leur cria Saint-Julien en colère, et l'on voit bien que c'est vous qui êtes faits pour monter derrière la voiture des gens comme il faut.

Saint-Julien parlait haut et fort; le chemin était montueux, et les trois voitures marchaient lentement et sans bruit sans un sable mat et chaud. La voix de Julien et celle du postillon, qui l'insultait pour complaire aux voyageurs de la chaise, furent entendues de la personne qui occupait la berline. Elle se pencha hors de la portière pour regarder ce qui se passait derrière elle, et Saint-Julien vit avec une émotion enfantine le plus beau buste de femme qu'il eût jamais imaginé, mais il n'eut pas le temps de l'admirer; car dès qu'elle jeta les yeux sur lui, il baissa timidement les siens. Alors cette femme si belle, s'adressant au postillon et à ses gens d'une grosse voix de contralto et avec un accent étranger assez ronflant, les gourmanda vertement et interpella le jeune voyageur avec familiarité:—Viens çà, mon enfant, lui dit-elle, monte sur le siége de ma voiture; accorde seulement un coin grand comme la main à ma levrette blanche qui est sur le marchepied. Va, dépêche-toi; garde tes compliments et tes révérences pour un autre jour.

Saint-Julien ne se le fit pas dire deux fois, et, tout haletant de fatigue et d'émotion, il grimpa sur le siége et prit la levrette sur ses genoux. La voiture partit au galop en arrivant au sommet de la côte.

Au relais suivant, qui fut atteint avec une grande rapidité, Saint-Julien descendit, dans la crainte d'abuser de la permission qu'on lui avait donnée; et comme il se mêla aux postillons, aux chevaux, aux poules et aux mendiants qui encombrent toujours un relais de poste, il put regarder la belle voyageuse à son aise. Elle ne faisait aucune attention à lui et tançait tous ses laquais l'un après l'autre d'un ton demi-colère, demi-jovial. C'était une personne étrange, et comme Julien n'en avait jamais vu. Elle était grande, élancée; ses épaules étaient larges; son cou blanc et dégagé avait des attitudes à la fois cavalières et majestueuses. Elle paraissait bien avoir trente ans, mais elle n'en avait peut-être que vingt-cinq; c'était une femme un peu fatiguée; mais sa pâleur, ses joues minces et le demi-cercle bleuâtre creusé sous ses grands yeux noirs donnaient une expression de volonté pensive, d'intelligence saisissante et de fermeté mélancolique à toute cette tête, dont la beauté linéaire pouvait d'ailleurs supporter la comparaison avec les camées antiques les plus parfaits.

La richesse et la coquetterie de son costume de voyage n'étonnèrent pas moins Julien que ses manières. Elle paraissait très-vive et très-bonne, et jetait de l'argent aux pauvres à pleines mains. Il y avait dans sa voiture deux autres personnes, que Saint Julien ne songea pas à regarder, tant il était absorbé par celle-là.

Au moment de repartir, elle se pencha de nouveau; et, cherchant des yeux Saint-Julien, elle le vit qui s'approchait, le chapeau à la main, pour lui faire ses remerciments. Il n'eût pas osé renouveler sa demande; mais elle le prévint. « Eh bien! lui dit-elle, est-ce que tu restes ici?

— Madame, répondit Julien, je me rends à Avignon; mais je craindrais...

— Eh bien ! eh bien ! dit-elle avec sa voix mâle et brève, je t'y conduirai avant la nuit, moi. Allons, remonte. »

Ils arrivèrent en effet avant la nuit. Saint-Julien avait eu bien envie de se retourner cent fois durant le voyage et de jeter un coup d'œil furtif dans la voiture, où il eût pu plonger en faisant un mouvement; mais il ne l'osa pas, car il sentit que sa curiosité aurait le caractère de la grossièreté et de l'ingratitude. Seulement il était descendu à tous les relais pour regarder la belle voyageuse à la dérobée, pour examiner ses actions, écouter ses paroles, scruter sa conduite, en affectant l'air indifférent et distrait. Il avait trouvé en elle ce continuel mélange du caractère impérial et du caractère bon enfant, qui ne le menait à aucune découverte. Il n'eût pas osé s'adresser aux personnes de sa suite pour exprimer la curiosité imprudente qui chauffait dans sa tête. Il était dans une très-grande anxiété en s'adressant les questions suivantes : — Est-ce une reine ou une courtisane ? — Comment le savoir ? — Que m'importe ? Pourquoi suis-je si intrigué par une femme que j'ai vue aujourd'hui et que je ne verrai plus demain ?

La voyageuse et sa suite entrèrent avec grand fracas dans la principale auberge d'Avignon. Saint-Julien se hâta de se jeter en bas de la voiture, afin de s'enfuir et de n'avoir pas l'air d'un mendiant parasite.

Mais à la vue de l'aubergiste et de ses aides de camp en veste blanche qui accouraient à la rencontre de la voyageuse, il s'arrêta, enchaîné par une invincible curiosité, et il entendit ces mots, qui lui ôtèrent un poids énorme de dessus le cœur, partir de la bouche du patron :

« J'attendais Votre Altesse, et j'espère qu'elle sera contente. »

Saint-Julien, rassuré sur une crainte pénible, se résolut alors à faire sa première folie. Au lieu d'aller chercher, comme à l'ordinaire, un gîte obscur et frugal dans quelque faubourg de la ville, il demanda une chambre dans le même hôtel que la princesse, afin de la voir encore, ne fût-ce qu'un instant et de loin, au risque de dépenser plus d'argent en un jour qu'il n'avait fait depuis qu'il était en voyage.

Il ne rencontra que des figures accortes et des soins

prévenants, parce qu'on le crut attaché au service de la princesse, et que les riches sont en vénération dans toutes les auberges du monde.

Après s'être retiré dans sa chambre pour faire un peu de toilette, il s'assit dans la cour sur un banc et attacha son regard sur les fenêtres où il supposa que pouvait se montrer la princesse. Son espérance fut promptement réalisée : les fenêtres s'ouvrirent, deux personnes apportèrent un fauteuil et un marchepied sur le balcon, et la princesse vint s'y étendre d'une façon assez nonchalante en fumant des cigarettes ambrées; tandis qu'un petit homme sec et poudré apporta une chaise auprès d'elle, déploya lentement un papier, et se mit à lui faire d'un ton de voix respectueux la lecture d'une gazette italienne.

Tout en fumant une douzaine de cigarettes que lui présentait tout allumées une très-jolie suivante, qu'à l'élégance de sa toilette Saint-Julien prit au moins pour une marquise, l'altesse ultramontaine le regarda en clignotant de l'œil d'une manière qui le fit rougir jusqu'à la racine des cheveux. Puis elle se tourna vers sa suivante, et, sans égard pour les poumons de l'abbé, qui lisait pour les murailles :

« Ginetta, est-ce que c'est là l'enfant que nous avons ramassé ce matin sur la route?

— Oui, Altesse.

— Il a donc changé de costume?

— Altesse, il me semble que oui.

— Il loge donc ici?

— Apparemment, Altesse.

— Eh bien! l'abbé, pourquoi vous interrompez-vous?

— J'ai cru que Votre Altesse ne daignait plus entendre la lecture des journaux.

— Qu'est-ce que cela vous fait? »

L'abbé reprit sa tâche. La princesse demanda quelque chose à Ginetta, qui revint avec un lorgnon. La princesse lorgna Julien.

Saint-Julien était d'une très-délicate et très-intéressante beauté : pâlie par le chagrin et la fatigue, sa figure était pleine de langueur et de tendresse.

La princesse remit le lorgnon à Ginetta en lui disant : « *Non è troppo brutto.* » Puis elle reprit le lorgnon et regarda encore Julien. L'abbé lisait toujours.

Saint-Julien n'avait pu faire une brillante toilette ; il avait tiré de son petit sac de voyage une blouse de coutil, un pantalon blanc, une chemise blanche et fine ; mais cette blouse, serrée autour de la taille, dessinait un corps souple et mince comme celui d'une femme ; sa chemise ouverte laissait voir un cou de neige à demi caché par de longs cheveux noirs. Une barrette de velours noir posée de travers lui donnait un air de page amoureux et poëte. « Maintenant qu'il n'est plus couvert de poussière, dit Ginetta, il a l'air tout à fait bien né.

— Hum ! dit la princesse en jetant son cigare sur le journal que lisait l'abbé, et qui prit feu sous le nez du digne personnage, c'est quelque pauvre étudiant. »

Saint-Julien n'entendait point ce que disaient ces deux femmes ; mais il vit bien qu'elles s'occupaient de lui, car elles ne se donnaient pas la moindre peine pour le cacher. Il fut un peu piqué de se voir presque montré au doigt, comme s'il n'eût pas été un homme et comme si elles eussent cru impossible de se compromettre vis-à-vis de lui. Pour échapper à cette impertinente investigation, il rentra dans la salle des voyageurs.

Il était au moment de s'asseoir à la table d'hôte lorsqu'il se sentit frapper sur l'épaule ; et, se retournant brusquement, il vit cette piètre figure et cette maigre personne d'abbé qui lui était apparue sur le balcon.

L'abbé, l'ayant attiré dans un coin et l'ayant accablé de révérences obséquieuses, lui demanda s'il voulait souper avec Son Altesse sérénissime la princesse de Cavalcanti. Saint-Julien faillit tomber à la renverse; puis, reprenant ses esprits, il s'imagina que sous la triste mine de l'abbé pouvait bien s'être cachée quelque humeur ironique et facétieuse; et, s'armant de beaucoup de sang-froid : « Certainement, Monsieur, répondit-il, quand elle m'aura fait l'honneur de m'inviter.

— Aussi, Monsieur, reprit l'abbé en se courbant jusqu'à terre, c'est une commission que je remplis.

— Oh ! cela ne suffit pas, dit Saint-Julien, qui se crut joué et persiflé par la princesse elle-même. Entre gens de notre rang, madame la princesse Cavalcanti sait bien qu'on n'emploie pas un abbé en guise d'ambassadeur. Je veux traiter avec un personnage plus important que Votre Seigneurie, ou recevoir une lettre signée de l'illustre main de Son Altesse. »

L'abbé ne fit pas la moindre objection à cette prétention singulière; son visage n'exprima pas la moindre opinion personnelle sur la négociation qu'il remplissait. Il salua profondément Julien, et le quitta en lui disant qu'il allait porter sa réponse à la princesse.

Saint-Julien revint s'asseoir à la table d'hôte, convaincu qu'il venait de déjouer une mystification. Il avait si peu l'usage du monde, que ses étonnements n'étaient pas de longue durée. « Apparemment, se disait-il, que ces choses-là se font dans la société. »

Il était retombé dans sa gravité habituelle, lorsqu'il fut réveillé par le nom de Cavalcanti, qu'il entendit prononcer confusément au bout de la table.

« Monsieur, dit-il à un commis voyageur qui était à son côté, qu'est-ce donc que la princesse Cavalcanti ?

— Bah ! dit le commis en relevant sa moustache

blonde et en se donnant l'air dédaigneux d'un homme qui n'a rien de neuf à apprendre dans l'univers, la princesse Quintilia Cavalcanti? Je ne m'en soucie guère; une princesse comme tant d'autres! Race italienne croisée allemande. Elle était riche; on lui a fait épouser je ne sais quel principicule d'Autriche, qui a consenti pour obtenir sa fortune à ne pas lui donner son nom. Ces choses-là se font en Italie : j'ai passé par ce pays-là, et je le connais comme mes poches. Elle vient de Paris et retourne dans ses États. C'est une principauté esclavonne qui peut bien rapporter un million de rente. Bah! qu'est-ce que cela? Nous avons dans le commerce des fortunes plus belles qui font moins d'étalage.

— Mais quel est le caractère de cette princesse Cavalcanti?

— Son caractère! dit le commis voyageur d'un ton d'ironie méprisante; qu'est-ce que vous en voulez faire, de son caractère? »

Saint-Julien allait répondre lorsque le maître de l'auberge lui frappa sur l'épaule et l'engagea à sortir un instant avec lui.

« Monsieur, lui dit-il d'un air consterné, il se passe des choses bien extraordinaires entre vous et son Altesse madame la princesse de Cavalcanti.

— Comment, Monsieur?...

— Comment, Monsieur! Son Altesse vous invite à venir souper avec elle, et vous refusez! Vous êtes cause que cet excellent abbé Scipion vient d'être sévèrement grondé. La princesse ne veut pas croire qu'il se soit acquitté convenablement de son message, et s'en prend à lui de l'affront qu'elle reçoit. Enfin elle m'a commandé de venir vous demander une explication de votre conduite.

— Ah! par exemple, voilà qui est trop fort, dit Julien. Il plaît à cette dame de me persifler, et je n'aurais pas le droit de m'y refuser!...

— Madame la princesse est fort absolue, dit l'aubergiste à demi-voix ; mais...

— Mais madame la princesse de Cavalcanti peut être absolue tant qu'il lui plaira! s'écria Saint-Julien. Elle n'est pas ici dans ses États, et je ne sais aucune loi française qui lui donne le droit de me faire souper de force avec elle...

— Pour l'amour du ciel, Monsieur, ne le prenez pas ainsi. Si madame de Cavalcanti recevait une injure dans ma maison, elle serait capable de n'y plus descendre. Une princesse qui passe ici presque tous les ans, Monsieur! et qui ne s'arrête pas deux jours sans faire moins de cinq cents francs de dépense!... Au nom de Dieu, Monsieur, allez, allez souper avec elle. Le souper sera parfait. J'y ai mis la main moi-même. Il y a des faisans truffés que le roi de France ne dédaignerait pas, des gelées qui...

— Eh! Monsieur, laissez-moi tranquille...

— Vraiment, dit l'aubergiste d'un air consterné en croisant ses mains sur son gros ventre, je ne sais plus comment va le monde, je n'y conçois rien. Comment! un jeune homme qui refuse de souper avec la plus belle princesse du monde, dans la crainte qu'on ne se moque de lui! Ah! si madame la princesse savait que c'est là votre motif, c'est pour le coup qu'elle dirait que les Français sont bien ridicules!

— Au fait, se dit Julien, je suis peut-être un grand sot de me méfier ainsi. Quand on se moquerait de moi, après tout! je tâcherai, s'il en est ainsi, d'avoir ma revanche. Eh bien! dit-il à l'aubergiste, allez présenter mes excuses à madame la princesse, et dites-lui que j'obéis à ses ordres.

— Dieu soit loué! s'écria l'aubergiste. Vous ne vous en repentirez pas; vous mangerez les plus belles truites de Vaucluse!... » Et il s'enfuit transporté de joie.

Saint-Julien, voulant lui donner le temps de faire sa commission, rentra dans la salle des voyageurs. Il remarqua un grand homme pâle, d'une assez belle figure, qui errait autour des tables et qui semblait enregistrer les paroles des autres. Saint-Julien pensa que c'était un mouchard, parce qu'il n'avait jamais vu de mouchard, et que, dans son extrême méfiance, il prenait tous les curieux pour des espions. Personne cependant n'en avait moins l'air que cet individu. Il était lent, mélancolique, distrait, et ne semblait pas manquer d'une certaine niaiserie. Au moment où il passa près de Saint-Julien, il prononça entre ses dents, à deux reprises différentes et en appuyant sur les deux premières syllabes, le nom de Quintilia Cavalcanti.

Puis il retourna auprès de la table, et fit des questions sur cette princesse Cavalcanti.

« Ma foi! Monsieur, répondit une personne à laquelle il s'adressa, je ne puis pas trop vous dire; demandez à ce jeune homme qui est auprès du poêle. C'est un de ses domestiques. »

Saint-Julien rougit jusqu'aux yeux, et, tournant brusquement le dos, il s'apprêtait à sortir de la salle; mais l'étranger, avec une singulière insistance, l'arrêta par le bras, et, le saluant avec la politesse d'un homme qui croit faire une grande concession à la nécessité : « Monsieur, lui dit-il, auriez-vous la bonté de me dire si madame la princesse de Cavalcanti arrive directement de Paris?

— Je n'en sais rien, Monsieur, répondit Saint-Julien sèchement. Je ne la connais pas du tout.

— Ah! Monsieur, je vous demande mille pardons. On m'avait dit... »

Saint-Julien le salua brusquement et s'éloigna. Le voyageur pâle revint auprès de la table.

« Eh bien ? lui dit le commis voyageur, qui avait observé sa méprise.

— Vous m'avez fait faire une bévue, dit le voyageur pâle à la personne qui l'avait d'abord adressé à Saint-Julien.

— Je vous en demande pardon, dit celui-ci. Je croyais avoir vu ce jeune homme sur le siége de la voiture. »

Le commis voyageur, qui était facétieux comme tous les commis voyageurs du monde, crut que l'occasion était bien trouvée de faire ce qu'il appelait une farce. Il savait fort bien que Saint-Julien ne connaissait pas la princesse, puisque c'était précisément à lui qu'il avait adressé une question semblable à celle du voyageur pâle; mais il lui sembla plaisant de faire durer la méprise de ce dernier.

« Parbleu ! Monsieur, dit-il, je suis sûr, moi, que vous ne vous êtes pas trompé. Je connais très-bien la figure de ce garçon-là ; c'est le valet de chambre de madame de Cavalcanti. Si vous connaissiez le caractère de ces valets italiens, vous sauriez qu'ils ne disent pas une parole gratis; vous lui auriez offert cent sous...

— En effet, » pensa le voyageur, qui tenait extraordinairement à satisfaire sa curiosité. Il prit un louis dans sa bourse et courut après Saint-Julien.

Celui-ci attendait sous le péristyle que l'hôte vînt le chercher pour l'introduire chez la princesse. Le voyageur pâle l'accosta de nouveau, mais plus hardiment que la première fois, et, cherchant sa main, il y glissa la pièce de vingt francs.

Saint-Julien, qui ne comprenait rien à ce geste, prit l'argent, et le regarda en tenant sa main ouverte dans l'attitude d'un homme stupéfait.

« Maintenant, mon ami, répondez-moi, dit le voyageur pâle. Combien de temps madame la princesse Cavalcanti a-t-elle passé à Paris?

— Comment ! encore? s'écria Julien furieux en jetant la pièce d'or par terre. Décidément ces gens sont fous avec leur princesse Cavalcanti. »

Il s'enfuit dans la cour, et dans sa colère il faillit s'enfuir de la maison, pensant que tout le monde était d'accord pour le persifler. En ce moment, l'aubergiste lui prit le bras en lui disant d'un air empressé : « Venez, venez, Monsieur, tout est arrangé; l'abbé a été grondé; la princesse vous attend. »

II.

Au moment d'entrer dans l'appartement de la princesse, Saint-Julien retrouva cette assurance à laquelle nous atteignons quand les circonstances forcent notre timidité dans ses derniers retranchements. Il serra la boucle de sa ceinture, prit d'une main sa barrette, passa l'autre dans ses cheveux, et entra tout résolu de s'asseoir en blouse de coutil à la table de madame de Cavalcanti, fût-elle princesse ou comédienne.

Elle était debout et marchait dans sa chambre; tout en causant avec ses compagnons de voyage. Lorsqu'elle vit Saint-Julien, elle fit deux pas vers lui, et lui dit : — « Allons donc, Monsieur, vous vous êtes fait bien prier ! Est-ce que vous craignez de compromettre votre généalogie en vous asseyant à notre table? Il n'y a pas de noblesse qui n'ait eu son commencement, Monsieur, et la vôtre elle-même...

— La mienne, Madame ! répondit Saint-Julien en l'interrompant sans façon, date de l'an mil cent sept. »

La princesse, qui ne se doutait guère des méfiances

de Saint-Julien, partit d'un grand éclat de rire. L'espiègle Ginetta, qui était en train d'emporter quelques chiffons de sa maîtresse, ne put s'empêcher d'en faire autant; l'abbé, voyant rire la princesse, se mit à rire sans savoir de quoi il était question. Le seul personnage qui ne parût pas prendre part à cette gaieté fut un grand officier en habit de fantaisie chocolat, sanglé d'or sur la poitrine, emmoustaché jusqu'aux tempes, cambré comme une danseuse, éperonné comme un coq de combat. Il roulait des yeux de faucon en voyant l'aplomb de Saint-Julien et la bonne humeur de la princesse; mais Saint-Julien se fiait si peu à tout ce qu'il voyait, qu'il s'imagina les voir échanger des regards d'intelligence.

« Allons, mettons-nous à table, dit la princesse en voyant fumer le potage. Quand la première faim sera apaisée, nous prierons monsieur de nous raconter les faits et gestes de ses ancêtres. En vérité, il est bien fâcheux, pour nous autres souverains légitimes, que tous les Français ne soient pas dans les idées de celui-ci. Il nous viendrait de par delà les Alpes moins d'*influenza* contre la santé de nos aristocraties. »

Saint-Julien se mit à manger avec assurance et à regarder avec une apparente liberté d'esprit les personnes qui l'entouraient. « Si je suis assis, en effet, à la table d'une Altesse Sérénissime, se dit-il, l'honneur est moins grand que je ne l'imaginais; car voici des gens qu'elle a traités comme des laquais toute la journée, et qui sont tout aussi bien assis que moi devant son souper. »

La princesse avait coutume, en effet, de faire manger à sa table, lorsqu'elle était en voyage seulement, ses principaux serviteurs : l'abbé, qui était son secrétaire; la lectrice, duègne silencieuse qui découpait le gibier; l'intendant de sa maison, et même la Ginetta, sa favorite ; deux autres domestiques d'un rang inférieur servaient le repas, deux autres encore aidaient l'aubergiste à monter le souper. « C'est au moins la maîtresse d'un prince, pensa Saint-Julien ; elle est assez belle pour cela. » Et il la regarda encore, quoiqu'il fût bien désenchanté par cette supposition.

Elle était admirablement belle à la clarté des bougies; le ton de sa peau, un peu bilieux dans le jour, devenait le soir d'une blancheur mate qui était admirable. A mesure que le souper avançait, ses yeux prenaient un éclat éblouissant; sa parole était plus brève, plus incisive; sa conversation étincelait d'esprit; mais, à l'exception de la Ginetta, qui, en qualité d'enfant gâté, mettait son mot partout, et singeait assez bien les airs et le ton de sa maîtresse, tous les autres convives la secondaient fort mal. La lectrice et l'abbé approuvaient de l'œil et du sourire toutes ses opinions, et n'osaient ouvrir la bouche. Le premier écuyer d'honneur paraissait joindre à une très-maussade disposition accidentelle une nullité d'esprit passée à l'état chronique. La princesse semblait être en humeur de causer; mais elle faisait de vains efforts pour tirer quelque chose de ce mannequin brodé sur toutes les coutures. Saint-Julien se sentait bien la force de parler avec elle, mais il n'osait pas se livrer. Enfin il prit son parti, et, affrontant ce regard curieusement glacial que chacun laisse tomber en pareille circonstance sur celui qui n'a pas encore parlé, il débuta par une franche et hardie contradiction à un aphorisme moqueur de madame Cavalcanti. Sans s'apercevoir qu'il inquiétait l'écuyer d'honneur, qui n'entendait pas bien le français, il s'exprima dans cette langue. La princesse, qui la possédait parfaitement, lui répondit de même, et, pendant un quart d'heure, toute la table écouta leur dialogue dans un religieux silence.

2.

A vingt ans, on passe rapidement du mépris à l'enthousiasme. On est si porté à augurer favorablement des hommes, qu'on fait immense, exagérée, la réparation qu'on leur accorde à la moindre apparence de sagesse. Saint-Julien, frappé du grand sens que la princesse déploya dans la discussion, était bien près de tomber dans cet excès, quoiqu'il y eût des instants encore où l'idée d'une scène habilement jouée pour le railler venait faire danser des fantômes devant ses yeux éblouis. Il était tenté de prendre toute cette cour italienne pour une troupe de comédiens ambulants. « La prima donna, se disait-il, joue le rôle de cette princesse au nom précieux; l'aide de camp n'est qu'un ténor sans voix et sans âme; cet intendant sourd et muet est peut-être habitué au rôle de la statue du Commandeur; la Ginetta est une vraie Zerlina; et quant à cet abbé stupide, c'est sans doute quelque banquier juif que la prima donna traîne à sa suite et qui défraie toute la troupe. »

Après le dîner, la princesse, s'adressant à son premier écuyer, lui dit en italien : « Lucioli, allez de ma part rendre visite à mon ami le maréchal de camp ***, qui réside dans cette ville. Informez-vous de son adresse, dites-lui que l'empressement et la fatigue du voyage m'ont empêchée de l'inviter à souper, mais que je vous ai chargé de lui exprimer mes sentiments. Allez. »

Lucioli, assez mécontent d'une mission qui pouvait bien n'être qu'un prétexte pour l'éloigner, n'osa résister et sortit.

Dès qu'il fut dehors, l'abbé vint demander à Son Altesse si elle n'avait rien à lui commander, et, sur sa réponse négative, il se retira.

Saint-Julien, ne sachant quelle contenance faire, allait se retirer aussi; mais elle le rappela en lui disant qu'elle avait pris plaisir à sa conversation, et qu'elle désirait causer encore avec lui.

Saint-Julien trembla de la tête aux pieds. Un sentiment de répugnance qui allait jusqu'à l'horreur était le seul qui pût s'allier à l'idée d'une femme d'un rang auguste livrée à la galanterie. Il trouvait une telle femme d'autant plus haïssable qu'elle était plus à craindre, entourée de moyens de séduction, et l'âme remplie de traîtrise et d'habileté. Il regarda fixement la princesse italienne, et se tint debout auprès de la porte, dans une attitude hautaine et froide.

La princesse Cavalcanti ne parut pas y faire attention ; elle fit un signe à Ginetta et remit un volume à la lectrice. Aussitôt la soubrette reparut avec une toilette portative en laque japonaise qu'elle dressa sur une table. Elle tira d'un sac de velours brodé un énorme peigne d'écaille blonde incrusté d'or ; et, détachant la résille de soie qui retenait les cheveux de sa maîtresse, elle se mit à la peigner, mais lentement, et d'une façon insolente et coquette, qui semblait n'avoir pas d'autre but que d'étaler aux yeux de Saint-Julien le luxe de cette magnifique chevelure.

Au fait, il n'en existait peut-être pas de plus belle en Europe. Elle était d'un noir de corbeau, lisse, égale, si luisante sur les tempes qu'on en eût pris le double bandeau pour un satin brillant ; si longue et si épaisse qu'elle tombait jusqu'à terre et couvrait toute la taille comme un manteau. Saint-Julien n'avait rien vu de semblable, si ce n'est dans ses élucubrations fantastiques. Le peigne doré de la Ginetta se jouait en éclairs dans ce fleuve d'ébène, tantôt faisant voltiger les légères tresses sur les épaules de la princesse, tantôt posant sur sa poitrine de grandes masses semblables à des écharpes de jais ; et puis, rassemblant tout ce trésor sous son peigne immense, elle le faisait ruisseler aux lumières comme un flot d'encre.

Avec sa tunique de damas jaune, brodée tout autour de laine rouge, sa jupe et son pantalon de mousseline blanche, sa ceinture en torsade de soie, liée autour des reins et tombant jusqu'aux genoux; avec ses babouches brodées, ses larges manches ouvertes et sa chevelure flottante, la riche Quintilia ressemblait à une princesse grecque. Ianthé, Haïdé, n'eussent pas été des noms trop poétiques pour cette beauté orientale du type le plus pur.

Pendant cette toilette inutile et voluptueuse, la duègne lisait, et la princesse semblait ne pas écouter, occupée qu'elle était d'ôter et de remettre ses bagues, de nettoyer ses ongles avec une crème parfumée et de les essuyer avec une batiste garnie de dentelles.

Saint-Julien ne pouvait pas la regarder sans une admiration qu'il combattait en vain. Pour conjurer l'enchanteresse, il eût voulu écouter la lecture. C'était un livre allemand qu'il n'entendait pas.

« Fanciullo, lui dit la princesse sans lever les yeux sur lui, comprends-tu cela?

— Pas un mot, Madame.

— Mistress White, dit-elle en anglais à la lectrice, lisez le texte latin qui est en regard. Je présume, ajoute-t-elle en regardant Saint-Julien, que vous avez fait vos études, monsieur le gentilhomme? »

Louis ne répondit que par un signe de tête; la lectrice lut le texte en latin.

C'était un ouvrage de métaphysique allemande, la plus propre à donner des vertiges.

La princesse interrompait de temps en temps la lecture, et, tout en continuant ses féminines recherches de toilette, contredisait et redressait la logique du livre avec une supériorité si mâle, avec une intelligence si pénétrante; elle jetait un coup d'œil si net, si hardi sur les subtilités de cette mystérieuse analyse, que Julien ne savait plus à quelle opinion s'arrêter. Pressé par elle de donner son avis sur les rêveries de l'ascétique Allemand, il déploya tout son petit savoir; mais il vit bientôt que c'était peu de chose en comparaison de celui de madame Cavalcanti. Elle le critiqua doucement, le battit avec bienveillance, et finit par l'écouter avec plus d'attention, lorsque, abandonnant la controverse ergoteuse, il se fia davantage aux lumières naturelles de sa raison et aux inspirations de sa conscience. Quintilia, le voyant dans une bonne voie, l'écoutait parler. Insensiblement il se livra à ce bien-être intellectuel qu'on éprouve à se rendre un compte lumineux de ses propres idées.

Il quitta peu à peu la place éloignée et l'attitude contrainte où la honte l'avait retenu. Il était embarqué dans la plus belle de ses argumentations lorsqu'il s'aperçut qu'il était appuyé sur la toilette de madame Cavalcanti, vis-à-vis d'elle, et sous le feu immédiat de ses grands yeux noirs. Elle avait quitté ses brosses à ongles et repoussé le peigne de Ginetta; tout enveloppée de ses longs cheveux, elle avait croisé sa jambe droite sur son genou gauche, et ses mains autour de son genou droit. Dans cette attitude d'une grâce tout orientale, elle le regardait avec un sourire de douceur angélique, mêlé à une certaine contraction de sourcil qui exprimait un sérieux intérêt.

Saint-Julien, tout épouvanté du danger qu'il courait, s'arrêta d'un air effaré au milieu d'une phrase; mais il voulut en vain donner une expression farouche à son regard, malgré lui il en laissa jaillir une flamme amoureuse et chaste qui fit sourire la princesse.

« C'est assez, dit-elle à sa lectrice; mistress White, vous pouvez vous retirer. »

Louis n'y comprit rien, la tête lui tournait. Il voyait approcher le moment décisif avec terreur; il pensait au rôle ridicule qu'il allait jouer en repoussant les avances de la plus belle personne du monde. Pourtant il se jurait à lui-même de ne jamais servir aux méprisants plaisirs d'une femme, fût-il devenu lui-même le plus roué des hommes.

Tout à coup la princesse lui dit avec aisance :

« Bonsoir, mon cher enfant ; je suppose que vous ayez besoin de repos, et je sens le sommeil me gagner aussi. Ce n'est pas que votre conversation soit faite pour endormir; elle m'a été infiniment agréable, et je désirerais prolonger le plaisir de cette rencontre. Si vos projets de voyage s'accordaient avec les siens, je vous offrirais une place dans ma voiture... Voyons, où allez-vous?

— Je l'ignore, Madame; je suis un aventurier sans fortune et sans asile; mais, quelque misérable que je sois, je ne consentirai jamais à être à charge à personne.

— Je le crois, dit la princesse avec une bonté grave; mais entre des personnes qui s'estiment, il peut y avoir un échange de services profitable et honorable à toutes deux. Vous avez des talents, j'ai besoin des talents d'autrui ; nous pouvons être utiles l'un à l'autre. Venez me voir demain matin ; peut-être pourrons-nous ne pas nous séparer si tôt, après nous être entendus si vite et si bien. »

En achevant ces mots, elle lui tendit la main et la lui serra avec l'honnête familiarité d'un jeune homme. Saint-Julien, en descendant l'escalier, entendit les verrous de l'appartement se tirer derrière lui.

« Allons, dit-il, j'étais un fou et un niais; madame Cavalcanti est la plus belle, la plus noble, la meilleure des femmes. »

III.

Julien eut bien de la peine à s'endormir. Toute cette journée se présentait à sa mémoire comme un chapitre de roman; et lorsqu'il s'éveilla le lendemain, il eut peine à croire que ce ne fût pas un rêve. Empressé d'aller trouver la princesse, qui devait partir de bonne heure, il s'habilla à la hâte et se rendit chez elle le cœur joyeux, l'esprit tout allégé des doutes injustes de la veille. Il trouva madame Cavalcanti déjà prête à partir. Ginetta lui préparait son chocolat tandis qu'elle parcourait une brochure sur l'économie politique.

« Mon enfant, dit-elle à Julien, j'ai pensé à vous; je sais à quelle force vous avez atteint dans vos études, ce n'est ni trop ni trop peu. Avez-vous étudié en particulier quelque chose dont nous n'ayons pas parlé hier?

— Non pas, que je sache. Votre Altesse m'a prouvé qu'elle en savait beaucoup plus que moi sur toutes choses; c'est pourquoi je ne vois pas comment je pourrais lui être utile.

— Vous êtes précisément l'homme que je cherchais; je veux réduire le nombre des personnes qui me sont attachées et en épurer le choix; je veux réunir en une seule les fonctions de ma lectrice et celles de mon secrétaire. Je marie l'une avantageusement à un homme dont j'ai besoin de me divertir; l'autre est un sot dont je ferai un excellent chanoine avec mille écus de rente. Tous deux seront contents, et vous les remplacerez auprès de moi. Vous cumulerez les appointements dont ils jouissaient, mille écus d'une part et quatre mille francs de l'autre; de plus l'entretien complet, le logement, la table, etc. »

Cette offre, éblouissante pour un homme sans ressource comme l'était alors Saint-Julien, l'effraya plus qu'elle ne le séduisit.

« Excusez ma franchise, dit-il après un moment d'hésitation ; mais j'ai de l'orgueil : je suis le seul rejeton d'une noble famille ; je ne rougis point de travailler pour vivre, mais je craindrais de porter une livrée en acceptant les bienfaits d'un prince.

— Il n'est question ni de livrée ni de bienfaits, dit la princesse ; les fonctions dont je vous charge vous placent dans mon intimité.

— C'est un grand bonheur sans doute, reprit Julien embarrassé ; mais, ajouta-t-il en baissant la voix, mademoiselle Ginetta est admise aussi à l'intimité de Votre Altesse.

— J'entends, reprit-elle, vous craignez d'être mon laquais. Rassurez-vous, Monsieur, j'estime les âmes fières et ne les blesse jamais. Si vous m'avez vue traiter en esclave le pauvre abbé Scipione, c'est qu'il a été au-devant d'un rôle que je ne lui avais pas destiné. Essayez de ma proposition ; si vous ne vous fiez pas à ma délicatesse, le jour où je cesserai de vous traiter honorablement, ne serez-vous pas libre de me quitter ?

— Je n'ai pas d'autre réponse à vous faire, Madame, répondit Saint-Julien entraîné, que de mettre à vos pieds mon dévouement et ma reconnaissance.

— Je les accepte avec amitié, reprit Quintilia en ouvrant un grand livre à fermoir d'or ; veuillez écrire vous-même sur cette feuille nos conventions, avec votre nom, votre âge, votre pays. Je signerai. »

Quand la princesse eut signé ce feuillet et un double que Julien mit dans son portefeuille, elle fit appeler tous ses gens, depuis l'aide de camp jusqu'au jockey, et, tout en prenant son chocolat, elle leur dit avec lenteur et d'un ton absolu ;

—M. l'abbé Scipione et mistress White cessent de faire partie de ma maison. C'est M. le comte de Saint-Julien qui les remplace. White et Scipione ne cessent pas d'être mes amis, et savent qu'il ne s'agit pas pour eux de disgrâce, mais de récompense. Voici M. de Saint-Julien. Qu'il soit traité avec respect, et qu'on ne l'appelle jamais autrement que M. le comte. Que tous mes serviteurs me restent attachés et soumis; ils savent que je ne leur manquerai pas dans leurs vieux jours. Ne tirez pas vos mouchoirs et ne faites pas semblant de pleurer de tendresse. Je sais que vous m'aimez; il est inutile d'en exagérer le témoignage. Je vous salue. Allez-vous-en.»

Elle tira sa montre de sa ceinture et ajouta :

« Je veux être partie dans une demi-heure. »

L'auditoire s'inclina et disparut dans un profond silence. Les ordres de la princesse n'avaient pas rencontré la moindre apparence de blâme ou même d'étonnement sur ces figures prosternées. L'exercice ferme d'une autorité absolue a un caractère de grandeur dont il est difficile de ne pas être séduit, même lorsqu'il se renferme dans d'étroites limites. Saint-Julien s'étonna de sentir le respect s'installer pour ainsi dire dans son âme sans répugnance et sans effort.

Il retourna dans sa chambre pour prendre quelques effets, et il redescendait l'escalier avec son petit sac de voyage sous le bras, lorsque le grand voyageur pâle qui lui avait montré la veille une si étrange curiosité accourut vers lui et le salua en lui adressant mille excuses obséquieuses sur son impertinente méprise. Saint-Julien eût bien voulu l'éviter, mais ce fut impossible. Il fut forcé d'échanger quelques phrases de politesse avec lui, espérant en être quitte de la sorte. Il se flattait d'un vain espoir; le voyageur pâle, saisissant son bras, lui dit du ton pathétique et solennel d'un homme qui vous inviterait à son enterrement, qu'il avait quelque chose d'important à lui dire, un service immense à lui demander. Saint-Julien, qui, malgré ses défiances continuelles, était bon et obligeant, se résigna à écouter les confidences du voyageur pâle.

« Monsieur, lui dit celui-ci, prenez-moi pour un fou, j'y consens; mais, au nom du ciel! ne me prenez pas pour un insolent, et répondez à la question que je vous ai adressée hier soir : Qu'est-ce que la princesse Quintilia Cavalcanti?

— Je vous jure, Monsieur, que je ne le sais guère plus que vous, répondit Saint-Julien; et pour vous le prouver, je vais vous dire de quelle manière j'ai fait connaissance avec elle. »

Quand il eut terminé son récit, que le voyageur écouta d'un air attentif, celui-ci s'écria :

« Ceci est romanesque et bizarre, et me confirme dans l'opinion où je suis que cette étrange personne est ma belle inconnue du bal de l'Opéra.

— Qu'est-ce que vous voulez dire? demanda Saint-Julien en ouvrant de grands yeux.

— Puisque vous avez eu la bonté de me conter votre aventure, répliqua le voyageur, je vais vous dire la mienne. J'étais, il y a six semaines, au bal de l'Opéra à Paris; je fus agacé par un domino si plein d'extravagance, de gentillesse et de grâce, que j'en fus *absolument* enivré. Je l'entraînai dans une loge, et *elle* me montra son visage : c'était le plus beau, le plus expressif que j'aie vu de ma vie. Je la suivis tout le temps du bal, bien qu'après m'avoir fait mille coquetteries elle semblât faire tous ses efforts pour m'échapper. Elle réussit un instant à s'éclipser; mais guidé par cette seconde vue que l'amour nous donne, je la rejoignais sous le péristyle, au moment où elle montait dans une voiture élégante qui n'avait ni chiffre ni livrée. Je la suppliai de m'écouter; alors elle me dit qu'elle occupait un rang élevé dans le monde, qu'elle avait des convenances à garder, et qu'elle mettait des conditions à mon bonheur. Je jurai de les accepter toutes. Elle me dit que la première serait de me laisser bander les yeux. J'y consentis; et, dès que nous fûmes assis dans la voiture, elle m'attacha son mouchoir sur les yeux en riant comme une folle. Lorsque la voiture s'arrêta, elle me prit le bras d'une main ferme, me fit descendre, et me conduisit si lestement que j'eus de la peine à ne pas tomber plusieurs fois en chemin. Enfin elle me poussa rudement, et je tombai avec effroi sur un excellent sofa. En même temps elle fit sauter le bandeau, et je me trouvai dans un riche cabinet où tout annonçait le goût des arts et l'élévation des idées. Elle me laissa examiner tout avec curiosité : c'était, comme je m'en aperçus en regardant ses livres, une personne savante, lisant le grec, le latin et le français. Elle était Italienne, et semblait avoir vécu parmi ce qu'il y a de plus élevé dans la société, tant elle avait de noblesse dans les manières et d'élégance dans la conversation. Je vous avouerai que je faillis d'abord en devenir fou d'orgueil et de joie, et qu'ensuite je fus ébloui et effrayé de la distance qui existait sous tous les rapports entre une telle femme et moi. Autant j'avais été confiant et fat durant le bal, autant je devins humble et craintif quand je fus bien convaincu que je n'avais point affaire à une intrigante, mais à une personne d'un rang et d'un esprit supérieurs. Ma timidité lui plut sans doute; car elle redevint folâtre et même provocante. »

Saint-Julien rougit, et le voyageur s'en apercevant, lui dit d'un air plus grave et un visage plus pâle que de coutume :

« Vous me trouvez peut-être fat, Monsieur, et pourtant ce que je vous disais en confidence est de la plus exacte vérité. Je n'ai l'air ni fanfaron, ni mauvais plaisant, n'est-il pas vrai?

—Non, certainement, répliqua Julien. Je vous écoute, veuillez continuer.

—C'était une étrange créature, grave, diserte, railleuse, haute et digne, insolente, et, vous dirai-je tout? un peu effrontée. Après m'avoir imposé silence avec autorité pour un mot hasardé, elle disait les choses les plus comiques et les moins chastes du monde.

— En vérité? dit Julien saisi de dégoût.

— Il n'est que trop vrai, poursuivit le voyageur. Eh bien, malgré ces bizarrreries, et peut-être à cause de ces bizarreries, j'en devins éperdument amoureux, non de cet amour idéal et pur dont votre âge est capable, mais d'un amour inquiet, dévorant comme un désir. Enfin, Monsieur, je fus, ce soir-là, le plus heureux des hommes, et je sollicitai avec ardeur la faveur de la voir le lendemain; elle me le promit à la condition que je ne chercherais à savoir ni son nom, ni sa demeure. Je jurai de respecter ses volontés. Elle me banda de nouveau les yeux, me conduisit dehors, et me fit remonter en voiture. Au bout d'une demi-heure on m'en fit descendre. Au moment où j'étais sur le marchepied, une joue douce et parfumée, que je reconnus bien, effleura la mienne, et une voix, que je ne pourrai jamais oublier, me glissa ces mots dans l'oreille : *A demain.* J'arrachai le bandeau; mais on me poussa sur le pavé, et la portière se referma précipitamment derrière moi. La voiture n'avait point de lanternes et partit comme un trait. J'étais dans une des plus sombres allées des Champs-Élysées. Je ne vis rien, et j'eus bientôt cessé d'entendre le bruit de la voiture, quelques efforts que je fisse pour la suivre. Il faisait un verglas affreux; je tombais à chaque pas, et je pris le parti de rentrer chez moi.

— Et le lendemain? dit Julien.

— Je n'ai jamais revu mon inconnue, si ce n'est tout à l'heure, à une des fenêtres qui donnent sur la cour de cette auberge; et c'est la princesse Quintilia Cavalcanti.

— Vous en êtes sûr, Monsieur? dit Julien triste et consterné.

— J'en ai une autre preuve, dit le voyageur en tirant de son sein une montre fort élégante et en l'ouvrant : regardez ce chiffre; n'est-ce pas celui de Quintilia Cavalcanti, avec cette abréviation PRA, c'est-à-dire principessa? Maudite abréviation qui m'a tant fait chercher!

— Comment avez-vous cette montre? dit Julien.

— Par un hasard étrange, j'en avais une absolument semblable, et je l'avais posée sur la cheminée du boudoir où je fus conduit par mon masque. La cherchant précipitamment, je pris celle-ci qui était suspendue à côté, et ce ne fut qu'au bout de quelques jours que je m'aperçus du chiffre gravé dans l'intérieur.

— Je ne sais si je rêve, dit Saint-Julien en regardant la montre; mais il me semble que j'en ai vu tout à l'heure une semblable dans les mains de cette femme.

— Une montre de platine russe, travaillée en Orient, dit le voyageur, avec des incrustations d'or émaillé!

— Je crois que oui, dit Julien.

— Eh bien, ouvrez-la, Monsieur, et vous y trouverez le nom de Charles de Dortan; faites-le, au nom du ciel!

— Comment voulez-vous que j'aille demander à la princesse de voir sa montre? et d'ailleurs qu'y gagnerez-vous?

— Oh! je veux lui reprocher son effronterie, on ne

se joue pas ainsi d'un homme de bonne foi qui s'est soumis à tant de précautions mystérieuses. Il faut démasquer une infâme coquette, ou bien il faut qu'elle me tienne ses promesses, et je garderai à jamais le silence sur cette aventure; car, après tout, Monsieur, je suis encore capable d'en être amoureux comme un fou.

— Je vous en fais mon compliment, dit froidement Saint-Julien; pour moi, je hais cette sorte de femmes, et je...

— Voici la voiture qui va partir! s'écria le voyageur: je veux l'attendre au passage, lui crier mon nom aux oreilles, la terrasser de mon regard... Mais de grâce, Monsieur, allez d'abord lui dire que je veux lui parler, que je suis Charles de Dortan; elle sait très-bien mon nom, elle me l'a demandé. Et d'ailleurs elle a ma montre... »

Le majordome de la princesse vint appeler Julien; celui-ci obéit, et trouva le page, la duègne et les autres installés dans les voitures de suite et prêts à partir. La princesse parut bientôt avec la Ginetta; elles étaient coiffées de grands voiles noirs pour se préserver de la poussière de la route. La princesse avait levé le sien; mais quand elle vit sa voiture entourée de curieux, elle sembla éprouver un sentiment d'impatience et d'ennui, et baissa son voile sur son visage. En ce moment le voyageur pâle s'élançait pour la voir; il s'élança trop tard et ne la vit pas.

Alors, n'osant adresser la parole à cette femme dont il ne distinguait pas les traits, il prit le bras de Saint-Julien et dit d'un ton d'instance:

« De grâce, dites mon nom. »

Saint-Julien céda machinalement et dit à la princesse:

« Madame, voici M. Charles de Dortan.

— Je n'ai pas l'honneur de le connaître, répondit la

princesse, et je le salue. Allons, Messieurs, en voiture ; dépêchons-nous ! »

A ce ton absolu, les serviteurs de la princesse écartèrent précipitamment les curieux, et Quintilia monta en voiture sans que le voyageur pâle osât lui parler. Saint-Julien le vit serrer les poings et s'élancer avec anxiété sur un banc pour regarder dans la voiture.

— Qu'est-ce que c'est que cet homme-là qui nous regarde tant ? dit nonchalamment la princesse en s'étendant à demi du fond de la voiture, dont Saint-Julien et la Ginetta occupaient le devant.

— Je ne sais pas, Madame, répondit la Ginetta avec candeur en relevant son voile.

— C'est M. Charles de Dortan, dit Saint-Julien indigné.

— N'est-ce pas un horloger ? » dit la princesse avec tant de calme, que Saint-Julien ne put savoir si c'était une question de bonne foi ou une plaisanterie effrontée.

La princesse releva aussi son voile, se tourna vers Dortan, et lui dit d'un ton froid et impératif :

« Monsieur, reculez-vous ; on ne regarde pas ainsi une femme.

Dortan devint pâle comme la lune et resta fasciné à sa place.

La voiture partit au galop.

« Ces Français sont insolents ! dit la Ginetta au bout d'un instant.

— Pourquoi ? dit la princesse, qui avait déjà oublié l'incident.

— Il faut, pensa Julien, que ce Dortan soit un imbécile ou un fou. »

Les manières tranquilles de la princesse le subjuguèrent bientôt, et il lui sembla avoir rêvé l'histoire de Dortan. Pendant ce temps le chemin se dérobait sous les pieds des chevaux, et Avignon s'effaçait dans la poussière de l'horizon.

IV.

Les journées de ce voyage passèrent comme un songe pour Julien. La princesse s'était faite homme pour lui parler. Elle avait un art infini pour tirer de chaque question tout le parti possible, pour la simplifier, l'éclaircir et la revêtir ensuite de tout l'éclat de sa pensée vaste et brillante. Toutes ses opinions révélaient une âme forte, une volonté implacable, une logique âpre et serrée. Ce caractère viril éblouissait le jeune comte. Une chose seule l'affligeait, c'était de n'y pas voir percer plus de sensibilité; un peu plus d'entraînement, un peu moins de raison, l'eussent rendu plus séduisant sans lui ôter peut-être sa puissance. Mais Saint-Julien ne savait pas encore précisément s'il se trompait en augurant de la beauté de l'intelligence plus que de la bonté du cœur. Peut-être cette âme si vaste avait-elle encore plus d'une face à lui montrer, plus d'un trésor à lui révéler. Seulement il s'effrayait de la trouver plus disposée à la critique qu'à la sympathie lorsqu'il s'écartait de la réalité positive pour s'égarer à la suite de quelque rêverie sentimentale.

Et d'un autre côté pourtant il aimait cette froideur d'imagination qui, selon lui, devait prendre sa source dans une habitude de mœurs rigides et sages. La familiarité chaste des manières et du langage achevait d'effacer la fâcheuse impression qu'il avait reçue d'abord des manières hardies et de la brusque familiarité de la princesse. Comment accorder d'ailleurs les principes d'ordre et de noble harmonie qu'elle émettait si nettement à tout propos avec des habitudes de désordre et d'effronterie? La dépravation dans une âme si élevée eût été une monstruosité.

Peu après il lui sembla que cette femme cachait sa bonté comme une faiblesse, mais qu'un foyer de charité brûlait dans son âme. Elle n'était occupée que de théories philanthropiques, et s'indignait de voir sur sa route tant de misère sans soulagement. Elle imaginait alors des moyens pour y remédier et s'étonnait qu'on ne s'en avisât pas.

« Mais, disait-elle avec colère, ces misérables bâtards qui gouvernent le monde à titre de rois ont bien autre chose à faire que de secourir ceux qui souffrent. Occupés de leurs fades plaisirs, ils s'amusent puérilement et mesquinement jusqu'à ce que la voix des peuples fasse crouler leurs trônes trop longtemps sourds à la plainte. »

Alors elle parlait de la difficulté de maintenir la bonne intelligence entre les gouvernements et les peuples. Elle ne la trouvait pas insurmontable. « Mais que peuvent faire, ajoutait-elle, tous ces idiots couronnés? » Et après avoir lumineusement examiné et critiqué le système de tous les cabinets de l'Europe, dont son œil pénétrant semblait avoir surpris tous les secrets, elle élevait sur des bases philosophiques son système de gouvernement absolu.

« Les grands rois font les grands peuples, disait-elle ; tout se réduit à cet aphorisme banal ; mais il n'y a pas encore eu de grands rois sur la terre, il n'y a eu que de grands capitaines, des héros d'ambition, d'intelligence et de bravoure ; pas un seul prince à la fois hardi, loyal, éclairé, froid, persévérant. Dans toutes les biographies illustres, la nature infirme perce toujours. Ce n'est pourtant pas à dire qu'il faille abandonner l'œuvre et désespérer de l'avenir du monde. L'esprit humain n'a pas encore atteint la limite où il doit s'arrêter : tout ce qui est nettement concevable est exécutable. »

Après avoir parlé ainsi, elle tombait dans de profondes rêveries ; ses sourcils se fronçaient légèrement. Son grand œil sombre semblait s'enfoncer dans ses orbites ; l'ambition agrandissait son front brûlant. On l'eût prise pour la fille de Napoléon.

Dans ces instants-là Saint-Julien avait peur d'elle.

« Qu'est-ce que la charité? qu'est-ce que l'amour? se disait-il ; que sont toutes les vertus et toutes les poésies, et tous les sentiments pieux et tendres pour une âme brûlée de ces ambitions immenses? »

Mais s'il la voyait jeter aux pauvres l'or de sa bourse et jusqu'aux pièces de son vêtement; s'il l'entendait, d'une voix amicale et presque maternelle, interroger les malades et consoler les affligés, il était plus touché de ces marques de bonté familière qu'il ne l'eût été d'actions plus grandes faites par une autre femme.

Un jour un postillon tomba sous ses chevaux et fut grièvement blessé. La princesse s'élança la première à son secours; et, sans crainte de souiller son vêtement dans le sang et dans la poussière, sans craindre d'être atteinte et blessée elle-même par les pieds des chevaux, au milieu desquels elle se jeta, elle le secourut et le pansa de ses propres mains. Elle le fit avec tant de zèle et de soin, que Saint-Julien aurait cru qu'elle y mettait de l'affectation s'il ne l'eût vue tancer sérieusement son page, qui criait pour une égratignure, repousser avec colère les mendiants qui étalaient sous ses yeux de fausses plaies, négliger, en un mot, toutes les occasions de déployer une compassion inutile et crédule.

Enfin on arriva à Monteregale, et la princesse, ayant fait ouvrir sa voiture, montra de loin à Saint-Julien les tours d'une jolie forteresse en miniature qui dominait sa capitale. La capitale blanche et mignonne parut bientôt elle-même au milieu d'une vallée délicieuse. La garnison, composée de cinq cents hommes, arriva à la rencontre de sa gracieuse souveraine. Les douze pièces de canon des forts firent le plus beau bruit qu'elles purent, et l'inévitable harangue des magistrats fut prononcée aux portes de la ville.

Quintilia parut recevoir ces honneurs avec un peu de hauteur et d'ironie. Peut-être en eût-elle mieux supporté l'ennui si l'éclat d'une plus vaste puissance les eût rehaussés au gré de son orgueil. Cependant elle se donna la peine de faire à Saint-Julien les honneurs de sa petite principauté avec beaucoup de gaieté. Elle eut l'esprit de ne point trop souffrir du ridicule de ses magistrats, de la mesquinerie de ses forces militaires et de l'exiguïté de ses domaines. Elle s'exécuta de bonne grâce pour en rire, et ne perdit néanmoins aucune occasion de lui faire adroitement remarquer les effets d'une sage administration.

Au reste elle prenait trop de peine. Saint-Julien, qui n'avait jamais vu que les tourelles lézardées du manoir héréditaire et leurs rustiques alentours, était rempli d'une naïve admiration pour cet appareil de royauté domestique. La beauté du ciel, les riches couleurs du paysage, l'élégance coquette du palais, construit dans le goût oriental sur les dessins de la princesse, les grands airs des seigneurs de sa petite cour, les costumes un peu surannés, mais riches, des dignitaires de sa maison, tout prenait aux yeux du jeune campagnard un aspect de splendeur et de majesté qui lui faisait envisager sa destinée comme un rêve.

Arrivée dans son palais, Quintilia fut tellement obsédée de révérences et de compliments, qu'elle ne put songer à installer son nouveau secrétaire. Lorsque Saint-

Julien voulut aller prendre du repos, les valets, mesurant leur considération à la magnificence de son costume, l'envoyèrent dans une mansarde. Il y fit peu d'attention. Délicat de complexion et peu habitué à la fatigue, il s'y endormit profondément.

Le lendemain matin, il fut éveillé par la Ginetta.

« Monsieur le comte, lui dit-elle avec l'aplomb d'une personne qui sent toute la dignité de son personnage, vous êtes mal ici. Son Altesse ne sait pas où l'on vous a logé; mais, comme elle n'a pas eu le temps de s'occuper de vous hier, elle vous prie d'attendre ici un jour ou deux, d'y prendre vos repas, d'en sortir le moins possible, de ne point vous montrer à beaucoup de personnes, de ne parler à aucune, et d'être assuré qu'elle s'occupe de vous installer d'une manière dont vous serez content. »

Après ce discours, la Ginetta le salua et sortit d'un air majestueux. Saint-Julien se conforma religieusement aux intentions de sa souveraine. Un vieux valet de chambre lui apporta des aliments très-choisis, le servit respectueusement sans lui adresser un mot, et lui remit quelques livres. Ce fut le seul souvenir qu'il eut de la princesse durant trois jours.

Le soir de cette troisième journée, comme il commençait à s'impatienter et à s'inquiéter un peu de cet abandon, il entendit, en même temps que l'horloge qui sonnait minuit, les pas légers d'une femme, et la Ginetta reparut.

« Venez, Monsieur, lui dit-elle d'un ton respectueux, mais avec un regard assez moqueur. Son Altesse Sérénissime m'ordonne de vous conduire à votre nouveau domicile. »

Saint-Julien la suivit à travers les combles du palais. Après de nombreux détours, elle ouvrit une porte dont elle avait la clef sur elle ; mais, comme Julien allait la franchir à son tour, une figure allumée par la colère s'élança au-devant d'eux en s'écriant :

« Où allez-vous ?

— Que vous importe ? répondit hardiment la Ginetta. »

A la clarté vacillante du flambeau que portait la soubrette, Saint-Julien reconnut l'écuyer ou l'aide de camp Lucioli, qui jetait sur lui des regards furieux.

« J'ai le commandement de cette partie du château, dit-il : vous ne passerez point sans ma permission.

— En voici une qui vaut bien la vôtre, dit-elle en lui exhibant un papier. »

Lucioli y jeta les yeux, le froissa dans ses mains avec exaspération et le jeta sur les marches de l'escalier en proférant un horrible jurement. Puis il disparut après avoir lancé à Julien un nouveau regard de haine et de vengeance.

Cette rapide scène réveilla tous les doutes du jeune homme.

« Ou je n'ai aucune espèce de jugement, se dit-il, ou cette conduite est celle d'un amant disgracié qui voit en moi son successeur. »

Cette idée le troubla tellement, qu'il arriva tout tremblant au bas de l'escalier. Lorsque Ginetta se retourna pour lui remettre la clef de l'appartement, il était pâle, et ses genoux se dérobaient sous lui.

« Eh bien ! lui dit la soubrette à l'œil brillant, vous avez peur ?

— Non pas de Lucioli, Mademoiselle, répondit froidement Saint-Julien.

— Et de quoi donc alors ? dit-elle avec ingénuité. Tenez, Monsieur, vous êtes chez vous. La princesse vous fera avertir demain quand elle pourra vous recevoir. Un serviteur particulier répondra à votre sonnette. Bonne nuit, monsieur le comte. »

Elle lui lança un regard équivoque, où Saint-Julien ne put distinguer la malice ingénue d'un enfant de la raillerie agaçante d'une coquette. Il entra chez lui tout confus de ses vaines agitations, et craignant de jouer vis-à-vis de lui-même le rôle d'un fat.

L'appartement était décoré avec un goût exquis. Les draperies en étaient si fraîches, que Saint-Julien ne put s'empêcher de penser, malgré ses scrupules, que ce logement avait été préparé pour lui tout exprès. La simplicité austère des ornements, la sobriété des choses de luxe, le choix des objets d'art, semblaient avoir une destination expresse pour ses goûts et son caractère. Les gravures représentaient les poëtes que Julien aimait, ses livres favoris garnissaient les armoires de glace. Il y avait même une grande Bible entr'ouverte à un psaume qu'il avait souvent cité avec admiration durant le voyage.

« Il est impossible que ces choses soient l'effet du hasard, dit-il ; mais que suis-je pour qu'elle s'occupe ainsi de moi, pour qu'elle m'honore d'une amitié si délicate? Quintilia ! dût le monde me couvrir de sa sanglante moquerie, je m'estimerais bien malheureux s'il me fallait échanger le trésor de cette sainte affection contre une nuit de ton plaisir!... Et pourtant quel orgueil serait donc le mien si j'aspirais à être le seul amant d'une femme comme elle? Suis-je fou? suis-je sot? »

Le lendemain matin, il se hasarda à tirer la tresse de soie de sa sonnette, moins par le besoin qu'il avait d'un domestique que par un sentiment de curiosité inquiète et vague appliqué à toutes les choses qui l'entouraient. Deux minutes après, il vit entrer le page de la princesse. C'était un enfant de seize ans, si fluet et si petit qu'il paraissait en avoir douze. Sa physionomie fine et mobile, son air enjoué, hardi et pétulant, son costume théâtral, sa chevelure blonde et frisée, réalisaient le plus beau type de page espiègle et d'enfant gâté qui ait jamais porté l'éventail d'une reine.

« Eh quoi! c'est toi, Galeotto? dit le jeune comte avec surprise.

« Oui, c'est moi, répondit le page avec fierté : la princesse me met à vos ordres; mais écoutez. Vous ne devez jamais oublier que je me nomme Galeotto *degli Stratigopoli*, descendant de princes esclavons, et que je suis votre égal en toutes choses. Si la pauvreté a fait de moi un aventurier, elle n'en pourra jamais faire un valet. Sachez donc que je suis ici ami et compagnon. J'obéis à la princesse; je la servirai à genoux, parce qu'elle est femme et belle; mais vous, je ne consentirai jamais qu'à vous obliger... Est-ce convenu?

— Je n'ai pas besoin d'un serviteur, répondit Saint-Julien, et j'ai besoin d'un ami. Vous voyez que le hasard me sert bien, n'est-il pas vrai? »

Galeotto lui tendit la main, et un sourire amical entr'ouvrit sa bouche vermeille.

« Son Altesse, reprit-il, m'avait bien dit que nous nous entendrions et que nous serions frères. Elle désire que nous n'ayons point de rapports avec les laquais. Jeunes comme nous voici, pauvres comme nous l'étions hier, nous n'avons pas besoin de valets de chambre; mais nous avons besoin mutuellement de conseil et de société. C'est pourquoi nos gentilles cellules sont voisines l'une de l'autre, une sonnette communique de vous à moi; mais prenez-y bien garde, la même communication existe de moi à vous, et pour commencer vous allez voir. »

Le page sortit, et peu après une sonnette cachée dans les draperies du lit de Saint-Julien fut ébranlée avec autorité. Le jeune comte comprit, et se hâta de sortir de sa chambre. Au bout de quelques pas il vit Galeotto sur le seuil de la sienne.

« Mon jeune maître, dit Saint-Julien, me voici, j'ai entendu votre appel.

— C'est bien, dit le page ; maintenant retournons chez vous, je vais vous aider à vous habiller. Cela est d'une haute importance, ajouta-t-il, voyant que Julien faisait quelque cérémonie ; j'accomplis ma mission, laissez-moi faire. »

Alors Galeotto tira de sa poche une clef de vermeil dont il se servit pour ouvrir les tiroirs d'un grand coffre de cèdre qui servait de commode dans la chambre de Saint-Julien. Il y prit des vêtements d'une forme étrange, devant lesquels le jeune Français se récria, saisi de répugnance :

« Vous êtes un niais, mon bon ami, lui dit le page ; vous craignez d'être ridicule en vous affublant d'un costume de comédie. Il ne fallait pas vous mettre sous la domination d'une femme. Vous oubliez donc que nous jouons ici les premiers rôles après le singe et le perroquet? J'ai fait comme vous la première fois qu'on m'ôta ma petite soutane râpée (car je m'étais enfui du séminaire par-dessus les murs), pour me mettre ce justaucorps de soie, ces bas brodés et ces plumes, qui me donnent l'air d'un kakatoès. Je pleurai, je criai (j'avais douze ans alors) ; je voulus déchirer mes manchettes et jeter mon bonnet sur les toits; mais la Ginetta, qui est une fille d'esprit, me fit la leçon, et je vous assure que je me trouve aujourd'hui fort à mon avantage. Voyez, ajouta le malin page en se promenant devant une glace où il se répétait de la tête aux pieds ; cette petite jambe fine et ce pied de femme ne seraient-ils pas perdus sous un pantalon de soldat et sous une botte hongroise?

Croyez-vous que ma taille fût aussi souple et mes mouvements aussi gracieux sous les traits d'un dolman ou sous le drap de votre frac grossier? Quant à mes dentelles, elles ne sont pas beaucoup plus blanches que mes mains, c'est en dire assez; et mes cheveux, que vous trouvez peut-être un peu efféminés, Monsieur, c'est la Ginetta qui les frise et les parfume. Allez, mon cher, fiez-vous aux femmes pour savoir ce qui nous sied; là où elles règnent, nous ne sommes pas trop malheureux.

— Galeotto, dit Saint-Julien en cédant d'un air tout rêveur à ses instigations, je vous avoue que, s'il en est ainsi, cette cour n'est pas trop de mon goût. Vous êtes spirituel, brillant; cette vie doit vous plaire. D'ailleurs, vous n'avez pas encore atteint l'âge où la nécessité d'un rôle plus sérieux se fait sentir. Vous avez bien déjà la fierté d'un homme; mais vous avez encore l'heureuse légèreté d'un enfant. Pour moi, je suis déjà vieux; car j'ai l'humeur mélancolique, le caractère nonchalant. Une vie de fêtes ne me convient guère; je ne sais pas plaire aux femmes; j'aimerais mieux vivre à la manière d'un homme.

— Admirable princesse! s'écria Galeotto en lui boutonnant son pourpoint de velours noir.

— Je ne voudrais pas plus que vous porter un mousquet sur un bastion et fumer dans un corps de garde, continua Julien; je ne me sens pas fait pour cette vie rude, ennemie du développement de l'intelligence.

— Sublime bon sens de Son Altesse! reprit le page en lui attachant au-dessus du genou une jarretière d'argent ciselé.

— Mais je voudrais, continua Saint-Julien, pouvoir accomplir ici quelque travail utile, et avoir le droit de consacrer à l'étude mes heures de loisir.

— Vive son Altesse Sérénissime! s'écria le page.

— Qu'avez-vous donc à plaisanter ainsi? dit Julien. Vous ne m'écoutez pas.

— Parfaitement, au contraire, répondit l'enfant; et si je me récrie en vous écoutant, c'est de voir que Son Altesse vous connaisse déjà si bien. Tout ce que vous me dites là, elle me l'a dit hier soir; et vous pensez bien qu'après vous avoir si nettement jugé, elle a trop d'esprit pour vous détourner de votre vocation. Tout ce que vous désirez, elle vous l'a préparé; elle est entrée dans le fond de votre cerveau par la prunelle de vos yeux, elle a saisi votre âme dans le son de votre voix. Attendez quelques jours, et si vous n'êtes pas content de votre sort, il faudra vous aller pendre, car c'est que vous aurez le spleen. En attendant, regardez-vous, et dites-moi si le choix de ce vêtement ne révèle pas chez notre souveraine le sentiment de l'art et de l'intelligence du cœur.

— Je vois que vous êtes très-ironique, dit Julien en se regardant sans se voir; moi, ce n'est pas mon humeur.

— Seriez-vous susceptible?

— Peut-être un peu, je l'avoue à ma honte.

— Vous auriez tort; mais, sur mon honneur! je ne raille pas. Regardez-vous; je sors pour ne pas vous intimider. »

Le nonchalant Julien resta debout devant sa glace sans penser à suivre le conseil du page. Peu à peu, il s'examina avec répugnance d'abord, puis avec étonnement, et enfin avec un certain plaisir. Ce pourpoint noir, cette large fraise blanche, ces longs cheveux lisses et tombant sur les tempes, allaient si parfaitement à la figure pâle, à la démarche timide, à l'air doux et un peu méfiant du jeune philosophe, qu'on ne pouvait plus le concevoir autrement après l'avoir vu vêtu ainsi. Saint-Julien ne s'était jamais aperçu de sa beauté. Aucun des rustiques amis qui avaient entouré son enfance ne s'en était avisé; on l'avait, au contraire habitué à regarder la délicatesse de sa personne comme une disgrâce de la nature et comme une organisation assez méprisable. Pour la première fois, en se voyant semblable à un type qu'il avait souvent admiré dans les copies gravées des anciens tableaux, il s'étonna de ne point trouver sa ténuité ridicule et sa gaucherie disgracieuse. Une satisfaction ingénue se répandit sur sa figure et l'absorba tellement, qu'il resta près d'un quart d'heure en extase devant lui-même, s'oubliant complétement, et prenant la glace où il se regardait, dans son immobilité contemplative, pour un beau tableau suspendu devant lui.

Deux figures épanouies qui se montrèrent au second plan détruisirent son illusion. Il s'éveilla comme d'un songe, et vit derrière lui le page et la Ginetta, qui l'applaudissaient en riant de toute leur âme. Un peu confus d'être surpris ainsi, le jeune comte s'adossa à la boiserie de sa chambre, et, se croisant les bras, attendit que leur gaieté se fût exhalée; mais son regard triste et un peu méprisant ne put en réprimer l'élan. Le page sauta sur le lit en se tenant les flancs, et la Ginetta se laissa tomber sur un carreau avec la grâce d'une chatte qui joue.

Mais, se levant tout à coup et croisant ses bras sur sa poitrine, elle s'adossa à la boiserie, précisément en face de Julien, et dans la même attitude que lui. Puis elle le regarda du haut en bas avec une attention sérieuse.

Se tournant ensuite vers le page, elle lui dit d'un ton grave : « Seulement la jambe un peu grêle et les genoux un peu rapprochés; mais ce n'est pas disgracieux, tant s'en faut. »

Saint-Julien, très-piqué de leurs manières, se sentait rougir de honte et de colère lorsqu'on entendit sonner onze heures. Le page et la soubrette, tressaillant comme des lévriers au son du cor, le saisirent chacun par un bras en s'écriant: « Vite, vite, à notre poste ! » et avant qu'il eût eu le temps de se reconnaître, il se trouva dans la chambre de la princesse.

V.

Quintilia était étendue sur de riches tapis et fumait du latakié dans une longue chibouque couverte de pierreries. Elle portait toujours ce costume grec qu'elle semblait affectionner, mais dont l'éclat, cette fois, était éblouissant. Les étoffes de soie des Indes à fond blanc semé de fleurs étaient bordées d'ornements en pierres précieuses; les diamants étincelaient sur ses épaules et sur ses bras. Sa calotte de velours bleu de ciel, posée sur ses longs cheveux flottants, était brodée de perles fines avec une rare perfection. Un riche poignard brillait dans sa ceinture de cachemire. Un jeune axis apprivoisé dormait à ses pieds, le nez allongé sur une de ses pattes fluettes. Appuyée sur le coude, et s'entourant des nuages odorants du latakié, la princesse, fermant les yeux à demi, semblait plongée dans une de ces molles extases dont les peuples du Levant savent si bien savourer la paisible béatitude. La Ginetta se mit à lui préparer du café, et le page à remplir sa pipe, qu'elle lui tendit d'un air nonchalant, après lui avoir fait un très petit signe de tête amical. Julien restait debout au milieu de la chambre, éperdu d'admiration, mais singulièrement embarrassé de sa personne.

Quintilia, soufflant au milieu du nuage d'opale qui flottait autour d'elle, distingua enfin son secrétaire intime, qui attendait craintivement ses ordres. « Ah ! c'est toi, Giuliano ? dit-elle en lui tendant sa belle main ; es-tu bien dans ton nouvel appartement ? Trouves-tu que j'aie été un bon factotum dans ton petit palais? A ton tour, tu auras bien des choses à faire dans le mien : mais nous parlerons de cela demain. Aujourd'hui je te présente à mes courtisans; songe à faire bonne contenance. Voyons; ton costume? marche un peu. Comment le trouves-tu, Ginetta?

— Je suis absolument de l'avis de Votre Altesse.

— Et toi, Galeotto?

— Si mademoiselle n'avait rien dit, j'aurais dit quelque chose; mais je ne trouve rien de plus spirituel à répondre que ce qu'elle a trouvé.

— Ginetta, dit la princesse, je vous défends de tourmenter Galeotto. D'ailleurs, ajouta-t-elle en voyant l'air triste et contraint de Saint-Julien, ces enfantillages ne sont pas du goût de M. le comte, et il vous faudra, avec lui, brider un peu votre folle humeur.

— Madame, dit Julien, qui craignait de jouer le rôle d'un pédant, laissez, je vous en prie, leur gaieté s'exercer à mes dépens; je suis un paysan sans grâce et sans esprit, leurs sarcasmes me formeront peut-être.

— C'est notre amitié qui prendra ce soin, dit Quintilia. Mais, dis-moi, enfant, tu ne m'as pas conté ton histoire, et je ne sais pas encore par quelle bizarrerie du destin monsieur le comte de Saint-Julien m'a fait l'honneur de me suivre en Illyrie. Je gagerais qu'il y a là-dessous quelque aventure d'amour, quelque grande passion de roman, contrariée par des parents inflexibles; tu m'as bien l'air d'être venu à moi par-dessus les murs. Voyons, Ragazzo, quelle escapade avez-vous faite? pour quelle dette de jeu, pour quel grand coup d'épée, pour quelle fille enlevée ou séduite avez-vous pris votre pays par pointe? »

En parlant ainsi, elle posa son pied chaussé d'un bas de soie bleuâtre lamé d'argent sur le flanc de sa biche tachetés, et, tout en prenant sa chibouque des mains du page, elle le baisa au front avec indolence.

Cette familiarité ne troubla nullement Galeotto, qui semblait tout à fait dévoué à son rôle d'enfant; mais elle fit monter le sang au visage du timide Julien.

« Voyons, dit la princesse sans y faire attention; nous avons encore une heure à attendre l'ouverture du cérémonial; veux-tu nous raconter tes aventures?

— Hélas! Madame, répondit Julien, il vaudrait mieux m'ordonner de vous lire un conte des *Mille et une Nuits* ou un des romanesques épisodes de Cervantès; ce serait plus amusant pour Votre Altesse que les obscures souffrances d'un héros aussi vulgaire et d'un conteur aussi médiocre que je le suis.

— Je crois comprendre ta répugnance, Giuliano, reprit la princesse; tu crains d'être écouté avec indifférence : tu te trompes; il ne s'agit pas pour moi de satisfaire une curiosité oisive; je voudrais lire jusqu'au fond de ton cœur, afin d'éclairer mon amitié sur les moyens de te rendre heureux. Si tu doutes de l'intérêt avec lequel nous allons t'entendre, attends que la confiance te vienne. C'est à nous de savoir la mériter.

— Je serais un sot et un ingrat, répondit Julien, si je doutais de la bienveillance de Votre Altesse après les bontés dont elle m'a comblé; je crois aussi à l'amitié de mon jeune confrère, à la discrétion de la signora Gina. D'ailleurs il n'y a point de piquants mystères dans mon histoire, et les malheurs domestiques dont j'ai souffert ne peuvent être aggravés ni adoucis par la publicité. »

Galeotto prit la main de Julien et le fit asseoir sur le tapis, entre lui et l'axis favori. Le jeune comte raconta son histoire en ces termes :

« Je suis né en Normandie, de parents nobles, mais ruinés par la révolution du siècle dernier. Ma mère, en partant pour l'étranger, fut heureuse de pouvoir confier mon éducation à un prêtre à qui elle avait rendu d'importants services dans des temps meilleurs, et qui, par reconnaissance, se chargea de moi. J'avais six ans quand on m'installa au presbytère dans un riant village de ma patrie. Le curé était encore jeune, mais c'était un homme austère et fervent comme un chrétien des anciens jours. Intelligent et instruit, il se plut à étendre le cercle de mes idées aussi loin qu'il est possible de le faire sans dépasser les limites sacrées de la foi. Il jugeait toutes les choses humaines avec sévérité, mais avec calme. Ses principes étaient inflexibles, et l'extrême pureté de sa conscience lui donnait le droit d'être ferme et absolu avec les méchants. Il était peu susceptible d'enthousiasme, si ce n'est lorsqu'il s'agissait de flétrir le vice par des paroles véhémentes et de repousser l'hypocrite ostentation des faux dévots.

« Malgré cette noble sincérité et l'horreur qu'il éprouvait pour tout machiavélisme religieux, cet homme respectable était peu compris et peu aimé. On l'accusait de manquer de tolérance, et on le confondait avec les fanatiques qui, sous la robe du lévite, recèlent la haine et l'aigreur jalouse des cœurs froissés. Mais on était injuste envers lui, je puis l'affirmer. C'était le plus chaste et en même temps le moins chagrin des prêtres. La fermeté, l'esprit d'ordre et l'amour de la justice, qui étaient les principaux traits de son caractère, entretenaient dans ses manières et dans ses mœurs une sérénité patriarcale. Sa maison était rigoureusement bien tenue; sa sœur, digne et excellente ménagère, distribuait ses aumônes avec discernement, et il avait si bien surveillé sa paroisse, qu'on n'y voyait plus aucun malfaiteur ni aucun vagabond troubler le repos ou effaroucher la conscience des honnêtes gens.

« C'est là ce qui faisait dire à des philanthropes imprudents qu'il se conduisait plutôt en justicier inflexible qu'en apôtre miséricordieux. Ces gens-là ne voulaient pas comprendre qu'il faisait la guerre au vice, et ne haïssait dans les hommes que la souillure de leurs péchés.

« Pour moi, j'aimais en lui toutes choses, mais principalement cette vertueuse rigueur, qui éclairait tous les doutes de ma conscience et qui aplanissait toutes les difficultés de mon chemin. Guidé par lui, je me sentais capable d'être vertueux comme lui. Ses conseils, ses encouragements et ses éloges m'inondaient d'une joie céleste, et je ne craignais point de chercher dans un noble orgueil la force dont l'homme a besoin pour traverser les séductions coupables. Il m'exhortait à ce sentiment d'estime envers moi-même, et me le faisait envisager comme la plus sûre garantie contre la dépravation d'un siècle sans croyance. »

A cet endroit du récit de Julien, la Ginetta laissa tomber son éventail, et ses regards vagues, qui tenaient le milieu entre le sommeil et la préoccupation, troublèrent un peu le narrateur. Galeotto sourit à demi et lui dit : « Prenez courage, mon cher monsieur de Fénelon ; cette frivole Cidalise n'est bonne qu'à découper du papier et à friser des petits chiens. » La princesse lui imposa silence et pria Saint-Julien de continuer.

« Lorsque j'entrai dans l'adolescence, un trouble inconnu vint porter l'épouvante dans mes rêves et dans mes prières. Je m'en confessai à mon instituteur, non comme à un prêtre, mais comme à un ami. Il me répondit avec franchise et me révéla hardiment tous les secrets de la vie. — Si vous étiez destiné à la virginité du sacerdoce, me dit-il, j'essaierais de prolonger votre ignorance ou d'éteindre par la crainte les ardeurs de votre jeune imagination ; mais le germe des passions se révèle chez vous avec trop de vivacité pour que j'essaie jamais de vous retirer du monde, où votre place est marquée. Il ne s'agit que de bien diriger les passions, pour qu'elles soient fertiles en nobles pensées et en belles actions.

« Alors il essaya de me peindre les deux sortes d'amours qui souillent ou purifient les âmes : l'attrait du plaisir qui, sans l'autre amour, ne conduit qu'à l'abrutissement de l'esprit ; et l'amour du cœur, qui rapproche les êtres vertueux et produit l'union sainte de l'homme et de la femme. Il me parla de cette compagne d'Adam, de ce rayon du ciel envoyé au sommeil du premier homme, comme le plus beau don que Dieu eût mis en réserve pour couronner l'œuvre de la création. Il me parla aussi de cet être dégénéré qui, dans notre société corrompue, dément sa céleste origine et enivre l'homme des poisons de la luxure, fruit amer et impérissable de l'arbre de la science. Les portraits qu'il me fit de la femme pure et de la femme vicieuse imprimèrent dans mon cœur, encore enfant, deux images ineffaçables : l'une, divine et couronnée, comme les vierges de nos églises, d'une sainte auréole ; l'autre, hideuse et grimaçante comme un rêve funeste. Que cette idée fût erronée dans sa candeur, cela est hors de doute pour moi aujourd'hui ; et pourtant je n'ai pu perdre entièrement cette impression obstinée de ma première jeunesse. La laideur du corps et celle de l'âme me semblent toujours inséparables au premier abord ; et quand je vois la beauté du visage servir de masque à la corruption du cœur, j'en suis révolté comme d'une double imposture, et je suis saisi de terreur comme à l'aspect d'un bouleversement dans l'ordre éternel de l'univers.

« Au retour des Bourbons en France, mes parents revinrent de l'émigration, et je quittai avec regret le presbytère pour aller vivre dans le château délabré de mes ancêtres. Mon père sacrifia ses dernières ressources pour rentrer en possession du manoir qui portait son nom; mais il ne put racheter qu'une très-petite partie des terres environnantes, et l'entretien d'une vaste maison et d'un parc sans rapport achevèrent de rendre notre existence précaire et triste. Néanmoins je me flattais, dans les commencements, de goûter un bonheur nouveau pour moi dans l'intimité de ma mère, dont je me rappelais avec amour les caresses et les premiers soins. Elle était encore belle malgré ses cinquante ans, et à un esprit naturel et enjoué elle joignait assez d'instruction et de jugement; mais, par une inconcevable fatalité, nos opinions différaient sur beaucoup de points. Il est vrai que ma mère, douce et facile dans son humeur railleuse, attachait peu d'importance à nos discussions, et semblait ne pas s'apercevoir de l'impression pénible que j'en recevais; mais il m'était cruel de trouver dans une femme que j'aurais voulu entourer du plus saint respect une légèreté de principes si différente de ce que j'en attendais. Peu à peu, la frivolité avec laquelle ma mère traitait mes plus chères croyances, l'espèce de pitié moqueuse qu'elle avait pour mon caractère, me rendirent plus hardi, et j'essayai de l'amener à mes idées; mais alors elle m'imposa silence avec hauteur, et me reprocha aigrement ce qu'elle appelait le pédantisme de l'intolérance. Mon père ne se mêlait jamais à nos contestations; presque toujours endormi dans son fauteuil, il ne prenait intérêt qu'à sa partie de piquet, que ma mère faisait, il est vrai, avec une obligeance infatigable; et, pourvu que rien ne gênât ses habitudes paresseuses, il s'accommodait de tous les visages et de tous les caractères. Un ami subalterne de la maison me rendit, presque malgré moi, le triste service de m'apprendre que ma mère avait souvent trompé autrefois ce débonnaire mari, et me conseilla de heurter moins imprudemment ses souvenirs, et peut-être les reproches secrets de sa conscience, par la rigidité de mes principes. Je le remerciai de son avis, et j'en profitai. Je compris que je n'avais plus le droit de discuter, puisque c'était m'arroger celui de censurer la conduite de ma mère; mais en rentrant dans la voie d'un froid respect, je sentis s'évanouir en moi cette sainte affection dont j'avais conçu l'espoir.

« Je me retirai en moi-même; je devins mélancolique, souffrant, et l'ennui s'empara de moi. Je pris dans cet isolement de l'âme une habitude de réserve qui acheva de m'aliéner le cœur de mes parents. Ils me le témoignèrent cruellement quatre ou cinq fois, et à la dernière je pris mon parti. Je partis dans la nuit, leur laissant une lettre d'humbles excuses, et leur promettant que, quelle que fût ma fortune, ils n'auraient jamais à rougir de moi. Je me mis donc en route, au hasard, tristement, et presque sans ressources, la gêne où vivaient mes parents m'interdisant de leur demander le moindre sacrifice; j'espérai en la Providence et un peu en mon courage. Votre Altesse sait le reste, et grâce à sa bonté, je n'ai pas eu longtemps à supporter les fatigues et les privations de mon voyage.

— Je te remercie, mon cher Julien, dit la princesse. Je vois que tu es un honnête homme et un noble cœur; mais laisse-moi te parler en amie et remplacer la mère que tu as abandonnée. Je crains que tu ne sois un peu entaché, à ton insu et malgré toi, de l'esprit d'obstination et d'orgueil que l'on reproche avec raison au clergé de France. Tu a subi l'influence des prêtres dans ce qu'elle a de bon principalement, mais aussi un peu dans ce qu'elle a de dangereux. Ton curé de village est sans doute un homme vertueux et franc; mais peut-être ceux qui lui reprochaient de manquer d'indulgence et de miséricorde n'avaient-ils pas absolument tort. Je n'aime pas qu'on chasse d'un pays les vagabonds et les malfaiteurs: c'est se défaire de la peste en faveur de son prochain. Il vaudrait mieux essayer de fixer et d'employer les uns, de corriger ou de contenir les autres. Ta mère me paraît une bonne femme que tu aurais mieux fait d'accepter avec ses qualités et ses défauts, et je l'estimerais encore mieux si tu avais ignoré ou enseveli dans un éternel oubli les fautes de sa jeunesse. Prends-y garde, mon enfant : ce caractère absolu, cette froide habitude de condamner en silence et de fuir sans retour et sans pardon tout ce qui ne nous ressemble pas, peut bien nous rendre coupables, dangereux aux autres et à nous-mêmes. Tu vois déjà que tu t'es fait souffrir, que tu as gâté le bonheur possible de ta vie de famille; et sans doute ta mère, quelque frivole qu'elle soit, doit avoir pleuré ton départ et ses motifs. Lui donnes-tu quelquefois de tes nouvelles, au moins?

— Oui, Madame, répondit Saint-Julien.

— Eh bien, fais-le toujours, reprit-elle, et que le ton de tes lettres lui fasse oublier ce que ton absence a de cruel et de mortifiant. Au reste, ajouta la princesse en se levant et en lui tendant la main, vous avez bien fait de nous dire toutes ces choses, monsieur le comte; nous saurons mieux le respect que nous devons à vos chagrins. Mes enfants, dit-elle aux deux autres, vous avez trop d'esprit et de délicatesse pour ne pas le comprendre, le cœur de San-Giuliano n'est pas du même âge que le vôtre. Il ne faut pas le traiter comme un camarade d'enfance. Et toi, mon ami, dit-elle au jeune comte, il faut faire aussi quelque concession à leur jeunesse, et tâcher de te distraire avec eux. Nous réunirons tous nos efforts pour te faire l'avenir meilleur que le passé; si nous échouons, c'est que l'amitié est sans puissance et ton âme sans oubli. »

L'heure étant venue ou la princesse devait se montrer pour la première fois depuis son retour à toute sa cour assemblée, elle prit le bras de Julien pour se lever; puis elle passa sur sa robe de soie une pelisse de velours brodée d'or et fourrée de zibeline. Le page prit son éventail de plumes de paon. On remit à Julien un livre à riches fermoirs sur lequel il devait inscrire les demandes présentées à la souveraine. La Ginetta, qui avait des priviléges particuliers, se mêla à trois grandes dames autrichiennes qui, par droit de noblesse, avaient la charge honorifique de paraître en public les suivantes de la princesse. Elles n'étaient guère flattées de voir une Vénitienne sans naissance et, disaient-elles, sans conduite, marcher du même pas et leur ôter sans façon des mains la queue du manteau ducal; mais la princesse avait des volontés absolues. Elle eût chassé ces douairières plutôt que de contrarier sa jeune favorite, et aucun homme de cour ne trouvait à redire à l'admission d'une si belle personne dans les salles de réception.

Quand la princesse eut agréé les hommages de ses flatteurs, elle leur présenta son secrétaire intime, le comte de Saint-Julien. Au ton de sa voix, tous comprirent que ce n'était pas à la lettre un successeur de l'abbé Scipione, et qu'il fallait se conduire autrement avec lui. Saint-Julien fut donc étourdi et presque effrayé des protestations et des avances qui lui furent faites de tous côtés. Il était bien loin d'avoir conçu une si haute idée de son rôle. « Eh! mon Dieu! se disait-il, si j'étais l'époux de la princesse, on ne me traiterait pas mieux. Tous ces gens-là doivent pourtant bien savoir dans quel costume je suis arrivé ici. » En voyant combien les hommes sont rampants et souples devant tout ce qui semble accaparer la faveur du maître, il s'étonna d'avoir été si craintif. « Qu'est-ce donc que cette grandeur que j'avais rêvée? se dit-il; où sont ces hommes élevés qui soutiennent la dignité de leur rang par de nobles actions, et qui ont le cœur fier et hardi comme la devise de leurs ancêtres? Les vrais nobles sont-ils aussi rares que les vrais talents? »

Le jour même, on célébra le mariage de l'aide de camp Lucioli avec la lectrice mistress White. Ce fut un grand sujet d'étonnement pour Julien, de voir ce beau jeune homme épouser une vieille fille d'un rang obscur et d'un esprit médiocre. Personne ne songea à partager la surprise de Julien. La duègne était richement dotée par la princesse, et Lucioli pourrait désormais satisfaire ses étroites vanités et déployer un luxe insolent. Il était réconcilié avec sa situation, et trouvait dans le maintien grave de Quintilia plus d'indulgence pour son amour-propre qu'il ne l'avait espéré.

En effet, la princesse présida cette cérémonie avec un sang-froid imperturbable. Il était impossible de se douter, à son air austère et maternel, qu'elle fût occupée à se divertir sérieusement d'une victime insolente et lâche. Dans aucun recoin de la chapelle on n'osa échanger le plus furtif sourire. Les lèvres de Quintilia étaient immobiles et serrées comme celles d'un mathématicien qui résout intérieurement un problème. Julien se méfia néanmoins de cette affectation, et quand vers minuit la princesse se retrouva dans son appartement avec lui, Ginetta et Galeotto, il ne s'étonna guère de la scène qui eut lieu devant lui. La Ginetta, mettant son mouchoir sur sa bouche, semblait attendre dans une impatience douloureuse le signal de sa délivrance, lorsque Quintilia, se laissant tomber tout de son long sur le tapis, lui donna l'exemple d'un rire inextinguible et presque convulsif. Le page fit la troisième partie, et Julien resta ébahi à les contempler jusqu'à ce que, les rires un peu apaisés, un feu roulant et croisé de sarcasmes amers et d'observations caustiques lui fit comprendre qu'on venait de jouer la plus majestueuse des farces dont un amant rebuté ou disgracié pût être la victime ou le bouffon.

« Je n'aime pas cela, dit-il au page lorsqu'ils se retrouvèrent ensemble dans leur appartement. Ou Lucioli est un pauvre niais qu'on mystifie sans pitié, ou c'est un misérable qui se console avec de l'argent, et qu'il faudrait plutôt chasser.

— Vous avez l'air, dit le page d'un ton assez sec et sérieux, de critiquer la conduite de notre bienfaitrice, je vous dirai, moi aussi, monsieur de Saint-Julien, je n'aime pas cela.

— Mettez-vous à ma place, répondit Julien un peu confus; ne penseriez-vous pas, en voyant des choses si étranges, que la princesse est bien cruelle envers ceux qui osent s'élever jusqu'à elle, ou bien inconstante envers ceux qu'elle y fait monter un instant? »

Le page ne répondit que par un grand éclat de rire; puis, reprenant aussitôt son sérieux, il quitta Saint-Julien en lui disant: « Mon ami, ni le dévouement ni la prudence n'admettent l'esprit d'analyse. »

VI.

Le lendemain, la princesse appela Saint-Julien et s'enferma avec lui dans son cabinet. Elle était occupée de mille projets; elle voulait apporter de notables économies à son luxe, fonder un nouvel hôpital, réduire les richesses d'un chapitre religieux, écrire un traité sur l'économie politique, et mille autres choses encore. Saint-Julien fut épouvanté de tout ce qu'elle voulait réaliser, et il pensa un instant que la vie d'un homme ne suffirait pas à en faire le détail. Néanmoins elle lui posa si nettement les points principaux, elle le seconda par des explications si précises et si lucides, qu'il commença bientôt à voir clair dans ce qu'il avait pris à l'abord pour le chaos d'une tête de femme. Lorsqu'elle le renvoya, elle lui confia une besogne assez considérable, qu'il eut à lui rendre le lendemain et dont elle fut contente, bien qu'elle y fit de nombreuses annotations.

Plusieurs mois furent employés à dresser et à préparer ce travail. Durant tout ce temps, la princesse fut enfermée dans son palais; les fêtes et les réceptions furent suspendues; les rues furent silencieuses, et les façades ne s'illuminèrent plus de l'éclat des flambeaux. Quintilia, vêtue d'une longue robe de velours noir, et relevant ses beaux cheveux sous un voile, sembla oublier la parure, le bruit et le faste, dont elle était ordinairement avide. Plongée dans de sérieuses études et dans d'utiles réflexions, elle ne se permettait pas d'autre délassement que de fumer le soir sur une terrasse avec ses intimes confidents, à savoir : le page, le secrétaire intime et la Ginetta. Quelquefois elle se promenait avec eux en gondole sur la jolie petite rivière appelée Célina, qui traversait la principauté; mais la gaieté folâtre était bannie de leurs entretiens. Ses projets du lendemain, ses travaux de la veille, la mettaient dans un rapport immédiat et continuel avec Saint-Julien. La familiarité qui en résulta avait quelque chose de paisible et de fraternel, qui était mieux que de l'amitié, et qui cependant ne ressemblait pas à l'amour. Du moins Julien le croyait; mais son âme était dominée, toutes ses facultés absorbées par une seule pensée. Si les heures où la princesse l'exilait de sa présence n'eussent été assidûment remplies par le travail qu'elle lui imposait et par les courts instants de repos qu'il était forcé de prendre, elles lui eussent semblé insupportables. Mais dès son réveil, il se rendait près d'elle et ne la quittait plus que le soir. Elle prenait ses repas avec lui, des repas courts et presque napoléoniens. Si quelquefois elle se reposait de ses fatigues intellectuelles par quelques idées plus douces, elle y associait toujours son jeune protégé. Elle l'entretenait des arts, qu'elle chérissait et dont il avait le vif sentiment; elle écoutait avec intérêt quelques douces et naïves poésies dont le jeune homme s'inspirait auprès d'elle, ou bien elle lui parlait des bienfaits d'une vie laborieuse et réglée, des charmes d'une amitié chaste et sainte. Saint-Julien l'écoutait avec délices, et, à voir son front serein, son regard maternel, il oubliait qu'une passion orageuse ou fatale pût naître auprès d'une telle femme; il se persuadait être arrivé au terme du plus beau vœu qu'une âme noble puisse faire; il croyait avoir atteint pour toujours un bonheur sans mélange et sans remords. Quelquefois, il est vrai, lorsqu'il se retrouvait seul au sortir de ces douces causeries, sa tête s'enflammait, son cœur battait précipitamment, son émotion devenait une souffrance vague; mais un sentiment pieux succédait à ces agitations. Il remerciait Dieu de l'avoir tiré d'une condition douloureuse pour le combler de telles joies, il versait des larmes, il prononçait le nom de Quintilia et l'associait au nom de Marie, la Vierge des cieux. Quand il avait soulagé son cœur dans ces extases, il reprenait avec ardeur la tâche que sa souveraine lui avait confiée, et se livrait par anticipation au plaisir de mériter et d'obtenir ses éloges et ses remercîments.

Entièrement séparé de l'entourage extérieur de la princesse, il n'avait de relations qu'avec Galeotto et la

Ginetta. Son caractère timide et un peu fier, ses occupations sérieuses et soutenues, et surtout le sentiment de bien-être intérieur qui lui rendait tout épanchement inutile, s'opposaient à toute communication entre lui et le reste des hommes. Il vécut donc dans un tel isolement de tout ce qui n'était pas Quintilia, qu'il savait à peine les noms des personnes qu'il rencontrait dans l'intérieur du palais. Et pourtant une passion réelle, dévorante, à jamais tenace, s'allumait en lui à son insu, à l'ombre de cette confiance dangereuse. L'imagination de ce jeune homme était si pure, il avait si peu connu l'amour, qu'il ne croyait pas à ses tourments et les éprouvait sans les reconnaître.

Six mois s'étaient écoulés ainsi. Un soir, le travail se trouva terminé. La princesse avait été tout ce jour-là plus grave et plus réfléchie que de coutume. Elle traça de sa main une dernière page à la fin du registre que Julien venait de lui présenter. Pendant qu'elle l'écrivait, Ginetta, qui s'était introduite sans bruit dans l'appartement, attendait avec une sorte d'anxiété qu'elle eût fini ; son œil noir et mobile interrogeait impatiemment tantôt la porte où Julien aperçut un pan du manteau de Galeotto, tantôt le front assombri et le sourcil plissé de la princesse. Enfin, la princesse posa sa plume d'un air distrait, cacha sa tête dans ses mains, reprit la plume, joua un instant avec une tresse de ses cheveux qui s'était détachée, puis tressaillit, traça précipitamment quelques chiffres, signa le registre, le ferma et le poussa loin d'elle. Puis, tenant toujours sa plume, elle se leva, se tourna vers Ginetta et la planta dans une grosse touffe de ses cheveux noirs. La soubrette fit un cri de joie. « Est-ce enfin terminé, M'ame? s'écria-t-elle ; votre belle main va-t-elle quitter la plume et reprendre le sceptre et l'éventail? Sommes-nous arrivés au bout de ce pâle carême? le plaisir va-t-il briser la pierre du cercueil où vous l'avez enseveli? me permettrez-vous de jeter au vent cette vilaine plume que vous venez de mettre dans mes cheveux, et qui me semble peser comme du plomb?

— Fais-en un auto-da-fé, répondit Quintilia, je ne travaillerai plus cette année.

— Vive la liberté! s'écria Galeotto en entrant d'un bond. Au risque d'être grondé, il faut que je vienne mettre un genou en terre devant ma souveraine, et que je la prie de *briser les cercles de fer de son écuyer.*

— Reprends ton vol, mon beau papillon, dit la princesse en l'embrassant au front.

— Par la Vierge! dit le page en se relevant, il y avait plus de six mois que Votre Altesse n'avait fait cet honneur à son pauvre nain. Nous voici tous sauvés; nous renaissons, nous dépouillons nos chrysalides, nous ressuscitons. Alleluia.

— Brûlons la maudite plume! dit Ginetta.

— Non, dit le page en s'en emparant. Attachons-la à la barrette de monsieur le secrétaire intime, et jetons tout dans la Célina, le pédant et son encre, l'ennui et les registres.

— Non pas, dit la princesse; à votre tour, respectez le travail, la réflexion, l'économie. Mon bon Giuliano, nous nous retrouverons tête à tête dans la poussière des livres. Aujourd'hui, reposons-nous, quittons nos habits noirs. Rions avec ces enfants, redevenons jeunes. Page, fais illuminer le fronton de mon palais. Toi, Ginetta, rends la liberté à ma chevelure, et enlève cette dernière tache d'encre à mon doigt. »

La Ginetta frotta les mains de la princesse avec de l'essence de citron. Le page ouvrit les fenêtres et donna en criant des signaux à la cantonade; puis il entraîna

Julien sur la terrasse, et lui remettant un magnifique bouquet de fleurs :

« Portez-le à Son Altesse, lui dit-il, mettez-vous à ses pieds, et tâchez qu'elle ait pour vous un doux regard. Quittez surtout cet air consterné. De quoi vous étonnez-vous? Pensez-vous que nous étions convertis pour jamais, et que tout irait toujours selon vos goûts et vos idées? Mais apprenez à connaître l'amitié. Je pourrais me venger aujourd'hui de tout l'ennui que vous m'avez causé; je veux, au contraire, vous aider à ressaisir votre crédit qui chancelle.

— Vraiment? je vous jure que je ne comprends pas, reprit Julien en prenant le bouquet machinalement.

— Allez, allez! cria le page en le poussant. Si vous êtes habile, ne perdez pas le temps et l'occasion, car voici le tourbillon qui nous enveloppe et le sabbat qui commence. »

Les accords de cent instruments montaient en effet dans les airs, et déjà des pétards et des fusées volaient par les rues.

— Qu'est-ce donc que tout ce bruit? dit Julien.

— C'est mon ouvrage, dit Galeotto d'un air enivré; c'est ce qui doit sauver ou perdre bien des flatteurs, faire voler les uns comme des aigles, barboter les autres comme des oisons. »

Saint-Julien, poussé par les épaules, approcha de la princesse d'un air gauche et confus.

Elle était déjà transformée en une autre femme que celle qu'il voyait depuis six mois. Elle avait les cheveux parfumés, le front couvert de diamants de sept couleurs, une folle et magnifique parure. Son corps avait changé d'attitude et sa figure d'expression. Elle était sans contredit beaucoup plus jeune, plus belle et plus séduisante qu'avec sa robe noire et son air pensif. Mais Saint-Julien l'avait aimée beaucoup mieux ainsi, et maintenant elle l'effrayait comme autrefois; ses doutes évanouis longtemps se réveillaient, sa confiance et sa joie pâlissaient à mesure que la beauté de Quintilia s'illuminait d'un éclat plus vif.

« Un genou en terre, lui dit le page à l'oreille, et tâchez de baiser sa main. »

Julien crut qu'on le persiflait; peu s'en fallut qu'il n'accusât Quintilia d'être complice d'une mystification préparée contre lui. Il se laissa tomber à demi sur le carreau de velours qui était à ses pieds, et, tout palpitant, il leva sur elle un regard qui semblait être un triste et doux reproche. Mais, au lieu de le railler, comme il s'y attendait, Quintilia lui prit la main.

« Eh quoi! des fleurs à la main de Giuliano! lui dit-elle avec gaieté; mais je crois que le monde est bouleversé, et tu m'apportes précisément les fleurs que j'aime, la rose turque et la pompadoura qui enivre! Donne, donne, Giuliano. Toi aussi, tu veux donc te rajeunir et te retremper! Bien, mon fils; faisons-leur voir que le travail ne nous a pas rendus stupides, et que nos esprits ne sont point émoussés comme nos plumes. »

Quintilia, en disant ces folles paroles, embrassa son secrétaire intime sur les deux joues. C'était la première fois, et il s'y attendait si peu, que sa tête se troubla, et il lui fut impossible de comprendre ce qui se passait autour de lui.

Un feu d'artifice fut tiré sur l'eau, et un grand souper, qui sembla improvisé, mais que Galeotto et Ginetta tenaient prêt depuis longtemps, prolongea la fête assez avant dans la nuit. Saint-Julien suivit d'abord machinalement Quintilia; il était encore sous l'impression délirante de ce baiser : il ne songea qu'à la trouver belle dans sa nouvelle parure, gracieuse et spirituelle avec ceux qui venaient la complimenter. Mais peu à peu cet entourage de courtisans qu'il avait perdu l'habitude de voir se placer entre elle et lui, ce bruit qui ne lui permettait plus d'être seul entendu, ce mouvement qui semblait enivrer Quintilia, lui devinrent odieux. Il fut souvent tenté de quitter cette cohue et d'aller s'enfermer dans sa chambre. Un sentiment de jalousie inquiète et chagrine le retint auprès de la princesse.

VII.

« Mon ami, lui dit Galeotto le lendemain matin, vous avez été souverainement ridicule hier soir.

— Et pourquoi donc?

— Triste, pâle, et l'air consterné! Prenez garde à vous. La princesse est en humeur de se divertir : si vous ne vous amusez pas, vous êtes perdu.

— Perdu! dit Saint-Julien. Comment, et pourquoi?

— Pourquoi?..... parce que vous l'ennuierez, mon ami. Comment? parce qu'elle oubliera jusqu'à votre nom.

— Où sommes-nous, mon Dieu? dit Julien en passant sa main sur ses yeux, dans un sentiment d'invincible tristesse. Est-ce un rêve que je fais? Tout est-il donc si changé depuis douze heures!

— Vous ne connaissez pas le monde, reprit le page, vous ne savez pas qu'il faut ne compter sur rien, être préparé à tout, et posséder vingt habits dans son magasin pour être toujours prêt à changer avec ceux qui changent.

— Mais expliquez-moi Quintilia; que m'importent les autres?

— Quintilia! dit le page en baissant la voix. Que je vous explique cette femme, moi!... Eh! mon ami, j'ai seize ans! Je ne manque pas d'intrigue, d'ambition et d'une certaine intelligence; je vois, j'entends; je n'essaie pas de comprendre ; j'obéis, je devine ce qu'on va me commander : il me semble que c'est quelque chose pour mon âge. Mais trouver la raison de ce que je vois, de ce que j'entends et de ce que je fais, c'est plus qu'il n'appartient à mon inexpérience et à ma jeunesse. C'est vous, monsieur le philosophe, qui devriez me donner la clé des énigmes autour desquelles je tourne comme une folle planète, sans savoir où me mène mon soleil.

— Je ne vous demande qu'une chose, dit Saint-Julien en fixant ses grands yeux tristes sur les yeux malins et brillants de Galeotto. Je vois bien qu'il y a en elle deux femmes distinctes, une vraie et une artificielle; une qui est née ce qu'elle est, une autre que les hommes et le siècle ont formée : laquelle des deux est l'œuvre de Dieu ? »

Le page eut sur les lèvres une contraction nerveuse, comme s'il allait dire un mot cynique. Saint-Julien devina les deux syllabes qui erraient sur cette bouche moqueuse, et un frisson douloureux lui passa de la tête aux pieds. Mais le page se levant aussitôt et changeant de manière et de langage avec cette facilité de courtisan qui était innée en lui :

« Votre question n'a pas le sens commun, mon ami, lui dit-il en se promenant dans la chambre d'un air grave. Le sentiment et la métaphysique vous ont troublé le jugement. Est-ce que nous sommes *nés* quelque chose? C'est bien assez d'être nés gentilshommes, canaille ou prince. Ce n'est pas Dieu qui préside à ces distinctions; et pour notre caractère, c'est l'éducation et le hasard qui s'en mêlent. Si j'étais phrénologiste, je vous dirais quelles bosses du crâne de Son Altesse nécessitent la contradiction que vous voyez en elle ; mais, n'étant qu'un ignorant, j'aime mieux admirer ses cheveux noirs et recevoir sur mon pauvre front étroit et borné le baiser d'une bouche ducale. »

En se rappelant le baiser qu'il avait reçu, Saint-Julien frémit, et devint tour à tour rouge et pâle. Le page s'en aperçut, et, s'arrêtant devant lui les bras croisés sur sa poitrine :

« Mon ami, lui dit-il, tu es amoureux ; tu es perdu !

— Amoureux ! dit Julien troublé ; non, je ne le suis pas. J'aime ma souveraine avec vénération, avec...

— Tais-toi, tu extravagues, reprit Galeotto. Nous ne sommes plus au temps de la chevalerie. Aujourd'hui un gentilhomme, et même un pâtissier, peut épouser une princesse. Tu es amoureux, mais tu es fou.

— Épargnez-moi vos railleries, Galeotto...

— Non, je ne raille pas. Hier, quand vous avez reçu ce baiser sur les joues, vous avez failli vous trouver mal. Pour un homme qui ne voudrait que parvenir, c'eût été d'un effet excellent. Ces timidités-là ont plus de succès ici que les fatuités de Lucioli. Ce n'est pas vous qu'on mariera à une duègne, et qu'on enverra prendre l'air à la campagne avec cinquante mille francs de rente et une momie ambulante comme mistress White. Mais c'est vous à qui l'on mettra un collier de vermeil au cou, et qu'on laissera vieillir couché en rond sur un coussin entre la biche tachetée et la levrette blanche.

— Mais quel rôle si important jouez-vous donc vous-même ici ? dit Saint-Julien un peu piqué.

— Aucun, dit le page ; mais je ne suis pas amoureux ; et quand on me baise au front, je n'oublie pas que je suis un jouet, un petit animal domestique, un enfant condamné à ne pas grandir. Alors, en attendant que je sois homme et qu'on s'en aperçoive, je rends à la Ginetta les baisers qu'on me donne. Fais comme moi, Giuliano. Ginetta est une belle et bonne fille. »

Saint-Julien eut comme un éblouissement, et s'appuyant sur le bras de son fauteuil.

« O mon Dieu! s'écria-t-il avec angoisse, où m'avez-vous conduit? dans quel antre de corruption m'avez-vous jeté? »

Galeotto répondit par un éclat de rire à cette mystique apostrophe.

Le naïf Julien le regardait avec surprise et avec une sorte de terreur. Élevé aux champs, plein d'innocence et de candeur, il ne pouvait comprendre la précoce dépravation de cet enfant de la civilisation.

« Si jeune et si beau! continua-t-il en le regardant avec une sincérité de douleur qui augmenta la gaieté du page; avec un front si pur et tant de grâce, être déjà si sec, si froid, si raisonneur! Avoir déjà vaincu l'amour, et l'enthousiasme, et les sens! avoir arrangé toute sa vie pour l'ambition, et n'avoir ni jeune cœur ni folle imagination qui vous détourne du chemin! Quoi! pas même amoureux de la Ginetta! Moqueur et méprisant sous les lèvres de celle-ci, méfiant et froid sous les lèvres de l'autre!... Qu'aimez-vous donc, qu'aimerez-vous, vieillard de seize ans?

— J'aimerai, dit le page, j'aimerai l'argent et le pouvoir : l'argent, pour avoir de bons chevaux, de riches habits, et des femmes dont je ne serai pas forcé d'être amoureux au point de me brûler la cervelle en cas d'abandon; de ces femmes qui ont tout juste assez d'esprit pour nous donner un instant d'ivresse, seul bien que la femme puisse promettre et tenir, menteuse et lascive qu'elle est de sa nature; le pouvoir, pour humilier les fourbes et les sots qui me flattent et me haïssent, pour jeter dans la poussière les faces orgueilleuses qui se baissent pour me regarder. Oui, oui, l'argent et le pouvoir : tout homme qui n'est pas imbécile ou fou doit viser à cela et mépriser le reste.

— De qui tenez-vous ce principe? dit Saint-Julien. Est-ce de vous-même, est-ce de Quintilia?

— Oh! toujours à cheval sur votre idée fixe! Que m'importe Quintilia? Croyez-vous que je veux pourrir dans ce misérable cabotinage de royauté? Croyez-vous que cette parodie de czarine, et ces ombres de courtisans, et ces forteresses de pain d'épice, et cet appareil militaire qu'on a fait avec de la moelle de sureau et des grains de plomb, et ce palais qui servirait de surtout sur la table d'un banquier, et ces places dont ne voudrait pas le groom d'un pair d'Angleterre; croyez-vous vraiment que tout cela m'attache et me séduise? C'est bon pour vous, vertueux prestolet, qui vous croyez au sommet des grandeurs du monde, et qui prenez le théâtre de Polichinelle pour la Scala ou pour San-Carlo. Moins heureux que vous, je ne sais pas m'abuser ainsi; je sens que l'univers n'est pas trop vaste pour mon activité, et j'étouffe dans ce poêle, où nous chauffons comme de pauvres marrons qu'une femme tire du feu au profit du diable. Allons, Giuliano, suivez votre vocation, et ne vous effrayez pas de la mienne. C'est moi qui devrais m'étonner et me jeter à la renverse, et interroger avec stupeur les étoiles fantasques, à la vue d'une candeur comme la vôtre. C'est vous, mon ami, qui êtes une exception, une rareté, une merveille dans ce siècle de raison et d'égoïsme. Vous êtes peut-être un ange devant Dieu; mais les hommes, à coup sûr, vous montreraient à la foire s'ils savaient ce que vous êtes.

— Que suis-je donc? s'écria Julien, confondu de surprise.

— Voulez-vous que je vous le dise? Vous ne vous en fâcherez pas?

— Non.
— Vous êtes un niais.
— Et Quintilia?
— Je vous le dirai quelque jour si nous nous rencontrons à cent lieues d'ici. »

VIII.

Une grande fête se préparait au palais. Jamais Julien n'avait vu un tel luxe et de si folles dépenses. Personne ne pouvait plus aborder la princesse s'il ne venait l'entretenir de chiffons, de lustres et de musiciens. Le pauvre secrétaire intime, étranger à toutes ces choses, errait pâle et triste au milieu de ce désordre, dans la poussière des préparatifs et dans la cohue des ouvriers. Trois jours entiers s'écoulèrent sans qu'il vît la princesse. Il tomba dans une noire mélancolie et pleura son beau rêve effacé, ses douces illusions perdues. Le matin de la fête, elle se souvint de lui et le fit appeler pour lui remettre le costume qu'il devait porter; elle lui donna gravement les instructions les plus frivoles, lui demanda conseil sur la coupe des manches que Ginetta lui essayait; puis elle oublia sa présence et le laissa sortir sans s'en apercevoir.

Le bal fut magnifique. Grâce à la plus bizarre et à la plus folle des inventions de la princesse, toute la cour représenta une immense collection de papillons et d'insectes. Des justaucorps bigarrés serraient la taille; de grandes ailes d'étoffe, montées sur du laiton imperceptible, se déployaient derrière les épaules ou le long des flancs; et l'on ne pouvait trop admirer l'exactitude des nuances, la forme des accidents, la coupe et l'attitude des ailes, et jusqu'à la physionomie de chaque insecte reproduite par la coiffure du personnage chargé de le représenter. Le bon abbé Scipione, métamorphosé en sauterelle, gambadait agréablement dans son mince vêtement de crêpe vert tendre. Le pimpant Lucioli, emprisonné dans une écaille bombée de satin marron, et le ventre couvert d'un gilet rayé de noir et de blanc, représentait admirablement un hanneton de la plus grosse espèce connue. La grande et mince marchesa Lucioli, ex-mistress White, était fort brillante sous un long corps de velours noir et de grandes ailes de taffetas jaune rayé de noir. Avec sa longue face pâle, les déchiquetures de ses ailes et sa démarche péniblement folâtre, on l'eût prise pour ce grand papillon nommé Podalyre, qui est si embarrassé de sa longue stature que les hirondelles dédaignent de le poursuivre et le laissent se débattre contre le vent, pêle-mêle avec les feuilles jaunies et dentelées du sycomore. Le beau page Galeotto représentait le charmant papillon Argus; les pierreries de toutes couleurs ruisselaient sur ses ailes de velours bleu tendre, doublées d'un satin nuancé de rose, d'abricot et de nacre. La Ginetta portait un corselet d'azur rayé de noir; elle était coiffée de ses cheveux bruns relevés en grosses touffes sur ses tempes. Belle avec sa tête large et plate, mince dans son corsage étroit, folâtre sous ses transparentes ailes de crêpe bleu, elle offrait le plus beau type d'*agrillon-demoiselle* qu'on eût vu depuis longtemps. Quant à Julien, on l'avait déguisé en *antyope*, avec des ailes de velours noir frangées d'or.

C'était la princesse elle-même qui avait présidé au choix et à la distribution de tous ces costumes. Elle avait consulté vingt savants et compulsé tous les traités d'entomologie de sa bibliothèque pour arriver à une perfection capable de donner le délire de la joie au plus grave de tous les professeurs d'histoire naturelle. Elle avait assorti chaque rôle, ou au moins chaque couleur, au caractère ou à la physionomie de chaque personnage. On voyait autour d'elle de belles Vénitiennes déguisées en guêpes, en noctuelles, en piérides; de brillants officiers convertis en cerfs-volants, en capricornes, en sphinx. On vit plusieurs jeunes abbés en fourmis et le majordome en araignée. On admira beaucoup le sphinx Atropos. La *manthe prêcheresse* eut un plein succès, et les femmes jetèrent des cris d'épouvante à l'aspect du grand bousier sacré des Égyptiens.

Mais parmi ces cohortes aériennes, Quintilia se distinguait par la richesse et la simplicité de son costume. Elle avait choisi pour emblème le blanc phalène de la nuit. Sa robe et ses ailes de gaze d'argent mat tombaient négligemment le long de sa taille. Elle avait pour coiffure deux marabouts blancs qui, s'abaissant de son front sur chacune de ses épaules, représentaient fort agréablement deux antennes moelleuses.

Les salles étaient tapissées et jonchées de fleurs; des échelles de soie, cachées dans des guirlandes de roses, étaient tendues le long des murs ou suspendues aux voûtes. Les plus hardis grimpaient sur ces frêles soutiens, se tenaient accrochés, les ailes pliées, au-dessous des plafonds, se balançaient entre les colonnes, ou s'élançaient de l'une à l'autre en agitant leurs ailes diaphanes. C'était un spectacle vraiment magique, et dont la nouveauté enivra Saint-Julien un instant. Mais des angoisses inattendues l'arrachèrent bientôt à ces naïves satisfactions. Quintilia, entourée d'hommages et de vœux, se livrait au plaisir d'être admirée avec tant de jeunesse et d'enivrement que Saint-Julien crut ne plus pouvoir douter de l'erreur où six mois de retraite et de bonheur calme l'avaient plongé. « Insensé! se dit-il, comment ai-je pû croire que cette femme avait autre chose dans le cœur que la vanité de son sexe et l'orgueil de son rang? comment ai-je pu m'abuser à ce point sur la galanterie et le désordre qui régnent ici? Quel plaisir a-t-elle pris à me duper et à se duper elle-même sur de prétendus projets philanthropiques, sur les hautes ambitions d'une âme généreuse, lorsque le plus ardent de ses vœux, la plus enivrante de ses joies, c'est une fête ruineuse et le fade hommage des cours!»

Et malgré ces tristes réflexions, il la suivait avec anxiété; il épiait tous ses regards, il se glissait à son insu sur tous ses pas. Lorsqu'elle semblait s'occuper d'un homme plus que d'un autre, son cœur battait, sa tête s'égarait, il était prêt à faire une scène ridicule; puis il s'arrêtait pour se demander compte de ses propres agitations et pour s'effrayer de ressentir l'amour en même temps que l'aversion.

Dans le mouvement d'une valse, la coiffure de la princesse s'étant un peu dérangée, elle s'esquiva et entra dans ses appartements pour la réparer. Elle ne voulut pas appeler à son secours Ginetta, qui était emportée par la danse au fond des salles du bal. Elle se retira donc seule et sans bruit dans son cabinet de toilette; mais au moment d'en fermer la porte, elle vit derrière elle une pâle figure: c'était Saint-Julien qui l'avait suivie. Dans le délire de son chagrin, il s'était imaginé lui voir échanger un signe avec Lucioli, et il avait perdu la tête.

«Et que veux-tu, Giuliano? lui dit-elle avec surprise; tu sembles triste ou malade! As-tu quelque chose à me dire? Que puis-je faire pour toi?

—Je vous dérange, Madame, répondit-il d'une voix entrecoupée; ordonnez-moi de vous laisser seule.

—Non, reprit-elle avec une parfaite insouciance, assieds-toi sur ce divan pendant que je vais raccommoder ma plume; et si tu as quelque confidence à me faire, je t'écoute. »

Julien s'assit et garda le silence. Quintilia, debout devant son miroir et lui tournant le dos, refit sa coiffure tranquillement. Quand elle eut fini, elle pensa à lui et le regarda dans sa glace. Il était près de se trouver mal.

Elle vint droit à lui, et lui prenant la main avec une assurance qui semblait partir de la bonté de son cœur au moins autant que de la hardiesse de son caractère : « Tu as quelque chose, lui dit-elle, tu souffres, tu es malade ou malheureux, lequel des deux? Parle, je suis ton amie, moi. »

Saint-Julien pencha son visage sur les belles mains de Quintilia et les couvrit de larmes.

« Tu es amoureux, lui dit-elle en les lui pressant avec affection.
— Oh! Madame!
— Oui, n'est-ce pas?
— Eh bien! oui!
— De qui?
— Je n'oserais jamais..
— C'est de la Ginetta?
— Non, Madame.
— Alors c'est de moi?
— Oui, Madame.
— Eh bien! tant pis pour toi, répondit-elle avec un geste d'impatience voisin de la colère; tant pis pour nous deux! »

Saint-Julien crut l'avoir blessée dans l'orgueil de son rang. « Pardonnez-moi, lui dit-il, je suis un sot et un insolent. Vous allez me chasser; mais je préviendrai vos ordres à cet égard : tout ce que j'aurais osé désirer était un mot de pitié avant de perdre pour jamais le bonheur de vous voir.

—Eh! mon Dieu, tu ne sais ce que tu dis, Saint-Julien. Je ne te chasserai pas, et si tu pars, ce sera bien contre mon gré. Tu me crois offensée, tu te trompes. Si je t'aimais, je te le dirais; et si je te le disais, je t'épouserais. »

Saint-Julien fut tout étourdi de ce discours, et faillit se frotter les yeux comme un homme qui vient de rêver. Mais il sentit aussi tôt ce que cette franchise avait de mortifiant pour lui. Il baissa les yeux et balbutia quelques paroles.

« Allons, ne prends pas cet air désespéré. Vois-tu, Julien, tous les jeunes gens sont fats ou romanesques. Tu n'es pas fat, mais tu es romanesque; tu te crois amoureux de moi, tu ne l'es pas. Comment le serais-tu? tu ne me connais pas.

—Eh bien, Madame, s'écria Saint-Julien, vous avez raison en ceci; je ne vous connais pas, et si je vous connaissais, je serais ou radicalement guéri ou décidément incurable. Je vous aimerais au point de me brûler la cervelle, ou je vous haïrais assez pour vous fuir sans regret. Mais le fait est que je ne sais point qui vous êtes, et l'incertitude où je vis me dévore. Tantôt je vous prie dans le secret de mon cœur comme un ange de Dieu, et tantôt... oui, je vous dirai tout, tantôt je vous compare à Catherine II.

—Sauf les meurtres, les empoisonnements et autres misères semblables, qui, après tout, ne constitueraient pas une grande différence, dit la princesse avec une froide ironie. » Alors, prenant son éventail de plumes, elle s'assit en ajoutant avec un calme dérisoire : « Continuez, monsieur le comte, j'écoute votre harangue. »

—Raillez-moi, méprisez-moi, dit Julien au désespoir, vous avez raison; traitez-moi comme un fou, je le suis. Et que m'importe votre colère? que m'importe votre mépris? Au moment de vous perdre à jamais, et ne risquant plus rien, je puis bien tout vous dire.

— Dites, Julien, répondit-elle tranquillement.

— Eh bien, je vous dirai, Madame, que cela ne peut pas durer et qu'il faut que je parte. Vous me traitez avec confiance, et je n'en suis pas digne; vous m'accablez de bontés, et je suis ingrat. Au lieu de me borner à vous servir et à vous chérir en silence, je m'inquiète de toutes vos actions. Je vous soupçonne des plus infâmes turpitudes, je vous épie comme si j'étais chargé de vous assassiner. Je questionne vos gens, j'interroge vos regards, je commente vos paroles, je hais votre parure; je voudrais tuer tous ceux qui vous admirent. Je suis jaloux, jaloux et méfiant! Moquez-vous! oh! oui, moquez-vous! Je me moque de moi-même bien plus amèrement que personne ne le fera. Depuis trois jours surtout je suis fou, complétement fou. Je suis à chaque instant sur le point de vous adresser des reproches et de vous demander compte de mes tourments! Moi à vous! moi, votre valet!.... Madame, je sais que je suis votre valet...

— Vous prenez trop de peine, interrompit la princesse. Je ne pense pas à vous humilier, ces moyens sont bons pour qui n'en a pas d'autres. Vous n'êtes point mon valet, Monsieur, et vous ne le serez jamais. Je croyais m'être expliquée assez clairement tout à l'heure à cet égard. D'ailleurs, quand même vous le seriez, il y aurait un cas où vous auriez le droit de me parler comme vous le faites. Savez-vous lequel?

— Dites, Madame, je n'ai plus peur: je suis perdu!

— Je vous le dirai sans colère et sans mépris. Ce cas, Julien, c'est celui où je vous aurais encouragé pendant seulement... combien dirai-je? cinq minutes?... Est ce trop?

— Votre moquerie est sanglante, Madame, et je l'ai méritée! Non, vous ne m'avez pas encouragé pendant cinq minutes, vous ne m'avez pas adressé un regard, pas une syllabe qui m'ait donné droit d'espérer...

— A moins que vous n'ayez pris pour des preuves de mon amour ou pour des avances de ma coquetterie les attentions et les soins d'une honnête amitié, les témoignages d'une loyale estime... On m'avait souvent dit que les femmes au-dessous de cinquante ans n'avaient pas le droit d'agir comme je le fais; que la franchise ne leur servait à rien; que leur témoignage n'était pas reçu devant la prétendue justice du bon sens : j'en avais fait l'expérience... mais avec qui? avec des sots et des lâches. Je vous prenais pour un homme capable de me juger.

— Madame, Madame, vous êtes injuste! Vous m'avez interrogé d'un ton d'autorité, vous avez été au-devant de mes aveux. Tout mon tort est donc de n'avoir pas menti quand vous m'avez dit tout à l'heure : Si tu es amoureux, c'est de moi.

— Votre tort n'est pas de me le dire, Julien, mais c'est de l'être.

— Croyez-vous donc que de tels sentiments se commandent?

— Peut-être! si j'étais homme, je serais l'ami de Quintilia. Je la comprendrais, je la devinerais, et je l'estimerais peut-être!...

— Eh bien! laissez-moi vous comprendre, dit Julien en se jetant à genoux sans s'approcher d'elle, et peut-être pourrai-je être votre ami en même temps que votre sujet.

— Monsieur le comte, dit la princesse en se levant, je ne rends compte de moi à personne. Depuis longtemps j'ai appris à mépriser l'opinion des hommes. N'avez-vous pas lu la devise de mon blason: *Dieu est mon juge?* »

Elle sortit, et Julien, toujours à genoux, resta atterré à sa place.

IX.

Quand il fut revenu de sa première consternation, il tomba dans le désespoir; et cachant son front dans ses mains:

« Malheureux fou! s'écria-t-il, est-il possible que tu aies fait ce que tu as fait, et dit ce que tu as dit! Comment! c'est toi qui es là dans le cabinet de toilette de la princesse? Qui t'a amené ici? comment as-tu osé? au milieu de quel vertige as-tu trouvé tant d'insolence, et où as-tu pris tout ce que tu as dit d'orgueilleux et d'insensé? Quoi! voilà le denoûment d'une vie si belle, d'un bonheur si grand? Tu as été pendant six mois le roi du monde, et te voilà méprisé, chassé!... ou, ce qui sera pire encore, toléré peut-être comme un écolier ridicule, comme un cuistre sans conséquence, relégué parmi les subalternes au-dessus desquels on t'avait élevé! Ah! partons, partons! fuyons ces angoisses, ces incertitudes sans fin, ces doutes cuisants... » En parlant ainsi, il restait cloué à sa place et pleurait comme un enfant.

« Tu t'affectes trop, lui dit tranquillement Galeotto, qui était entré sans qu'il s'en aperçût et qui l'écoutait divaguer. Je t'apporte déjà une meilleure nouvelle. Son Altesse te défend de sortir du palais, et t'ordonne de venir lui parler dans sa chambre demain après le bal.

— Quoi! s'écria Saint-Julien, elle t'a dit!..

— Ce que je te dis, rien de plus. Mais il me semble que c'est assez clair pour que je sache tout ce qui s'est passé. Tu as risqué la déclaration. Eh bien, tu n'as pas eu tort. Qui sait? ta bonne foi peut te servir plus que l'esprit des autres. Qu'as-tu à me regarder d'un air effaré? Son Altesse s'est fâchée sérieusement, à ce qu'il paraît. Cela vaut mieux, après tout, que le calme de la raillerie ; elle avait l'air sombre en rentrant au bal, et, bien qu'elle se soit mise tout de suite à danser avec le duc de Gurck, la danse a langui pendant trois minutes; on se battait les flancs pour avoir l'air de ne pas voir le front courroucé de la souveraine, mais le fait est que personne ne pouvait en détourner les yeux. Oh! les princes sont un centre d'attraction magnétique! Être prince, c'est magnifique, en vérité! Il n'y a qu'une chose que j'aime mieux, c'est d'être page et d'en rire!...»

Saint-Julien ne l'écoutait pas. Galeotto le prit par le bras et l'entraîna dans les jardins.

« Écoute, lui dit-il quand ils furent seuls ensemble, je suis ton ami et veux te servir. Es-tu réellement amoureux?

— Moi, dit Saint-Julien moitié par fierté, moitié par délire, je ne le suis pas! Comment peut-on être amoureux d'une femme qu'on ne connaît pas!

— Oh! bien! j'aime à t'entendre parler ainsi. En ce cas tu as des idées plus saines que je ne pensais; mais à quoi vises-tu ici? quoi qu'il t'arrive, cela ne peut pas te mener bien loin. Personne n'a fait son chemin avant toi, et tu ne le feras pas non plus.

— Explique-toi, au nom du ciel!...

— Tu veux être l'amant de la princesse? »

Saint-Julien fit un geste d'horreur que le page ne vit pas.

« Tu veux, continua-t-il, régner sur ce petit domaine, commander à ces petits grands seigneurs? C'est peu de chose; mais encore c'est mieux que rien, et, pour un bachelier gentillâtre, cela peut sembler assez joli pendant quelque temps. Eh bien! prends garde; car il y a dix à parier contre un que tu ne régneras ici sur rien et sur personne. On peut plaire, mais non gouverner; on peut remonter fièrement le col de sa cravate; mais à quoi bon si l'on a quelque chose de plus dans la tête qu'un frivole amour! Avec cette femme il n'y a pas d'avancement possible; on n'est jamais que son amant, c'est-à-dire son très-humble serviteur. C'est à toi de savoir si tu veux consacrer tant de soins et de peines à ce résultat où bien d'autres t'ont devancé, où bien d'autres te succéderont. »

Ce discours refroidit tellement l'imagination du pauvre secrétaire intime, qu'il se sentit capable de parler le même langage que Galeotto. Il espéra s'éclairer enfin en feignant de partager ses idées.

« Il faut, avant de te répondre, que je réfléchisse, répliqua-t-il. Mais, pour réfléchir à coup sûr, il me faudrait des renseignements historiques plus détaillés que ceux que j'ai. Peux-tu me les fournir, et le veux-tu?

— Oui, car j'ai pitié de ton embarras; et si tu me trahis quelque jour, j'aurai ma revanche : je tiens ton secret. »

Saint-Julien frémit de la situation où sa dissimulation le plaçait; néanmoins il continua.

« Eh bien, dit-il, raconte-moi un peu la vie de madame Cavalcanti.

— Pour cela, non!

— Comment, tu refuses?

— Je me récuse, je ne sais rien, et personne ne sait rien, si ce n'est la Ginetta; encore j'en doute. Ou la bouche de cette fille est un cercueil, ou bien la princesse jette au feu tous ses bonnets dès qu'elle leur trouve l'air de savoir ses pensées. Je te dirai tout ce que je sais, et ce ne sera pas long. Je te dirai tout ce que je présume, et ce sera logique. Elle fut mariée à douze ans par procuration, et devint veuve sans avoir jamais vu la figure de son mari. Ce fut heureux pour elle : il était laid et sot. Le gentilhomme chargé d'épouser la princesse par procuration s'appelait Max tout court. Il était bâtard de je ne sais quel roitelet d'Allemagne. Il avait douze ans comme la princesse. Ce fut une cérémonie plaisante, à ce qu'on dit. Les deux enfants étaient, à ce que raconte emphatiquement l'abbé Scipione, chamarrés d'ordres de tous les pays, de diamants et de broderies; graves comme des portraits de famille, beaux comme des anges, à ce que prétend mistress White. Ils jouèrent à la poupée en sortant de l'église et mangèrent des bonbons pendant tout le bal. Je ne sais par suite de quels arrangements diplomatiques le bâtard Max passa trois ans à la cour de Cavalcanti. Au bout de ce temps il fut banni et presque chassé *con furore* par les parents de la princesse. Mais la princesse, devenue veuve et orpheline...

— Rappela Max? dit Julien.

— Pas du tout, elle l'oublia, et aima je ne sais lequel de ses pages; dans ce temps-là les pages étaient en faveur apparemment. Oh! les temps sont bien changés! Ensuite, ensuite, que sais-je! qui n'aima-t-elle pas! » Galeotto garda le silence un instant, puis il ajouta : « Penses-tu qu'elle ait jamais aimé quelqu'un?

— Je deviendrai fou, dit Julien; ou plutôt je le suis déjà, car il me semble que les autres le sont. Galeotto, que faut-il que je pense de toi? veux-tu m'insulter? as-tu envie de te battre avec moi? parle!

— Vive la Vierge! qu'est-ce que nous avons donc bu? dit Galeotto; nous sommes tous ivres-morts, et nous extravaguons d'une manière déplorable. Laisse-moi rassembler mes idées, qui s'envolent comme des flocons de duvet au souffle de tes paroles. Que t'ai-je dit? ce que je pouvais te dire. Crois-tu, qu'excepté la Ginetta, il y ait ici quelqu'un qui puisse avoir de meilleurs renseignements que moi? Eh bien! cherche, questionne, regarde, écoute aux portes; et si tu apprends quelque chose, viens m'en faire part; car, moi aussi, je suis curieux, et souvent je suis vraiment en colère de ne pouvoir regarder au travers de tous ces réseaux l'espèce de moucherons dont se nourrit l'araignée. Eh bien! je ne vois rien, je ne sais rien; voilà ce que je puis t'affirmer. Ici personne ne parle, par la raison que personne ne pense. On croit aux intrigues de la princesse ou on n'y croit pas : c'est tout un. Personne n'a assez de principes pour apprécier sa vertu, personne n'a assez d'esprit pour profiter de ses vices; car est-elle la plus austère ou la plus perverse des femmes, nul ne le sait, et nous ne le saurons peut-être jamais. De telles femmes devraient être marquées, au front, d'un zéro pour montrer qu'elles sont en dehors de l'espèce humaine, et qu'il faut les traiter comme des abstractions.

— Mais pourquoi? s'écria Julien; pourquoi? pourquoi?

— Parce qu'elles ne disent rien, ne font rien, ne pensent rien et ne sentent rien comme les autres. Ce sont des natures forcées, des intelligences dépravées, des mots détournés de leur sens, des cordes détendues qui n'ont plus de ton appréciable à l'oreille. Ce sont des êtres faussés, des énigmes sans mot, des arabesques diaboliques, des figures comme on en voit dans les rêves d'une digestion pénible ou dans les élucubrations bachiques d'apres souper. Ce sont des paysages comme ceux que la gelée applique sur les vitres; on y voit de tout et on n'y voit rien. En un mot, ce ne sont pas des hommes, ce ne sont pas des femmes; ce sont des cuistres.

— Vous avez peut-être raison, dit Saint-Julien étonné.

— Ce sont des êtres, continua le page, qui aiment et qui n'aiment pas; aujourd'hui jouant un rôle, demain un autre; tantôt poëtes, tantôt philosophes, tantôt métaphysiciens. Cela n'a pas d'âge, pas de caractère, pas de sexe, et cela se sauve par des prétentions et des singeries de royauté.

— Vous haïssez donc cette femme? dit Saint-Julien.

— Je ne puis ni la haïr ni l'aimer; elle n'existe pas pour moi. C'est une chose, et non une personne; une chose curieuse, bizarre, amusante parfois; c'est une chose couronnée, voilà tout. On s'incline devant le diadème, mais le cerveau ne serait pas bon à gouverner un couvent de petites filles.

— Eh bien, je crois que vous vous trompez; je crois qu'il commanderait bien une armée. C'est là sans doute une femme incapable de tout ce que j'aime dans une femme, mais propre à ce que j'admire dans un homme. Elle est peut-être susceptible d'héroïsme; que nous importe à nous, qui ne sommes ni rois ni généraux?

— Si j'étais général ou roi, reprit le page, je n'en serais que plus absolu dans mon ménage, et je voudrais bien voir que ma sœur, ma maîtresse ou ma mère vînt commander à mes soldats ou à mes sujets! Mais, sois tranquille, les hommes maintiendront en bride le beau sexe qui se révolte, et la loi salique deviendra une mesure de sûreté universelle. Je dis mesure de sûreté, parce qu'avec des femmes-rois, quelles qu'elles soient; messalines ou pédantes, on n'est pas bien certain de s'éveiller tous les matins.

— Au moins, avec celle-ci, dit Saint-Julien, effrayé de ce que le page semblait faire pressentir, il n'y a point lieu à de semblables craintes.

— Ne l'as-tu pas trop grièvement offensée aujourd'hui? Saint-Julien, dit le page en baissant la voix, tache d'obtenir ton pardon, ou plutôt va-t'en; car peut-être...

— Galeotto, parle; est-elle ainsi? prouve-le-moi, et je ne l'aimerai plus, je ne souffrirai plus.

— Je serais franc avec toi si tu l'étais avec moi; mais peut-être ne l'es-tu pas!

— Comment?

— Peut-être me fais-tu parler depuis une heure sur des choses que tu sais mieux que moi?

— Me prenez-vous pour un espion?

— Non; mais je suis sans expérience, moi; je suis né prudent; le peu de choses que j'ai vues dans ma vie n'a pas été propre à me rendre bienveillant. Je n'ose croire à rien; je crains par-dessus tout d'être dupe, et par conséquent ridicule. J'aime mieux arranger tout pour le pire dans mon imagination : si je suis détrompé, alors tant mieux; si je ne le suis pas, j'aurai donc bien fait de me tenir sur mes gardes.

— O cœur froid! esprit sombre! dit Saint-Julien; sous cet extérieur gracieux, avec ces joyeuses manières, tant de fiel et de mépris pour tous! Mais en quoi ai-je mérité votre défiance? que m'avez-vous vu faire de mal?

— Rien; aussi je ne t'accuse de rien. Seulement, je me dis parfois que tu n'es peut-être pas aussi simple que tu veux le paraître, et que tu affectes de ne rien deviner, afin qu'on t'apprenne tout. Voyons, jure ton honneur, es-tu l'amant de la princesse?

— Sur mon honneur! je ne le suis pas.

— La Ginetta prétend la même chose; mais c'est une menteuse si rusée! Cependant la chose est bien invraisemblable, Julien. Quoi! tu lui as plu si vite; elle t'a ramassé sur le chemin pour ta jolie figure; elle t'a fait souper avec elle à Avignon, le soir même, après avoir envoyé Lucioli je ne sais où; puis elle a marié tout à coup et éloigné d'elle ce pauvre favori, qui depuis un an la suivait partout. Et voilà six mois que vous êtes enfermés ensemble, tête à tête, du matin au soir; et avec ses manières libres, son ton cavalier, son sang-froid cynique, elle t'aurait laissé pâlir et soupirer en vain! Et vos graves travaux (auxquels je ne crois guère) n'auraient pas été interrompus de temps en temps par des épanchements plus doux! Allons, allons, Julien, vous l'avez fâchée aujourd'hui; vous vous serez conduit comme une fille de village avec un officier de garnison : vous lui aurez demandé le mariage... Mais hier, mais ce matin encore, vous sembliez être bien en faveur, et je pensais que j'étais un niais, moi qui vous avais conseillé l'audace. J'ai souvent ri de votre émotion, de votre timidité, Saint-Julien; et peut-être était-ce vous qui, à ces heures-là, vous divertissiez à mes dépens.

— Comment l'aurais-je fait, et pourquoi?

— Pourquoi? parce que je vous ai peut-être laissé prendre une place que j'aurais dû occuper. Voyons, franchement, est-ce que je ne devrais pas être son amant, moi?

— Je vous dirai ce que vous venez de me dire : sais-je si vous ne l'êtes pas?

— Vive Dieu! s'écria le page gaiement, je ne le suis pas! et, mort-Dieu! j'en enrage, ajouta-t-il d'un ton demi-plaisant, demi-colère. Fiez-vous à moi, Saint-Julien, car voici que je m'épanche avec vous; je me laisse aller jusqu'à me moquer de moi-même.

— Je ne me moquerai pas, dit le bon Julien avec douceur, d'une erreur que j'ai partagée. Vous êtes amoureux aussi de la princesse?

— Moi! non pas, s'il vous plaît; parlez pour vous, je vous en prie.

— Mais vous l'avez été?

— Per Bacco! jamais, que je sache! Amoureux de cette reine de Saba! Quand j'avais douze ans elle me faisait une peur de tous les diables avec ses yeux noirs et son nez aquilin; à présent, elle me donne des nausées d'ennui avec ses affaires d'État, ses conversations esthétiques, ses papillons et son latin. Après cela, elle est jolie femme, et je ne vous blâme pas d'être amoureux d'elle. J'aurais été bien aise d'être son favori, parce que j'aimerais assez faire le petit prince pendant quelque temps; mais elle m'a toujours fait l'honneur de me traiter comme un enfant en sevrage; et, soit mépris, soit affectation, elle s'obstine perpétuellement à rabattre cinq ou six ans de mon âge véritable. J'ai une manière de m'en venger : c'est de la gratifier de cinq ou six ans de trop auprès de tous les étrangers qui me demandent son âge à l'oreille.

— Vous voyez bien cependant, dit le mélancolique Julien, qu'on peut vivre dans son intimité pendant des mois et des années sans être aussi heureux que vous le supposez.

— Oh! la belle preuve! me prenez-vous pour un fat? ne sais-je pas bien qu'en effet je n'ai pas trop l'air d'un homme? Vous commencez à avoir de la barbe au menton, vous! Dieu sait si j'en aurai jamais... Et cependant vous n'êtes pas un roué. Allons, décidément je vous crois : vous n'êtes pas son amant, mais vous voulez l'être.

— J'y renoncerais aisément si vous me disiez tout ce que vous savez.

— Le reste de l'histoire de Max?

— Qu'est-ce donc que le reste de cette histoire?

— C'est, comme tout ce que je sais, un bruit mystérieux, un soupçon vague, rien de plus.

— Mais encore? est-ce que cela aurait rapport aux

affreuses idées de meurtre et de poison qui m'ont passé par la tête tout à l'heure en vous écoutant?

— Oui, Julien; ce fut dit-on, une disgrâce un peu plus sérieuse que celle de Lucioli. Mais permettez que je remette ces trois mots à demain; et puisque nous sommes dans la même position à peu près l'un et l'autre, unissons-nous et donnons-nous la main.

— Contre qui? dit Julien.

— Contre l'hypocrisie féminine, répondit Galeotto. Vous êtes amoureux et maltraité; moi, j'étais prétendant, et j'ai été oublié. Il faut que nous sachions si nous sommes sacrifiés à ces butors d'officiers autrichiens qui dansent là-bas tout bottés, ou à ces Parisiens crottés, pour lesquels Son Altesse quitte une fois tous les ans son *vaste empire* et notre beau climat. Il faut que nous sachions si nous avons affaire à Minerve, la pâle et pédante déesse, ou à l'impure Vénus. Pour moi, je suis outré de tourner en vain depuis des années autour d'un cercle mystérieux que je n'entame jamais d'une ligne sans être aussitôt rejeté d'une ligne en dehors. Je suis furieux de savoir tous les secrets de toilette de la Ginetta, et de n'avoir pu tirer de sa bouche scellée un mot qui apaise ma curiosité. Mais quel rôle est-ce donc que je joue ici? Voilà un joli page! qui ne sait rien, qui ne découvre rien, qui ne se glisse pas par le trou de la serrure comme un lutin, qui ne surprend pas les paroles confiées à l'oreiller, qui ne prélève pas ses droits sur la beauté avant d'introduire l'amant dans le boudoir couleur de rose! Un brillant page, ma foi! qui remet des lettres comme un simple valet, sans savoir si ce sont des ordonnances de police ou des billets doux. O siècle! ô abrutissement! Allons, allons, il faut savoir. Jure-moi de me dire tout ce qui t'arrivera. Je te jure de te dire tout ce que je découvrirai. »

Julien, étourdi de son babillage, épuisé de conjectures et ne sachant plus à qui se vouer, jura tout ce que voulut Galeotto et retourna au bal.

X.

Il eut soin de ne pas se montrer devant la princesse, et se contenta de rôder autour de la salle où elle se tenait, tantôt la regardant valser au travers des guirlandes enlacées aux colonnades, tantôt s'enfonçant sous les galeries où les lumières commençaient à s'éteindre, à la suite de quelques groupes mystérieux qui semblaient s'occuper d'affaires plus graves que la danse et la musique. Saint-Julien, transformé volontairement en espion, était triste et mal à l'aise. C'était la première fois qu'il voulait arriver à la connaissance de la vérité par des moyens que sa conscience désavouait. En même temps il trouvait dans l'agitation de la curiosité quelque chose d'aiguillonnant et d'inconnu qui n'était pas sans plaisir.

Il se sentait un peu blessé d'avoir été traité comme un enfant, d'avoir vécu six mois enfermé dans un coin de ce palais, où lui seul peut-être ignorait ce qu'il avait intérêt à savoir. Maintenant il croyait travailler à une belle vengeance, il croyait presque remplir un devoir envers lui-même, en repoussant de toute sa force des convictions qui l'avaient rendu heureux, mais qui peut-être l'avaient trompé. Saint-Julien avait à un degré éminent cette morgue brutale que nous avons tous à l'égard des femmes. Nous ne voulons les estimer qu'autant que le monde les estime, et nous rougirions d'être seuls à leur rendre justice. Chez Julien, la méfiance, propre aux caractères timides et concentrés, et cet orgueil presque monastique qui est comme un revers de médaille chez les hommes austères, ajoutaient une nouvelle force à sa résolution. Sombre, honteux et palpitant, il croyait sortir d'un rêve, et regardait comme autant de choses nouvelles tout ce qui se passait autour de lui. Il ne pouvait entendre murmurer à son oreille une phrase insignifiante sans y chercher un sens profond et une lumière inconnue. Il croyait voir sur tous les visages qui le regardaient une expression de sarcasme ou de mépris. Il fallait qu'il fût étrangement troublé ; car rien n'était plus compassé, plus prudent et plus grave que toute cette petite cour imbue de principes d'obéissance passive, et pénétrée des avantages positifs de sa dépendance. Saint-Julien, bien convaincu qu'il ne tirerait aucun éclaircissement de tous ces valets, se mit à observer de près les figures étrangères. Celles-là n'étaient pas moins composées devant la princesse ; mais peut-être ces vassaux des autres maîtres se permettaient-ils *in petto* une manière de voir quelconque sur madame de Cavalcanti.

Saint-Julien avait remarqué, dès le commencement du bal, les assiduités du duc de Gurck, jeune et beau Carinthien qui était arrivé la veille à la résidence, et en l'honneur de qui, se disait-on tout bas, la superbe fête avait été ordonnée. Il remarqua depuis, que la faveur du duc pâlissait sensiblement, que sa conversation s'appauvrissait, que ses bons mots baissaient de plus en plus, que sa valse se ralentissait ; enfin que dans le cercle étincelant où, comme un radieux soleil, Quintilia entraînait ses dociles planètes, l'astre du charmant comte de Steinach brillait d'un éclat plus vif, et l'étoile pâlie du duc allait toujours s'éloignant du centre d'attraction comme un monde abandonné du céleste foyer de vie et de lumière. En deux mots, le comte de Steinach était entré dans l'orbe de Mercure, et le duc de Gurck accomplissait péniblement la vaste et froide rotation de Saturne.

Saint-Julien vit le duc frapper doucement l'épaule de

Shrabb, son conseiller privé; et, un instant après, tous deux, s'esquivant par un côté différent, avaient disparu de la salle.

Saint-Julien suivit avec précaution Gurck, qui était sorti le dernier, il le vit rejoindre son compagnon au bord de la pièce d'eau, et protégé par les sombres bosquets du parc, il entendit la conversation des deux Autrichiens.

« Eh bien, dit Shrabb, je crois que notre mission est terminée et que Steinach l'emporte sur nous.

— Je pourrais désespérer comme vous, dit le duc d'un ton piqué, si je ne m'intéressais dans cette affaire qu'aux projets de notre maître; mais il s'agit pour moi d'une ambition plus personnelle. La princesse est éblouissante, et après m'être chargé par soumission d'un rôle dont j'ignorais les avantages, je soutiendrai désormais ce rôle pour mon compte.

— J'entends : pour votre gloire. dit Shrabb.

— Et pour mon plaisir, dit Gurck.

— Et si elle se moque de Steinach et de vous? reprit Shrabb.

— Nous avons toujours un moyen, répliqua Gurck, c'est de redemander *l'homme anéanti.*

— Mais elle dira qu'elle n'a pas de comptes à nous rendre, qu'elle ne sait ce qu'il est devenu...

— Je la sommerai, au nom de mon souverain, de représenter la personne de Max, ou les preuves de sa mort...

— Mais, enfin, c'est une exigence absurde et injuste, elle répondra que...»

Ici la voix de Shrabb fut affaiblie par un coup de vent qui passa au bord de l'eau; et, comme les deux interlocuteurs s'éloignaient de Saint-Julien, il n'entendit plus que cette phrase de Gurck, commencée d'une voix brève, mais dont le vent emporta le reste...

« Trois cents cavaliers qui sauront bien réduire... »

Ils gagnèrent en marchant un endroit découvert où la lune commençait à donner. Saint-Julien n'osa les suivre et prit le parti de retourner au bal. Comme il montait le grand escalier, il rencontra Galeotto, qui le cherchait. Celui-ci l'emmena au fond de la galerie, et lui dit d'un air triomphant :

« Vivat! je viens de découvrir un secret d'État...

— Et moi, dit Julien, je viens d'entrevoir un mystère d'iniquité, et je reste glacé d'horreur au bord du précipice, n'osant me pencher pour y regarder.

— Oh! oh! reprit Galeotto, ton histoire me paraît plus grave que la mienne. Qu'est-ce? qu'as-tu appris? Raconte le premier. »

Saint-Julien rapporta mot pour mot ce qu'il avait entendu. « Ceci ne m'apprend rien, dit le page. Je sais tout ce qu'on pense de la disparition de Max, et ces gens-là ne sont pas mieux informés que nous. Quant aux projets de M. de Gurck et de son très-gracieux souverain, je vais te les expliquer. La petite principauté de Monteregale, que nous avons le bonheur d'occuper sous les lois augustes de notre adorable princesse...

— Fais-moi grâce de tes phrases, et va au fait.

— Je viens d'entendre parler diplomatie, je ne peux m'exprimer autrement. Cette charmante principauté, quoique enfouie comme un diamant dans les sables du littoral, a eu l'honneur d'attirer les regards d'un voisin puissant qui n'en a que faire, mais qui, étant sans doute embarrassé de récompenser toutes ses créatures, a pensé naturellement à en coiffer quelqu'une avec ce joyau. A cet effet on a envoyé ici le comte de Steinach, homme irrésistible de profession, qui doit subjuguer la princesse, l'épouser, et devenir notre très-gracieux seigneur. D'un autre côté, un autre voisin non moins puissant voudrait faire entrer dans je ne sais quelle prétendue ligne d'alliance tous les principicules des États illyriens. Sachant que notre Quintilia est, après tout, une femme volontaire et opiniâtre qui ne manque pas d'influence sur ses petits voisins, il a employé, pour déjouer les projets du comte de Steinach, dont les opinions lui seraient contraires, l'inimitable duc de Gurck et son auxiliaire le profond Shrabb. Ces deux héros doivent, l'un par son encolure magnifique, l'autre par son éloquence entraînante, détourner la princesse d'une autre alliance que celle de leur maître. Or, pour résumer cette importante complication, je t'annonce que la princesse, objet de ces entreprises gigantesques et de ces graves combinaisons, est placée entre deux feux, le comte de Steinach et le duc de Gurck, qui tous deux aspirent au bonheur d'être ses amis intimes. Ce qui prouve que tu n'as pas pris absolument le temps convenable pour lui faire ta déclaration, et qu'après six mois passés dans un respectueux tête-à-tête dans le cabinet particulier de Son Altesse, monsieur le secrétaire intime n'aurait pas dû attendre précisément le jour où madame prend ses habits roses, et jette par-dessus les toits sa plume et la clef de son cabinet pour aller danser déguisée en phalène avec deux princes étrangers parfaitement brodés et admirablement impertinents...

— Mais comment, dit Julien cherchant à arracher le dépit de son cœur, as-tu fait pour découvrir toutes ces choses?

— J'ai été séduit.

— Comment cela?

— Je me suis vendu.

— Juste ciel! qu'est-ce à dire?

— C'est-à-dire que j'ai fait semblant de me vendre. J'ai bavardé à tort et à travers avec le page du comte de Steinach; je lui ai inspiré de la confiance, je lui ai fait dire ce qu'il me fallait savoir pour deviner le reste. Et puis j'ai fait semblant d'être pénétré d'admiration pour la chevelure et les manchettes du comte, d'avoir conçu la plus haute estime pour son jabot, enfin d'être fasciné par lui, de le désirer ardemment pour souverain, de lui être tout dévoué, etc.; si bien que le page, enchanté de me voir dans les intérêts de son maître et s'exagérant beaucoup mon crédit auprès de la princesse, doit me présenter au comte dès demain et lui faire agréer mes services. Enfin, je vais donc remplir mon rôle de page tel qu'il est tracé dans toutes les chroniques, drames, ballades et romans! Je vais donc remettre les billets d'un galant chevalier, chanter ses romances aux pieds de ma souveraine, et faire l'éloge de sa valeur dans les combats! Comme je vais m'en donner et m'amuser d'eux tous! à *l'opra!* Julien, tâche de devenir l'auxiliaire du duc, et ce sera une comédie à en mourir de rire.

— Je ne suis pas assez spirituel pour feindre, dit Julien; d'ailleurs tu me dis que tu t'es vendu...

— Oh! doucement, je te prie. Le page m'a promis monts et merveilles de la part du comte. J'ai fait semblant d'accepter; mais je ne suis pas Italien à ce point là. Je dois déjà recevoir demain un très-joli cheval dont j'ai paru prendre envie; je le rendrai certes au comte quand j'aurai réussi à faire manquer son mariage; mais je me servirai si bien du palefroi qu'il aura à peine la force, quand je le rendrai, d'aller des écuries de mon sieur le comte à l'abattoir.

— Mais cette histoire de Max? dit Julien préoccupé.

— Ah! tu n'as en tête que des idées lugubres; amusons-nous aujourd'hui, sauf à nous envoler comme lui par les airs demain matin!...»

XI

Lorsque Julien rentra dans le bal, il remarqua un personnage qu'il n'avait pas encore vu. C'était un très-joli scarabée appelé par les entomologistes *criocère du lis*. Il est d'un beau rouge luisant, avec une face très-effilée et fort spirituelle. Les personnes qui l'ont examiné au microscope lui ont reconnu plusieurs protubérances avantageuses et un regard plein d'affabilité. Ce scarabée produisait dans le bal une très-grande sensation, non pas tant à cause de son corselet, dont la perfection effaçait tous les autres, qu'à cause de son visage, qui était miraculeusement imité. Il portait un masque si semblable à la nature, que le professeur d'histoire naturelle de la cour se frotta l'œil gauche et se demanda s'il n'avait pas devant la pupille le verre de son excellentissime microscope, garni d'un véritable criocère. S'étant bien convaincu que ce gigantesque scarabée était vraiment devant lui dans des proportions réelles et palpables, il tomba dans une sorte de délire, et, se redressant sur son fauteuil, il s'écria en pâlissant et en levant ses mains jointes au-dessus de sa tête : « Pardonne-moi, ô maître de la nature, pardonne-moi, puissant Créateur, la mort de tant d'insectes inoffensifs! Oui, j'en conviens, j'ai massacré les plus innocents papillons! j'ai percé d'une épingle et condamné à un épouvantable supplice les plus irréprochables coléoptères! mais je ne l'ai fait ni par haine ni par vengeance; j'en prends à témoin la lumière du soleil, ou, pour mieux dire, celle de la lune, qui doit être levée, car il est deux heures trente-cinq minutes dix-sept secondes; et dans cette saison.....

— Pour l'amour du ciel! » remettez-vous, mon cher

maître Cantharide! s'écria la princesse en avalant son mouchoir pour ne pas éclater de rire; car les princes ne rient point impunément, et ils n'ont pas même la liberté de sourire sans voir autour d'eux assez de figures épanouies pour les faire mourir du spleen. La princesse, qui aimait beaucoup le digne maître Cantharide, ne voulut point donner à la cour, rassemblée avec stupeur autour de lui, l'exemple d'une gaieté qui fût devenue insultante. Mais le criocère s'étant approché, comme les autres, pour savoir la cause de la défaillance dans laquelle maître Cantharide venait de tomber, l'infortuné savant, voyant de plus près cette face de criocère si bien imitée, eut un véritable accès de frénésie. « O spectre! spectre effrayant! s'écria-t-il, non, il n'y a pas un costumier sur la terre qui, même en suivant les instructions des plus grands savants de l'univers, soit capable d'exécuter une pareille tête de criocère. O phytophage gigantesque! fantôme menaçant! éloigne-toi, épargne-moi, pardonne-moi. Hélas! il est bien vrai que, la nuit dernière, je t'ai ramassé dans le calice d'un beau lis penché sur la pièce d'eau; il est vrai que je t'ai arraché sans pitié de ton palais embaumé, et que je t'ai inhumainement saisi dans la poudre d'or où tu te réfugiais! Oui, j'ai mis fin à ton innocente vie, à une vie toute d'amour, de liberté, de zéphire et de bonheur. Je t'ai dépecé membre par membre, viscère par viscère; j'ai enfoncé dans tes flancs une pince cruelle et des aiguilles acérées; je t'ai vu mourir dans les convulsions d'une lente agonie Oh! que Dieu me le pardonne! j'en ai d'épouvantables remords. Malgré les crimes énormes que j'ai accumulés sur ma tête, jamais je n'en ai commis d'aussi atroce que celui de ta mort. Modeste et gracieuse créature, hélas! hélas! quand je te vis étendue par morceaux sur le talc de mon microscope, je fus saisi d'horreur, et je me demandai de quel droit... Mais épargne-moi la vue; ton fantôme exagéré jusqu'aux proportions humaines me glace d'effroi. Que deviendrais-je, ô ciel ! si tous les insectes que j'ai mutilés, écartelés, empalés, m'apparaissaient, à cette heure, armés de leurs cornes, de leurs dents, de leurs scies, de leurs griffes, de leurs aiguillons...»

La gravité de la princesse ne put tenir plus longtemps à ce discours extraordinaire ; elle eut le malheur de rencontrer le regard de la Ginetta, et aussitôt, comme un élan sympathique, leur gaieté déborda en un double éclat de rire. Aussitôt tous les courtisans, même ceux qui n'avaient pas entendu un mot du discours de maître Cantharide, se livrèrent aux transports d'une gaieté convulsive. Ils se tordirent les bras, se fendirent la bouche jusqu'aux oreilles, et quelques-uns qui étaient sous les yeux de la princesse espérèrent obtenir son attention en se laissant choir sur le parquet. Au bruit de tous ces rires, à la vue de toutes ces contorsions, le pauvre Cantharide crut être arrivé à sa dernière heure, et rendre ses comptes en enfer, au milieu d'un sabbat de fantômes et de démons métamorphosés en insectes. Il se leva saisi d'épouvante, et s'enfuit en renversant tout ce qui se trouva sur son passage, et en s'écriant d'une voix étouffée : « Scaraboni ! Scarafaggi...»

La princesse, craignant pour sa santé, imposa d'un geste le silence et l'immobilité ; et, s'élançant sur ses traces, elle le saisit par une de ses ailes de cantharide; car le professeur avait choisi le costume du beau scarabée dont la princesse lui avait donné le surnom.

« Mon cher maître, lui dit-elle, mon excellent ami, veuillez vous calmer et être bien certain que tout ceci n'est qu'une illusion de votre cerveau malade. Vous vous livrez à de trop graves études depuis quelque temps, cher Cantharide, et votre âme sensible vous crée des souffrances et des remords que le plus pur et le plus austère des chrétiens vous envierait. De grâce, revenez prendre part à nos plaisirs et admirer avec nous le costume admirable de ce criocère.

— Ah! gracieuse princesse! s'écria Cantharide en jetant autour de lui un regard effaré, si vous tenez un peu à la vie de votre humble serviteur, faites que cet effroyable criocère ne se présente jamais devant mes yeux. Non, ce n'est pas avec du carton et du verre qu'on a pu imiter le globe de ces yeux à mille millions de facettes qui rendent l'existence intellectuelle et physique des insectes si supérieure à la nôtre. Il n'y a pas de cristal assez limpide pour rendre l'éclat diamantin d'un œil de scarabée; non, il n'y en a point, et il n'est personne qui ait assez bien observé une physionomie d'insecte pour la reproduire ainsi. Je n'aurais pas pu le faire moi-même; et cependant il n'est au monde qu'un homme qui soit supérieur à moi-même dans cette connaissance: c'est un jeune homme que j'ai connu à Paris, et qui s'appelait...»

En ce moment le criocère, qui était immédiatement derrière maître Cantharide, se pencha à son oreille, et lui dit un mot qui fit tressaillir le savant de la tête aux pieds. « Juste ciel! s'écria-t-il, en croirai-je le témoignage de l'ouïe? » Et s'élançant dans les bras du criocère, il le serra si étroitement contre son sein, qu'il se cassa une aile et trois pattes.

La princesse, voyant cette scène ridicule se terminer d'une manière aussi touchante, laissa les deux scarabées se retirer à l'écart et causer d'une manière fort animée. Elle retournait à la danse lorsque l'abbé Scipione, qui ce jour-là était chargé, par une faveur toute spéciale, des fonctions de grand maître des cérémonies, s'approcha d'elle humblement et lui demanda la faveur de quelques instants d'entretien. Quintilia l'appela sur un balcon auprès duquel elle se trouvait; et Saint-Julien, qui ne la perdait pas de vue, sortant par une autre porte vitrée, se trouva sur le balcon tout auprès d'elle, mais caché dans un bosquet touffu de géraniums et de clématites odorantes.

« Très-illustre et gracieuse souveraine, dit l'abbé, il se présente un incident de haute importance, mais sur lequel il m'est absolument impossible de prendre un parti sans la volonté de Votre Altesse.

— Parle, Scipione, répondit Quintilia, et dis-moi quelle est cette grave circonstance.

— Votre Altesse, dit l'abbé, m'a donné pour consigne de ne laisser entrer aucune personne masquée dans le bal; elle a daigné seulement permettre que chacun pût ajouter à sa coiffure ou adapter à son visage un trait distinctif de l'insecte qu'il s'est chargé de représenter. Les uns ont donc été autorisés à prendre des nez postiches, les autres des fronts métalliques, d'autres des dards, d'autres des yeux de verre, etc.; mais ici le cas est tout différent...

— Eh bien! quoi? dit la princesse impatientée.

— Pardon si j'abuse des précieux instants de Votre Altesse, reprit l'abbé; mais je dois signaler une infraction notable aux lois qu'elle a établies : le criocère du lis, comme l'appelle, je crois, notre cher maître Cantarella...

— Eh bien! le criocère du lis, n'en finirons-nous pas d'aujourd'hui avec lui?

— Oserai-je faire observer à Votre Altesse que le criocère du lis porte un masque complet qui ne laisse voir aucune des parties de son visage! Cette circonstance n'a pu échapper à la sagacité de Son Altesse, et sans doute il ne me convient pas... »

Quintilia fit un geste d'impatience; le pauvre abbé s'arrêta effrayé, puis il reprit en tremblant :

« J'ai cru qu'il était de mon devoir de soumettre à Votre Altesse cette difficulté. Si elle approuve l'exception en faveur du criocère...

— Non, pas du tout, répliqua brusquement la princesse. Qui s'est permis de manquer ainsi à mes ordres? Comment s'appelle-t-il?

— Juste ciel! dit l'abbé, j'ai cru, en voyant la bonne et charmante humeur de Votre Altesse, qu'elle savait fort bien le nom de ce personnage; pour moi, je l'ignore absolument.

— Comment, l'abbé! s'écria Quintilia avec colère, il y a ici, dans mon palais, dans mes salons, une personne dont vous ne savez pas le nom! Un inconnu, un insolent, un espion peut-être! Et vous appelez cela remplir les fonctions dont je vous charge! Par le nom de mon père! je vous chasserai.

— Très-gracieuse souveraine... s'écria le pauvre abbé en se jetant à genoux.

— Allez, allez, Monsieur, reprit Quintilia d'un ton impérieux, allez savoir le nom de celui qui me désobéit et me brave de la sorte. Toute cette scène absurde que maître Cantharide nous a faite m'a empêchée de faire attention à ce masque. Je croyais que c'était un des nôtres; je croyais n'être entourée que d'amis; je me reposais sur vous de ce soin. Ne me répondez rien, vous êtes inexcusable. Allez, et rapportez-moi une réponse sur-le-champ. Je vous attends ici. Je ne remettrai pas le pied dans un salon où un inconnu masqué ose se montrer devant moi. Cours; et si ce n'est point une personne invitée, qu'elle soit chassée à l'instant.

Le pauvre abbé, pâle et inondé d'une sueur froide,

s'élança dans le bal en murmurant d'une voix sourde : *Maschera ! ah ! maschera maladetta !*

« Monsieur, dit-il à l'étranger avec une arrogance qu'il déployait pour la première fois de sa vie, qui êtes-vous ? Son Altesse veut le savoir. »

L'étranger se pencha à l'oreille du grand maître des cérémonies et lui dit son nom ; mais il ne fit point sur lui le même effet que sur maître Cantharide. « Je ne vous connais pas, dit l'abbé ; et comme vous n'êtes pas invité, j'ai ordre de vous faire sortir.

— Allez dire d'abord mon nom à la princesse, répondit l'étranger, et si elle m'ordonne de sortir... »

Une contestation allait s'élever sans l'intercession de maître Cantharide.

« Lui ! s'écria-t-il, faire sortir un homme comme lui, le premier entomologiste du monde, l'homme le plus aimable que j'aie jamais rencontré !... Restez ici, mon ami, je prends tout sur moi, et j'accompagne l'abbé pour dire à la princesse qui vous êtes.

— Cela est inutile, répondit l'étranger, la princesse me connaît. Que monsieur consente seulement à lui dire mon nom. »

L'abbé céda à contre-cœur et retourna vers la princesse, qui l'attendait toujours sur le balcon. Les jambes lui flageolaient, et il eut de la peine à articuler le nom qu'on lui avait transmis.

« Rosenhaïm ! s'écria-t-elle violemment ; l'ai-je bien entendu ? Parlez plus haut ; ou plutôt non ! parlez plus bas. Rosenhaïm ! »

— Rosenhaïm, répéta l'abbé prêt à s'évanouir.

Mais la princesse, au lieu de l'accabler de sa colère, fit un grand cri, et s'élançant à son cou, elle l'embrassa avec force en s'écriant : « Ah ! l'abbé ! mon cher abbé ! » L'abbé crut d'abord qu'elle avait dessein de l'étrangler ;

mais quand il vit la joie briller sur ses traits, et qu'il sentit sur ses vieilles joues desséchées l'étreinte d'une bouche sérénissime, il se précipita à genoux, et n'exprima sa surprise et sa reconnaissance que par un torrent de larmes. Alors la princesse, craignant d'avoir été entendue, regarda autour d'elle, puis lui parla à l'oreille si bas, que Saint-Julien ne put entendre que les derniers mots : « Et sois muet comme si tu étais mort. »

« Pour le coup, pensa Saint-Julien, je touche à une grande crise ; je vais découvrir quelque chose d'infernal. »

La princesse resta immobile sur le balcon pendant cinq minutes. Elle avait l'air d'une statue éclairée par la lune ; puis elle leva tout à coup ses deux bras vers le ciel étoilé, fit un grand soupir, mit sa main sur son cœur, et rentra dans le bal avec un visage parfaitement calme.

Saint-Julien chercha du regard le mystérieux étranger ; il avait disparu. La princesse se retira peu après et ne reparut plus. Saint-Julien passa le reste de la nuit à errer dans le palais sans pouvoir découvrir autre chose. Il se trouva de nouveau face à face avec Galeotto, qui remontait l'escalier d'un air préoccupé.

« Où vas-tu ? lui dit-il.

— Je cherche le criocère, répondit le page ; mais il faut qu'il ait pris sa volée dans les airs, et que ce soit un scarabée véritable, comme l'a cru maître Cantharide...

— Je crois que nous ne découvrirons plus rien aujourd'hui, dit Saint-Julien. Je suis accablé de fatigue, je vais me coucher.

— Je fais serment de ne pas me coucher, reprit le page, avant de savoir quel est cet étranger.

— Sais-tu ce que c'est que Rosenhaïm ? demanda Saint-Julien.

— Pas le moins du monde, dit le page.

— En ce cas nous ne savons rien, reprit Saint-Julien ; et il quitta la fête. »

XII.

« Comment! mon cher Cantharide, disait le lendemain Quintilia à son savant bibliothécaire, toute cette scène tragique n'était qu'une moquerie ?

— Comme j'ai eu l'honneur de vous le dire, très-illustre princesse.

— Mais sais-tu, mon cher maître, que je pourrais bien m'en fâcher, et trouver ta comédie un peu impertinente ?

— Elle a pu être de mauvais goût; mais Votre Altesse doit m'excuser en faveur du dénoûment.

— Sans doute, sans doute, mon ami, reprit la princesse ; mais garde-toi de jamais te vanter devant qui que ce soit de cette mauvaise plaisanterie. Tout le monde en a été dupe comme moi, et personne n'a les mêmes raisons pour te la pardonner. A l'heure qu'il est, je suis sûre qu'il n'est question d'autre chose dans toute la résidence que de la manie singulière dont, par suite de trop graves études, ta pauvre cervelle a été atteinte hier au milieu de la fête.

— Déjà, répondit le savant, plus de trente personnes sont venues ce matin s'informer de ma santé; et pour ne pas me trahir, tout en déclarant que j'étais infiniment plus calme, j'ai affecté d'éviter avec horreur de parler d'aucune chose qui eût rapport à l'histoire des insectes.

— C'est pourquoi les bonnes âmes, répliqua la princesse, ont dû chercher avec affectation tous les moyens de ramener la conversation sur ce sujet, afin de satisfaire leur curiosité au risque de te rendre tout à fait fou. Mais explique-moi une circonstance que je ne comprends pas bien. Notre ami m'a raconté comment, voulant me surprendre, il t'avait prévenu de son arrivée; comment tu l'avais reçu et caché dans ton pavillon du parc, où tu l'avais déguisé avec soin sous ce costume de criocère. Je conçois pourquoi, voyant que je ne faisais aucune attention à lui, tu as débité ce grotesque monologue qui a tant diverti toute la cour et moi-même, tandis que tu t'enorgueillissais intérieurement de notre crédulité et de ta fourberie. Mais dis-moi pourquoi, au moment où je courus après toi, et où le criocère, s'approchant de ton oreille, parut te dire une parole mystérieuse, tu fis un grand cri de surprise et te jetas à son cou comme à la nouvelle d'une joie inespérée?

— C'était, très-illustre princesse, répondit le professeur, pour fixer encore plus votre attention sur lui; et si vous eussiez bien voulu écouter mes paroles, vous eussiez deviné sur-le-champ quel était ce personnage mystérieux. Je vous disais alors textuellement les paroles que voici : « Il n'est personne qui ait assez bien observé une physionomie d'insecte pour la reproduire ainsi; je n'aurais pu le faire moi-même, et cependant il n'est qu'un homme au monde qui soit supérieur à moi dans cette science... »

— Je me souviens fort bien du reste de la phrase, interrompit la princesse; tu ajoutas : « C'est un jeune homme que j'ai connu à Paris, et qui s'appelait... » Ici, je te pinçai le bras; car, te croyant véritablement en délire, je craignis que tu ne vinsses à prononcer ce nom qui ne doit jamais sortir d'aucune bouche... Le cri plaintif qui t'échappa en recevant ce conseil de prudence fut aussitôt étouffé par les embrassements de notre ami...

— Et j'espérais, gracieuse princesse, interrompit à son tour le professeur, que, ramenant votre esprit vers cette personne dont j'ai eu le bonheur de faire la connaissance à Paris, et pour laquelle j'ai conçu tant d'estime et d'admiration, vous seriez en même temps frappée de me voir m'élancer dans les bras du criocère, objet jusque-là de mon épouvante. Toute cette scène était concertée entre lui et moi. Il devait, en passant entre Votre Altesse et l'oreille de son très-humble sujet, prononcer son propre nom assez haut pour qu'il fût entendu de deux personnes. Mais, par malheur, Votre Altesse fut importunée en cet instant d'une fadeur du duc de Gurck; et notre ami, qui voulait surtout éviter les regards de ce seigneur, m'entraîna un peu plus loin, remettant à un moment plus propice...

— Ne vous semble-t-il pas, interrompit Quintilia, que quelqu'un vient de passer devant la fenêtre? J'ai cru voir une ombre sur le mur derrière vous.

— Je ne le pense pas, interrompit le professeur; mais, pour plus de prudence, fermons les portes et les fenêtres. »

En parlant ainsi, le professeur alla gravement fermer la fenêtre auprès de laquelle le petit Galeotto, accroupi dans les jasmins, avait écouté l'entretien précédent. C'est pourquoi il n'en put entendre davantage, et revint au palais assez mortifié d'avoir été dérangé au moment où peut-être il allait s'emparer du fameux secret.

Ce jour et le lendemain se passèrent sans qu'il fût possible à Saint-Julien et au page d'approcher de la princesse autrement qu'en public. Le premier ne s'étonnait pas d'être banni des appartements particuliers, et tout ce qui lui passait de bizarre et d'alarmant par la cervelle sur le compte de la princesse l'empêchait de se livrer au chagrin qu'il éprouvait, malgré lui, d'avoir perdu sa faveur. Je ne sais si ce fut un reste d'attachement pour elle, ou son avidité d'apprendre ce qu'il désirait tant savoir, qui le fit céder aux conseils et aux prières de Galeotto. Quoi qu'il en soit, il ne quitta pas la résidence. Le page mettait tant d'activité et d'espièglerie dans ses recherches, qu'il avait réussi à griser en quelque sorte le mélancolique et nonchalant Julien; il lui avait communiqué un peu de sa gaieté méchante, et le jeune homme, croyant toujours faire un rêve, se jetait ironiquement dans un caractère fantasque et affecté.

Cependant, au bout de quarante-huit heures, le rôle qu'il jouait lui devint insupportable. Sa gaieté tomba tout à coup. Tout ce qui se passait autour de lui lui causa une sorte d'horreur. Il se sentit suffoqué d'ennui et de tristesse; et comme les premiers sons du concert de la cour commençaient à s'élever dans la brise du soir, il s'enveloppa de son manteau, et, s'éloignant rapidement, il traversa le parc et gagna une grille qui donnait sur la campagne. Alors il monta sur une des collines qui entouraient la résidence, et s'égara pendant une heure environ dans les bois dont ces collines sont revêtues.

Quand il fut las de marcher, il s'arrêta au hasard dans le premier endroit venu, et s'aperçut qu'il était dans un lieu découvert, beaucoup plus près du palais qu'il ne pensait l'être d'abord. Il s'étendit sur la bruyère et contempla, dans le vague de la nuit, le paysage incertain qui se déployait sous ses yeux. Le parc ducal était jeté au bas des montagnes par grandes masses noires, traversées çà et là d'une allée de sable blanchâtre, et semées de rotondes de gazon, de temples, de kiosques, d'autels emblématiques, et de statues de marbre qui apparaissaient dans l'ombre comme des fantômes immobiles. Le palais tremblait avec ses mille fenêtres illuminées dans les eaux de la Célina. Un grand cercle de brume enveloppait la ville jetée en amphithéâtre autour du parc; et quelques fusées silencieuses, lancées dans les airs, partaient à intervalles réguliers des divers points de la résidence.

Le sirocco, qui jusque-là avait soufflé avec force, tomba tout à coup, et le temps devint serein; les étoiles brillèrent, et la nuit fut assez claire pour que Saint-Julien pût saisir davantage les détails de ce tableau magique. A mesure que ses yeux s'en emparaient, l'air, devenant plus sonore, lui permit d'entendre le son des instruments monter jusqu'à lui. Il se coucha tout à fait contre terre, et remarqua que, plus on baisse les yeux au niveau du sol, plus la campagne prend un aspect magique et délicieux. Les plans semblent se détacher les uns des autres; les masses se découpent plus nettement; les ombres se distribuent avec plus d'harmonie. On est comme les spectateurs placés au parterre d'un théâtre, pour les yeux desquels tous les effets de décorations sont calculés, et qui jouissent mieux que ceux des loges de toutes les illusions de la scène.

En même temps, Saint-Julien saisit distinctement toute la mélodie du concert. Les sons lui arrivaient faibles, mais purs, et les vibrations de certaines notes et de certains instruments étaient si aériennes et si pénétrantes, que tous ses nerfs en furent détendus et soulagés. Il commença à respirer plus librement, et des larmes coulèrent sur ses joues brûlantes.

Un rinforzando de tous les instruments lui annonça que le concerto arrivait au *tutti finale*, et en effet les derniers accords s'élevèrent dans l'air et s'évanouirent. Saint-Julien écouta encore longtemps après que la musique eut cessé; enfin, n'entendant plus que le murmure uniforme d'un petit ruisseau qui s'échappait du taillis auprès de lui, il se leva pour s'en aller. C'est alors seulement qu'il aperçut un homme d'une taille élégante qui était debout à quelques pas de lui, et qui semblait partager son extase. Lorsque Saint-Julien passa près de lui, il s'inclina poliment pour le saluer, et le suivit à quelque distance. Comme Saint-Julien avait pris le devant et descendait assez lestement parmi les rochers au travers desquels passait le sentier, l'inconnu l'appela du titre de signore et le pria de l'attendre un peu.

« Que désire Votre Seigneurie ? répondit Saint-Julien. »

L'inconnu reconnut à ce peu de mots italiens l'accent français de Saint-Julien, et, s'exprimant en français avec beaucoup de facilité, quoiqu'il eût pour sa part l'accent allemand, il lui demanda la permission de retourner avec lui à la ville.

« Excusez l'indiscrétion de ma demande, ajouta-t-il. Je suis étranger et nouvellement établi dans ce pays-ci. Ce sentier, que j'ai parcouru lorsqu'il faisait encore jour, ne m'est pas aussi familier qu'à vous, et, de plus, j'ai la vue très-basse. Si je ne vous semble pas importun, je marcherai derrière vous et profiterai de votre expérience.

— De tout mon cœur, répondit Saint-Julien, qui fut gagné sur-le-champ par le son de voix et les manières de l'étranger. Je vais ralentir mon pas, et je suis sûr que votre conversation m'empêchera d'apercevoir ce petit retard. »

En effet, la conversation fut bientôt engagée en commençant par la musique ; elle parcourut toutes les choses générales dont peuvent s'entretenir deux personnes qui ne se connaissent pas.

Cette conversation fut tellement agréable pour l'un et pour l'autre, qu'une sorte de sympathie s'établit entre eux, et qu'ils éprouvèrent le besoin de prolonger leur rencontre. L'étranger proposa à Saint-Julien d'entrer avec lui dans une birreria. Saint-Julien accepta ; et son compagnon ayant demandé de la bière et du tabac, ils passèrent encore une heure ensemble. Ils s'apprirent mutuellement leurs noms et leur profession.

« Je suis de Munich, dit l'étranger, je me nomme Spark, et j'ai trente ans; je suis étudiant et rien de plus. Je ne suis pas riche, mais je suis assez studieux et assez économe pour me contenter de mon sort, et trouver la vie une assez bonne chose. Je voyage depuis quelque temps pour mon instruction, et le hasard m'a amené dans cette petite principauté, dont j'ai trouvé l'aspect si beau et le séjour si agréable, que j'ai résolu d'y passer quelques semaines. Je serai heureux si vous me permettez de vous rencontrer de temps en temps à cette taverne ou de faire un tour de promenade avec vous à vos moments perdus. »

Saint-Julien accepta avec empressement, et ils se donnèrent rendez-vous à la même table pour le lendemain, à la même heure.

Lorsque Saint-Julien rentra au château, le concert était terminé. Minuit sonnait, et la princesse, fatiguée des veilles précédentes, se retirait dans ses appartements. A peine le jeune secrétaire était-il rentré dans le sien, qu'on frappa doucement à sa porte, et la voix de Ginetta lui dit à travers la serrure que Son Altesse le demandait.

XIII.

Quintilia était assise auprès de sa fenêtre, et contemplait la nuit, plongée dans une douce rêverie. Son visage avait une expression de sérénité que Saint-Julien ne lui avait pas vue depuis longtemps. Il s'était présenté avec un sentiment de haine et d'arrogance. L'attitude calme de la princesse lui imposa; et, obéissant à un signe qu'elle lui fit, il s'assit sans oser dire une parole.

Ginetta sortit et tira la porte sur elle. Aussitôt qu'elle fut seule avec Julien, la princesse lui tendit la main, et lui dit d'une voix ferme et douce : « Soyons amis. »

Saint-Julien céda plus à son trouble qu'à son penchant en touchant respectueusement la main de la princesse; puis il resta debout et décontenancé. Elle lui fit de nouveau signe de se rasseoir à quelques pas d'elle, et il obéit.

« J'ai été sévère envers vous, Julien, lui dit-elle avec dignité et avec douceur. Vous avez été injuste envers moi ; vous avez voulu me traiter comme une autre femme, et vous vous êtes trompé. Je suis depuis longtemps dans une situation exceptionnelle ; mon caractère, mon esprit et jusqu'à mes manières ont dû porter un cachet particulier. Peut-être l'empreinte en est-elle mauvaise. Je sais qu'elle a choqué bien des gens, je sais que je suis souvent méconnue. Je ne dirai pas que cela m'est indifférent, je n'ai ni cet orgueil ni cette philosophie ; mais ma destinée est arrangée d'une certaine façon qui rend inévitables et même nécessaires toutes les choses que je fais, tous les goûts que j'ai, et par conséquent tous les soupçons que je laisse naître. Mon rôle se borne à conserver assez de force pour ne pas dévier d'une ligne dans la route que je me suis tracée, et tous les efforts de ma raison tendent à voir clair dans ma vie et dans mon cœur. Jusqu'ici j'ai repoussé avec succès toutes les influences extérieures ; je suis restée ce que Dieu m'a faite, et, comme un métal brut, je ne me suis façonnée à la guise de personne.

« On ne s'isole pas impunément, Julien, et j'ai dû m'attendre à inspirer la défiance et la haine. Elles ne m'ont pas fait céder un pouce de terrain. La personne qui est aujourd'hui devant vous est la même qui entra dans son indépendance il y a dix ans, et qui traversa toutes choses sans y rien laisser d'elle. J'ai pris beaucoup d'autrui, je n'ai rien donné qu'à Dieu et à une tombe. »

Ce mot de tombe se mêla à je ne sais quelle idée dans l'esprit de Julien. Il éprouva une certaine terreur dont il ne put se rendre compte.

La princesse continua :

« Absolument insensible aux petites ambitions qui eussent pu enivrer une autre, résolue à vivre en moi-même, et ne trouvant la vie possible qu'avec un sentiment et une idée étrangers à tout ce qui m'environnait socialement, je me suis arrangée pour rendre au moins supportable l'existence que j'avais embrassée. Je me suis livrée à tous mes goûts, j'ai cherché toutes les distractions, toutes les amitiés qui me tentaient. J'ai aimé la chasse, la fatigue, la science, l'étude, et j'ai rêvé l'amitié, ayant, comme je vous l'ai dit, enseveli l'amour à part. L'amitié m'a souvent trompée, et cependant j'y crois encore. Mon âme s'est habituée à l'espérer. Si cette espérance devient irréalisable, je saurai encore bien vivre sans elle. Il y a quelque chose dans cette âme qui peut se passer de vous tous ; mais ma vie peut être plus belle, mon cœur plus stoïque, ma conduite plus ferme, ma conscience plus heureuse si l'amitié me sourit. C'est pourquoi, Julien, je fais pour vous ce que je n'ai fait que pour bien peu de gens : je m'explique et je me justifie. Si vous avez l'âme fière et le cœur pur, comme je n'en doute pas, vous comprendrez quelle preuve d'amitié je vous donne ici. »

Saint-Julien, subjugué, s'inclina profondément. Elle lui fit signe qu'elle avait encore à lui parler, et elle continua :

« Rester fidèle à un serment, à un souvenir, à un nom, ce n'est pas un rôle possible à proclamer pour une femme riche et adulée ; ce serait chercher la raillerie, porter un défi à tous les désirs, s'exposer à des dangers qui ne sont pas dans la vie ordinaire. Je gardai mon secret aussi religieusement que mon cœur; et, repoussant toute explication, toute proclamation de sentiment, je marchai dans une voie cachée sans dire où je prétendais aller. J'y marchai sans affectation, sans hypocrisie, sans plaintes, sans forfanterie ; j'y marchai le front levé, la main ouverte, l'esprit libre, l'œil clairvoyant et l'oreille fermée à la flatterie. Voyez-vous que j'aie fait beaucoup de mal autour de moi?

— Non, Madame. Je sais que vous êtes un bon prince, dit Julien attendri. Hélas! pourquoi ne voulez-vous être que cela?

— Ne me plains pas et ne m'admire pas, répondit-elle. D'abord ma souffrance fut amère; mais Dieu fit un miracle, et je devins heureuse. Ceci est un secret que je ne puis te révéler maintenant, mais que je te dirai, j'espère, quelque jour. Sache bien seulement que j'ai eu dès lors peu de mérite à garder ma résolution, et que les avantages de mon sort l'ont emporté de beaucoup sur ses inconvénients. Ces inconvénients ont été graves pourtant, Julien, et vous me les avez fait sentir plus cruellement qu'un autre. Vous m'avez jugée sur les apparences, comme vous faites tous, et vous avez dit : Cela n'est pas, parce que cela n'est pas probable. Avec un tel raisonnement on évite cent déceptions et on manque une amitié. Manquer une amitié, Julien, c'est faire une grande perte, car, si l'on rencontrait une seule amitié parfaite dans toute sa vie, on pourrait presque se passer d'amour. Honneur aux âmes courageuses qui se livrent, et qui n'ont pas peur des trahisons ! celles-là boivent la coupe d'Alexandre et risquent leur vie pour conquérir un ami. Eh bien ! moi, j'ai cherché des amis, et pour les trouver j'ai joué plus que ma vie : j'ai exposé ma réputation, et

Dieu sait si elle a dû être salie et insultée par ceux qui ne m'ont pas comprise, et qui m'ont prise pour le but de leurs viles ambitions. En les détrompant, je suis devenue leur ennemie, et il n'est point de calomnie si noire qu'ils n'aient inventée. Vous avez cru peut-être, en me voyant continuer ma route, que je n'entendais pas les cris et les huées dont on me poursuivait? Vous pensez que j'accueille imprudemment un homme comme confident, comme serviteur ou comme ami, sans savoir qu'on le fera passer pour mon amant, et que peut-être lui-même ira s'en vanter. Je sais ou je prévois tous les dangers de mes hardiesses; mais j'ose toujours : je puise mon courage à une source inépuisable, ma loyauté. Le monde ne m'en tient pas compte; mais je marche toujours, et j'arriverai peut-être à le convaincre. Un jour il me connaîtra sans doute, et si ce jour n'arrive pas, peu m'importe, j'aurai ouvert la voie à d'autres femmes. D'autres femmes réussiront, d'autres femmes oseront être franches; et sans dépouiller la douceur de leur sexe, elles prendront peut-être la fermeté du vôtre. Elles oseront se confier à leur propre force, fouler aux pieds l'hypocrite prudence, ce rempart du vice, et dire à leur amant : « Celui-ci n'est que mon ami, » sans que l'amant les soupçonne ou les épie...

— Rêve doré, répondit Julien, espoir d'une âme enthousiaste!

— Non, je ne suis pas enthousiaste, reprit-elle; mais je me connais, je me sens, et quand je porte mes regards sur le passé, je vois toute ma vie faite d'une seule pièce, et je me dis que certes je ne suis pas la seule au monde qui n'ait jamais menti. Ne me prenez pas pour une femme vertueuse, Julien. Je ne sais pas ce que c'est que la vertu; j'y crois, comme on croit à la Providence, sans la définir, sans la comprendre. Je ne sais pas ce que c'est que de combattre avec soi-même ; je n'en ai jamais eu l'occasion. Je ne me suis jamais imposé de principes, je n'en ai jamais senti le besoin ; je n'ai jamais été entraînée où je ne voulais pas aller : je me suis livrée à toutes mes fantaisies sans jamais être en danger. Un homme qui n'a pas en son âme de plaie honteuse à cacher peut boire jusqu'à perdre la raison et montrer à nu tous les replis de sa conscience. Une femme qui n'aime pas le vice peut ne pas le craindre ; elle peut traverser cette fange sans faire une seule tache à sa robe ; elle peut toucher aux souillures de l'âme d'autrui comme la sœur de charité touche à la lèpre des hôpitaux, elle a le droit de tolérance et de pardon, et si elle n'en use pas, c'est qu'elle est méchante. Être méchante et chaste, c'est être froide ; être chaste et bonne, c'est être honnête. Je n'ai jamais cru que cela fût difficile pour les âmes bien dirigées ; mais combien peu le sont en effet ! Je plains celles que la fatalité a flétries, et je ne les outrage pas. C'est le grand tort qu'on me reproche, Julien, je le sais ; je sais le blâme que m'ont attiré certaines amitiés ; je sais avec quelle ironie on a accueilli mes efforts quand j'ai voulu soutenir et consoler ceux que la foule accablait. C'est ici que j'ai fait usage de la force que Dieu m'avait donnée et que j'ai permis à mon orgueil de se lever pour faire face à l'injustice. C'est à cause de cela que j'ai livré mon front aux outrages des Juifs et couvert mon cœur d'une cuirasse d'airain pour y protéger la pitié. Ceux qui se sont réfugiés sous mon égide n'ont pas été livrés, et la populace s'est enrouée à crier après moi.

— Je le sais, Madame, dit Julien ; depuis deux ou trois jours seulement je regarde autour de moi, et je sais ce que pensent de vous-même ceux qui vous craignent et qui n'osent pas le dire. Je sais qu'en vous voyant accueilir des femmes décriées et protéger des hommes persécutés, on vous accuse de partager leurs égarements passés. Et j'admirerais le courage avec lequel vous les relevez, si je ne prévoyais, si je ne savais qu'il vous faudra les rabaisser et les rejeter où vous les avez pris...

— Vous pensez, Julien, qu'il n'y a pas de cure complète pour mes malades? Moi, je ne désespère jamais de personne. Nous avons raison tous deux : vous, si vous me donnez un conseil de prudence; moi, si je m'impose un devoir de miséricorde. Toute la question est de savoir si j'ai assez de force pour accepter les conséquences fâcheuses de mes dévouements : si je l'ai, qu'a-t-on à me reprocher? n'ai-je pas le droit de me nuire?

— Quel étrange caractère! dit Julien. Je ne sais si j'en suis ravi ou épouvanté.

— Vous me dites ce qu'on m'a souvent dit, reprit-elle. Moi, je m'étonne de sembler étrange; et quand je commençai, je m'attendais à ne rencontrer que des auxiliaires et des amis. Quelle fut ma surprise quand on me fit entendre que j'étais folle! Folle! mais je m'étonne toujours de le paraître! C'est vous, c'est vous tous qui êtes fous, et non pas moi qui suis folle!

— Mais, Madame, quel bien fait-on aux méchants en protégeant leur insolence?

— Je hais l'insolence et ne la protége pas. Je n'accueille que le repentir et la souffrance.

— Ou l'hypocrisie qui en prend le masque?

— Il est vrai que j'ai été dupe, Julien; ce sont les épines du chemin. On se pique les pieds et l'on saigne. Mais faut-il donc retourner en arrière quand on entend plus loin des larmes et des cris qui vous appellent? La crainte d'être trompé! pour les esprits qui sentent le besoin de bien faire, c'est une lâcheté qu'il faut vaincre. On ne fait l'aumône qu'à ses dépens.

— Hélas! Madame, vous étiez née pour être reine d'un grand peuple et faire de grandes choses.

— Ou bien, répondit-elle en souriant, pour être sœur de la Miséricorde; c'était là le plus beau rôle, et je l'ai manqué.

— Mais quel bien avez-vous donc réussi à faire? dit Julien tristement. Vos prisons sont élargies, vos hôpitaux sont plus sains, et votre bonté est un refuge pour tous ceux qui l'invoquent. Mais, pour avoir amélioré le sort des misérables, vous avez ennobli leurs âmes anéanties, leurs mauvais penchants, ou leur lâche fainéantise? Nous en avons souvent parlé, Madame, et vous m'avez avoué que vos vœux à cet égard n'avaient pas été souvent exaucés. Prenons un exemple auprès de nous et dans une classe plus élevée, ajouta-t-il, poussé par un reste d'intention insidieuse et méfiante. Lucioli passait pour un fourbe et un ambitieux. Votre tolérance a fermé les yeux longtemps, et vous l'avez élevé jusqu'à votre confiance; et pourtant il vous a fallu ensuite voir clair et le repousser.

— C'est encore une épine qui m'est entrée au talon, répondit-elle. Le jour où cet humble serviteur est devenu insolent, je l'ai repoussé, en effet; et si j'avais profité de la leçon, Julien, je ne vous aurais pas attiré auprès de moi; je ne vous aurais pas donné ma confiance, dans la crainte que vous ne fussiez un second Lucioli. Vous voyez bien, mon ami, que les fous ont leur sagesse qui en vaut bien une autre. »

Cette réponse attendrit Julien.

« Vous êtes bonne et grande, lui dit-il, et je ne mérite peut-être pas votre amitié.

— Attendez, Julien, lui dit-elle en souriant, nous ne sommes pas encore réconciliés. Je vous ai expliqué mon caractère et mes idées; vous m'avez comprise. Il vous reste à me croire, et je ne vous ai donné aucune preuve de ma sincérité. »

Julien tressaillit de joie, croyant toucher à la solution de tous ses doutes. Dans son âme rigide, le besoin d'estimer était bien plus grand que le besoin d'aimer; aussi cette parole de Quintilia lui fut-elle plus douce qu'une parole d'amour.

« Oh! oui, s'écria-t-il ingénument, donnez-les-moi ces preuves, afin que je pleure de repentir à vos genoux, afin que je vous respecte et vous bénisse à jamais. Oui, oui, prouvez-moi que vous êtes vraie, et je ferai tout ce que vous voudrez. Je resterai toute ma vie à votre service; j'étoufferai mon amour dans mon sein plutôt que de vous en importuner jamais. »

Il s'arrêta, car il vit le regard de Quintilia s'attacher à lui avec froideur et une sorte de dédain. Il y eut un instant de silence si pénible à Julien, qu'il se mit à marcher avec agitation dans la chambre.

La princesse reprit sa marche calme et lui dit, en lui montrant une grande cassette de bois de santal incrustée de nacre :

« Je puis ouvrir le coffre que voici et vous donner des preuves irrécusables de la loyauté de toute ma vie. Je pourrais vous montrer en moins de cinq minutes sur quoi se fondent toutes les calomnies débitées contre moi, et à quel point les secrètes vanteries de Lucioli, et celles de bien d'autres avant lui, ont été vaines et odieuses. Mais en sommes-nous là, Julien, et votre amitié est-elle à ce prix ? »

Julien n'osa répondre; il pâlit et resta immobile.

« M'avez-vous jamais vue faire quelque chose de mal?

— Non, Madame, je n'ai rien vu de tel, répondit-il.

— Ai-je jamais exprimé une idée basse? ai-je montré

un sentiment vil durant six mois que nous avons passés tête à tête dans mon cabinet?

— Non, Madame.

— Avez-vous eu parfois une entière confiance en moi?

— Oui, Madame, presque toujours.

— Qu'est-ce qui vous l'a donc ôtée?

— Ne me condamnez pas à vous le dire, Madame; des apparences, des récits ridicules, la présence de Ginetta auprès de vous, votre air et vos manières par moments, et, plus que tout cela, vos bizarreries, vos goûts si opposés entre eux et qui se succèdent sans s'exclure; tout ce que je ne comprends pas m'effraie... Mais qu'avez-vous à faire de mon estime?

— Je ne vous la demande pas, Monsieur, répondit la princesse; j'espérais pouvoir la réclamer. »

Ils gardèrent de nouveau le silence, et la princesse, faisant un visible effort pour dompter sa propre fierté, reprit la parole.

« Vous êtes brutal, lui dit-elle, et nul homme de votre âge n'a osé me parler comme vous faites. C'est cela qui fait que je vous estime et que je voudrais être estimée de vous. Voyez pourtant ce que c'est que la confiance, Julien! ne tiendrait-il pas à moi de penser en cet instant que vous êtes le plus rusé et le plus habile des ambitieux qui se soient cachés sous une écorce rude et franche? Pourtant je sais que vous ne me trompez pas, et que bien réellement vous me mettez le marché à la main. Votre départ ou ma justification. Ma justification! ajouta-t-elle avec une expression de dépit, tenez, voici la clé de ce coffre; » et elle la jeta avec colère aux pieds de Julien.

— Je ne la ramasserai point, dit-il avec dépit à son tour; vous me regardez comme un insolent: je l'ai mérité et je m'en vais.

— Adieu donc! lui dit-elle en lui tendant la main ; il est malheureux que nous n'ayons pu rester amis comme nous l'avons été. »

Il s'approcha pour prendre sa main, et il vit qu'elle pleurait. Toute sa colère tomba, et, s'arrêtant devant elle avec la gaucherie d'un enfant qui n'ose pas demander pardon, il se mit à pleurer aussi.

«Ah! Julien, lui dit-elle, est-il possible que mes amis me fassent tant souffrir! Pourquoi ne sont-ils pas comme moi, pourquoi ne croient-ils pas en moi comme je crois en eux? Qu'est-ce qui brise donc ainsi mes affections? pourquoi toutes les sympathies que j'inspire sont-elles étouffées en naissant? pourquoi suis-je méprisée par les uns, méconnue par les autres? Qu'ai-je fait pour cela? Quand toute ma vie a été un éternel sacrifice à l'amitié, faudra-t-il que j'achète la confiance de ceux à qui je donne la mienne. Quand je vous ai ramassé dans un fossé, un jour que vous étiez blessé, haletant, couvert de poussière et assez mal vêtu, pourquoi ne vous ai-je pas pris pour un vagabond et un aventurier de bas étage? pourquoi ai-je cru à la candeur de votre regard et à la noblesse de vos paroles? J'ai donc l'air faux et l'expression ambiguë, moi? Eh quoi! vous demandez aux autres ce que vous devez penser de moi! votre cœur ne vous le dit pas, je n'en ai donc pas su trouver le chemin? Et que m'importe votre estime quand je l'aurai forcée? Vous me rendrez ce qui me sera dû, et votre âme ne me donnera rien...

— Vous avez raison, dit Saint-Julien en se jetant à ses pieds; gardez vos preuves, je n'en veux pas. Gardez votre amour à celui qui l'a mérité. Quant à mon respect, à mon dévouement, à mon amitié, si j'ose répéter le mot dont vous vous servez, mettez-les à l'épreuve. Vous avez vaincu une nature bien méfiante et bien chagrine. Il faut que Dieu ait récompensé votre grandeur d'âme d'une puissance bien grande sur l'âme d'autrui. Ah! ne vous plaignez plus; vous trouverez des amis toutes les fois que vous le voudrez; et d'ailleurs, si les amis vous manquent, je tâcherai de me mettre en cent pour vous obéir. »

Quintilia, tout en larmes, se jeta à son cou; il l'embrassa avec l'effusion d'un frère. En ce moment on frappa doucement à la porte, et la princesse alla ouvrir elle-même; c'était la Ginetta qui était chargée d'une commission pressée. La princesse passa avec elle sur le balcon, en faisant signe à Julien de rester. Leur entretien lui sembla long; et, cédant à l'émotion délicieuse dont son cœur était plein, il désirait vivement voir reparaître Quintilia, et en recevoir encore quelque parole d'amitié avant de se retirer. Dans son impatience, il touchait aux objets qui étaient épars sur le bureau sans les regarder et presque sans les voir. Il se trouva qu'il eut dans les mains la montre de la princesse, et qu'il l'ouvrit machinalement comme pour compter les minutes que la Ginetta lui dérobait. En jetant les yeux sur l'intérieur de la boîte, un froid mortel passa dans ses veines. Un souvenir confus et douloureux, oppressa, puis une curiosité irrésistible s'empara de lui. Il se pencha vers une bougie, et lut distinctement le nom de Charles Dortan.

« Infâme! » dit-il d'une voix sourde en jetant avec violence la montre sur le bureau; puis il la reprit, voulant bien se convaincre que ses yeux ne l'avaient pas trompé. Il lut de nouveau le nom fatal, observa la boîte de platine avec les incrustations d'or émaillé; elle était absolument pareille à celle que le voyageur pâle lui avait montrée à Avignon, le matin de son départ, dans la cour de l'auberge.

Cette histoire, qui d'abord l'avait vivement ému, lui

était bientôt sortie de l'esprit. A cette époque, Julien, beaucoup moins expérimenté, était beaucoup plus en garde contre ses impressions. Il s'était dit que le récit du voyageur était romanesque et invraisemblable, que son nom et son visage n'avaient pas fait le moindre effet sur la princesse, et que M. Dortan lui-même n'avait pas soutenu son rôle jusqu'au bout, puisqu'il n'avait pas osé lui adresser la parole. Ce devait être un maniaque ou un hâbleur impertinent, déterminé à se jouer de la simplicité de son interlocuteur. Enfin, cette aventure n'était plus revenue que confusément et comme un rêve absurde et pénible dans la mémoire de Saint-Julien.

En acquérant la preuve irrécusable de la sincérité de Charles Dortan, une indignation profonde s'empara de lui. Cette femme, qui exposait si magnifiquement la prétendue franchise de son âme et qui en offrait des preuves, ne lui parut plus qu'une effrontée comédienne, une coquette odieuse, jouant tous les rôles pour son plaisir, et méprisant toutes les vertus qu'elle affichait.

Elle rentra en cet instant, et Julien fit tous ses efforts pour cacher l'état où il était ; mais il prenait une peine inutile : la princesse pensait à tout autre chose. Elle erra dans sa chambre d'un air empressé, et dit à Ginetta, à plusieurs reprises : « Vite, vite, mon mantelet avec un capuchon de velours et la petite lanterne sourde.... » Tout à coup elle s'aperçut de la présence de Julien, et parut un peu contrariée de ce qui venait de lui échapper dans sa préoccupation. Néanmoins elle vint à lui avec beaucoup d'aplomb, et lui tendit la main en lui donnant le bonsoir. Saint-Julien baisa sa main lentement en tâchant de prendre l'insolence affectée d'un courtisan, et il lui adressa la phrase la plus impertinente qu'il put inventer. Elle ne l'entendit pas et lui répondit : « Oui, oui, à demain. Bonne nuit, mon cher enfant. »

XIV.

Dévoré de colère et de haine, le pauvre Julien entra dans la chambre de Galeotto. Le page s'était endormi sur un roman.

« Ah! c'est toi, lui dit-il en balbutiant; d'où viens-tu donc? On ne t'a pas vu de toute la soirée.

— Je viens de chez la Cavalcanti, répondit Julien.

— Oh! oh! qu'est-ce? dit le page en se mettant sur son séant. Vous venez d'être chassé, monsieur le secrétaire intime, ou vous êtes le plus heureux des hommes! Alors, permettez-moi d'ôter mon bonnet de nuit pour saluer Votre Altesse! Prince pour trente-six heures au moins!

— Je ne descendrai jamais si bas, répondit Julien.

— Qu'est-il donc arrivé?

— Rien, Galeotto, sinon que je sais maintenant à quoi m'en tenir sur le compte de cette femme. Vous lui faisiez trop d'honneur quand vous la traitiez de pédante, quand vous disiez qu'il était fort possible qu'elle n'eût jamais eu assez de sensibilité pour commettre une faute. Non, non, ce n'est pas cela. C'est une rouée impudente qui se passe toutes ses fantaisies, qui se livre en secret à tous ses vices, et qui a la prétention d'être un modèle de chasteté virginale et de sentimentalité allemande. C'est une effrontée courtisane avec des prétentions d'abbesse et la moqueuse hypocrisie d'une marquise de la régence. C'est ce qu'il y a de plus hideux au monde, le vice sous le masque de la vertu.

Après cette préface, Saint-Julien fit le récit de la soirée.

« Je suis bien aise d'apprendre cela, répondit Galeotto d'un air pensif; mais, en vérité, j'en suis étonné.

Cette femme est donc bien habile; car il y a eu des jours où elle m'a imposé à moi-même. Vous pouvez m'en croire, Julien; je ne suis pas crédule, et pourtant il y a eu des jours où, en l'entendant parler comme elle fait, j'ai presque eu des remords de mes jugements de la veille... Il est bien vrai que ces jours-là étaient rares, et que je me moquais de moi-même le lendemain. Eh bien! ce que vous me dites m'étonne comme si je m'étais attendu à autre chose... Êtes-vous bien sûr de ne pas vous tromper, Saint-Julien?

— J'en suis très-sûr, Galeotto; et comme j'étais aussi dans une continuelle alternative de confiance et de méfiance (à l'exception que les jours de méfiance étaient rares, et les autres fréquents), il se trouve que je suis encore plus consterné que vous.

— Consterné! s'écria Galeotto. Est-ce que je suis consterné, moi? Non? certes, je ne le suis pas. Que m'importe? je n'ai jamais été amoureux d'elle. Et voulez-vous que je vous dise ce qui se passe maintenant dans mon cerveau? C'est singulier, mais c'est réel. Je crois que je suis capable maintenant de devenir amoureux de cette femme-là.

— Quoi! à présent que vous devez la mépriser?

— Je ne la méprise pas, tant s'en faut! oh! à présent, c'est bien différent! Je la croyais pédante, absurde, je la trouvais ridicule, et je me moquais d'elle. Je ne m'en moquerai plus; car elle n'est plus rien de tout cela à mes yeux. Elle est adroite, menteuse, impudente; elle sait jouer tous les rôles, si bien que son véritable caractère échappe aux regards. Savez-vous que c'est là une femme supérieure, une vraie femme de cour, propre à remuer le monde, si elle était à la tête d'un vaste empire? Avec une conscience si flexible, tant d'art, tant de sang-froid, tant de perfidie, on peut aller loin... Et qui nous dit qu'elle n'ira pas loin? Qu'il se présente une bonne occasion, et elle fera parler d'elle. Savez-vous quelle est la première des facultés? celle d'imposer aux autres. La véritable grandeur, c'est la puissance qu'on exerce sur les esprits; c'est ainsi qu'on arrive à l'exercer sur les choses. Allons, c'est dit, me voilà réconcilié avec elle. Je ne rougis plus d'être son page. Je pourrai prendre de bonnes leçons auprès d'elle, et, pour mieux profiter à son école, je veux à mon tour être son amant...» Il garda un instant le silence, puis il ajouta d'un air réfléchi : « Si je le peux; car la chose m'est démontrée à présent plus difficile que je ne pensais, et vaut la peine d'être tentée... Peste! c'est quelque chose que d'y parvenir!

—Ce n'est pas si difficile, reprit Julien. Il suffit que vous passiez dans la rue auprès d'elle, et que votre figure lui plaise. Vous n'attendrez pas longtemps avant d'être enlevé dans sa voiture et introduit dans ses appartements secrets.

—Eh bien! raison de plus! vive Dieu! des femmes qui ont de pareils désirs et qui les contentent d'une façon si dégagée ne sont pas abordables pour tout le monde. On peut vivre dix ans sous le même toit sans obtenir de leur baiser la main. Elles peuvent résister au plus séduisant et au plus habile des hommes. On ne les prend pas par surprise, celles-là. Elles se donnent ou se rendent; le plaisir est à celui dont la mine leur plaît; l'bonheur, à celui dont l'esprit les subjugue. Maintenant, je mettrais ma main au feu que le Lucioli n'a jamais été son amant. Il était trop maladroit, le cher homme! Elle aurait pu lui ouvrir la porte du boudoir, s'il avait su cacher l'intention qu'il avait d'entrer dans la salle du conseil. Pour moi, qui ne me soucie guère d'être prince de Monteregale, je viserai plus haut désormais. Je tâcherai qu'elle me donne sa confiance, et qu'elle m'apprenne à régner sur les hommes par le mensonge.

— Ainsi ce qui me guérit de mon amour allume le vôtre? dit Saint-Julien.

— Appelez cela de l'amour, si vous voulez. Je l'appellerai autrement : curiosité, aptitude, amour de la science, comme il vous plaira.

— Et ce qui fait que je la hais et la méprise vous réconcilie avec elle?

— Complétement; mais je n'en continuerai pas moins la petite guerre d'observation que nous lui faisons. Tout au contraire, j'y mettrai plus de zèle que jamais, et mes découvertes auront plus d'importance à mes yeux. Sois tranquille, Julien, je ne te trahirai jamais, quoi qu'il m'arrive.

— Vous pouvez me trahir tant qu'il vous plaira, je ne resterai pas longtemps ici. Mais écoutez; avant que je vous souhaite le bonsoir, il faut que vous me racontiez cette histoire de Max.

— Ce ne sera pas long. Max était l'amant de Son Altesse. Lorsqu'à la mort du duc son époux, qu'elle n'a jamais vu, comme je vous l'ai déjà dit, elle devint souveraine libre et absolue, Max était tellement en faveur auprès d'elle que, suivant l'opinion de toute la cour, il allait l'épouser. Il était donc traité ici avec le plus profond respect, tout bâtard de seize ans qu'il était. Mais une nuit, à souper, comme la gloriole et le marasquin de Hongrie portaient à la tête du jeune favori, il lui arriva de débiter je ne sais quelle rodomontade en présence de Son Altesse. Son Altesse fronça, dit-on, le sourcil d'une manière imperceptible, et ne dit pas un mot. Le lendemain matin, les serviteurs de Max ne le trouvèrent ni dans son lit, ni dans sa chambre, ni dans son palais, ni dans la ville, ni dans la province. On le chercha et on l'attendit vainement. Il ne reparut jamais, on n'a jamais entendu parler de lui ; il paraît que ce fut un assassinat fort bien exécuté.

— Et personne n'a demandé vengeance de cet attentat?

— Max était un bâtard dont on avait été sans doute bien aise de se débarrasser en l'envoyant dans une petite cour où il semblait prendre racine. Qu'il eût fini par un meurtre ou par un mariage, on fut sans doute bien aise de n'avoir plus à y songer, et l'on n'y songea plus; et l'on n'en parla plus que tout bas, afin de n'avoir pas à le réclamer ou à le venger. Mais il arrive qu'à présent on veut se servir de son nom comme d'un épouvantail pour forcer Son Altesse à acquiescer à des vues politiques, et l'envoyé Gurck machine une fort belle réclamation de la personne de Max, si sa beauté personnelle échoue dans les premières entreprises. Tu sais cela?

— C'est une justice du ciel qui tombe à l'improviste sur le crime impuni, s'écria Julien.

— Bah! bah! à présent que je vois les choses sous leur vrai point de vue, dit Galeotto, je trouve que ce fut un coup hardi pour une princesse de seize ans.

— Elle avait seize ans! quelle horreur! dit Julien.

— Bah! bah! reprit Galeotto, les crimes des princes ne sont pas ceux de tout le monde. Vous savez ce qu'il y a à dire là-dessus. Il y a dans les grandes destinées des résolutions inévitables, et c'est quelque chose que de savoir les prendre à temps et les accomplir habilement. Un enlèvement qui ne fait pas de bruit; un meurtre qui ne fait pas de taches; un homme qu'on anéantit comme on raierait un chiffre, et qui s'évapore au milieu d'une ville comme une goutte d'eau sèche au soleil! Allons, ce n'est pas maladroit, il faut en convenir. Et pas l'ombre d'un remords sur un front de seize ans! et jamais la trace d'un souvenir amer dans toute une vie traînée en public! c'est là de la force, et bien des hommes ne l'auraient pas.

J'espère que vous ne l'auriez pas vous-même, dit Saint-Julien en lui tournant le dos.

— Attendez! encore un mot avant d'aller vous coucher, lui cria Galeotto. Avez-vous découvert quelque chose sur le Rosenhaïm?

— Rien sur celui-là, répondit Saint-Julien.

— Que sera-t-il devenu? dit Galeotto. Maître Cantharide est dans ce secret : il aura piqué ce criocère avec une épingle, et il l'aura mis dans un de ses cartons.

— Faut-il s'inquiéter de ce que devient un homme, dit Saint-Julien, dans une cour où un importun s'évapore comme une goutte d'eau sèche au soleil?

— Je crois que tu tournes mes métaphores en ridicule, dit le page; je te pardonne si tu te charges de pénétrer dans le pavillon du parc.

— Dans le pavillon où le professeur d'histoire naturelle fait ses expériences, et s'amuse à trancher, la nuit, de l'astrologue et de l'alchimiste en braquant son télescope vers la lune, et en effrayant les chiens par d'innocentes explosions d'électricité?

— Il y a autre chose dans ce pavillon, dit le page, qu'une vieille parodie de sorcier et un tonnerre de poche.

— Madame Cavalcanti fait-elle semblant d'aller s'entretenir avec les ombres, en y traitant ses galants la nuit? Bah! c'est là qu'est caché l'amant mystérieux du trimestre, le monsieur de Rosenhaïm?

— Peut-être! Mais cet amant-là est peut-être plus qu'un amant... Il y avait peut-être quelque principe politique, quelque projet diplomatique, sous ce masque de criocère. Ce n'est pas moi qui ai été dupe des jongleries du professeur. Ce Rosenhaïm me fait l'effet d'un antidote opposé aux philtres de Gurck et de Steinach... Mais enfin il n'est ici que depuis trois jours, et depuis trois ans je vois la princesse fréquenter le pavillon. Sais-tu un conte étrange que m'a fait la Ginetta?

— Voyons.

— Un jour que, selon sa coutume, elle défendait sa maîtresse avec chaleur, elle crut m'ôter toute envie de croire à l'assassinat de Max en me disant que Son Altesse l'avait aimé passionnément, et que c'était le seul homme qu'elle eût aimé ainsi. Je lui répondis que je le croyais comme elle, et d'autant plus que c'était le seul que Son Altesse eût fait assassiner. Alors Ginetta se mit tout à fait en colère, ce qui la rendit bavarde une seule fois en sa vie. Elle me dit que non-seulement Son Altesse avait aimé Max, mais qu'elle l'aimait encore, tout mort qu'il était. La preuve, ajouta-t-elle, c'est que tous les jours elle va s'enfermer dans le souterrain du pavillon auprès d'une tombe de marbre qu'elle y a fait secrètement construire, et... Mais vraiment, Julien, vous me regardez d'un air si dédaigneux que je n'ose pas continuer cette histoire. Elle est fantasque à tel point que vous allez me rire au nez si j'ai seulement l'audace de la répéter telle qu'on me l'a donnée.

— Comme je pense que vous n'y ajoutez pas foi... dit Julien.

— Je ne sais pas, je ne sais pas, dit le page. Les femmes sont si romanesques, et les vastes cerveaux tiennent tant de choses! Chez les êtres doués d'intelligence et de force, il y a de si singuliers contrastes, de si ténébreuses rêveries! Bah! dans ce monde, il faut tout croire et ne rien croire. Il faut voir!

— Mais enfin, dit Julien, cette tombe de marbre?...

— Contient une boîte d'or, s'il faut en croire la Ginetta.

— Et cette boîte d'or, que contient-elle?

— Je n'en sais rien, et la Ginetta prétend n'en rien savoir; mais elle dit que cette boîte a la forme et le volume de celles dans lesquelles on embaume des cœurs humains...

— Cette histoire est dégoûtante, dit Julien d'un air sombre, après un long silence. Assassiner un homme et le pleurer, lui faire percer le cœur à coups de poignard, et faire ensuite arracher de ses entrailles pour l'embaumer et le conserver comme une relique ou comme un trophée; s'enfoncer tous les jours dans une cave avec un tombeau et un remords, et en sortant de là se prostituer au premier passant... si tout cela est possible, à la bonne heure. Il frappa du pied le parquet avec violence, et, portant sa main à son front, il s'écria avec angoisse : « O mon père, mon vieux château, mes laboureurs, mes bois, mes livres, mon pays! où êtes-vous? où est le temps où j'ignorais tout ce que je sais à présent? »

Il était si triste et si abattu que Galeotto n'osa pas le railler, comme il faisait ordinairement lorsqu'il se livrait à sa sensibilité. Julien se promena en silence dans la chambre, puis il ajouta d'un ton amer :

« Si cet amant inconnu est caché dans le pavillon, ce doit être une savoureuse émotion pour elle que de recevoir ses caresses auprès du mausolée de Max. Peut-être est-ce dans cette cave que le malheureux a été massacré? Peut-être que sa tombe sert de lit aux monstrueux plaisirs de Quintilia? Quelle horreur! Il me semble que je rêve. En effet, elle s'est vantée à moi aujourd'hui d'avoir enseveli son propre cœur dans un cercueil. C'est là une belle métaphore! mais elle n'a pas dit qu'elle y eût enseveli son corps, et parateu! elle a bien fait, car il y aurait assez de gens pour lui donner un démenti... Tenez... levez-vous et venez à la fenêtre. Voyez-vous cette étincelle pâle et furtive qui court le long des allées du parc? C'est la petite lanterne sourde qu'on a donné ordre à Ginetta d'allumer pour aller au rendez-vous.

— En vérité? cria le page en s'habillant précipitamment.

— Oui, dit Julien, c'est une distraction qu'on a eue devant moi. Mais que faites-vous donc?

— Parbleu! je m'habille et j'y cours. Quoi! il y a un rendez-vous à épier, et vous ne me le dites pas! et je reste là à babiller quand je devrais être sur la piste de la louve!

— Voilà le seul mot à propos que vous ayez dit de la journée, dit sèchement Julien en le voyant s'enfuir à demi habillé et se glisser comme un chat dans l'ombre des corridors. »

Julien alla se mettre au lit; mais il eut un sommeil affreux. Il rêva que des assassins se jetaient sur lui, lui ouvraient la poitrine et en arrachaient son cœur tout palpitant, tandis que Quintilia, debout, immobile et pâle, vêtue d'une grande robe rouge, les regardait opérer avec un horrible sang-froid en leur tendant une boîte d'or ciselé toute pleine de sang.

XV.

Saint-Julien passa la journée enfermé dans sa chambre, résolu à se faire passer pour malade si la princesse le faisait demander. Mais elle ne le demanda pas; et, fatigué de souffrir seul, il sortit vers le soir pour se distraire un peu. Il se rappela alors l'étudiant dont il avait fait la connaissance la veille, et avec lequel il avait un rendez-vous à la taverne du Soleil-d'Or.

Il le trouva déjà à table, fumant vis-à-vis une cruche de bière non débouchée et de deux verres retournés.

Ils s'abordèrent cordialement; mais Saint-Julien ne put prendre sur lui d'être gai, et l'étudiant se chargea obligeamment de faire presque tous les frais de la conversation. Il se montra encore plus aimable que la veille, et ils restèrent ensemble jusqu'à onze heures du soir. Alors Spark se leva, disant qu'il était esclave de ses habitudes régulières, et qu'il ne se couchait jamais plus tard. Mais il lui proposa une partie de promenade pour le lendemain. Saint-Julien ne désirait rien tant que de fuir l'air de la cour : il fit demander le lendemain à Quintilia si elle n'aurait point d'ordre à lui donner dans la journée; et, comme elle lui fit répondre qu'il pouvait disposer de son temps le reste de la semaine, il ne passa à la résidence, durant plusieurs jours, que les heures consacrées au sommeil. Il employa toutes ses journées à errer dans les montagnes, tantôt seul, tantôt avec son étudiant allemand, qui, chaque jour, l'attirait par une sympathie plus vive.

Saint-Julien fut bientôt sous le charme de ce jeune homme, et il eût été difficile qu'avec son excellent cœur et l'élévation de ses sentiments il en eût été autrement. Spark était un de ces hommes d'une nature si droite et si harmonieuse qu'on les juge d'emblée, et qu'on n'a rien à retrancher par la suite à l'estime qu'on leur a vouée tout d'abord. Il était simple et franc, ne visait à aucune supériorité, et touchait juste à toutes choses; il paraissait savoir plus qu'il ne disait, mais sa réserve n'avait rien de hautain. Il faisait des frais pour plaire, mais il n'allait pas jusqu'à cette insupportable coquetterie de langage qui rend l'esprit faux et le cœur sec. Il paraissait à la fois fort et obligeant, sensible pour les autres et insouciant pour lui-même. Il avait en la Providence une confiance romanesque, mais non puérile, qui semblait être la conséquence d'une vie probe et d'un cœur généreux. Sa sensibilité n'était pas fougueuse et maladive comme celle de Julien ; et le jeune homme sentit de plus en plus chaque jour le besoin de s'appuyer sur la douceur et sur la sérénité de cette âme plus forte et plus calme que la sienne. Oppressé par son chagrin, dévoré d'incertitudes, ne sachant à quoi se résoudre à l'égard de la princesse et à l'égard de lui-même, il résolut de se confier à cet homme si intelligent, si bon, et pourtant si paisible, et de lui demander conseil. Il éprouvait bien quelque répugnance à ouvrir ainsi son cœur, car il n'était pas né expansif. Galeotto avait surpris ses secrets et ne les comprenait pas ; d'ailleurs le caractère de ce jeune courtisan était trop opposé au sien pour qu'il pût trouver quelque avantage dans sa société. Il avait l'art, au contraire, d'aigrir tous ses maux et d'envenimer toutes ses blessures.

Quoi qu'il pût lui en coûter, il prit le parti de consulter Spark, et, un matin que leur promenade les avait ramenés sur la colline où ils s'étaient rencontrés pour la première fois, il le pria de s'asseoir sur la bruyère, et de suspendre son cours d'observations botaniques pour en faire un de psychologie.

« Sur qui? demanda Spark en souriant. Est-ce sur vous ou sur moi?

— Ce sera sur moi si vous le permettez, mon cher Spark. J'ai un secret qui m'étouffe et que je ne puis dire à personne. Il faut que je vous le dise.

— De tout mon cœur, répondit l'étudiant. Je ne me récuserai pas en affectant une modestie désobligeante. Les gens qui ont peur d'écouter une confidence sont ceux qui craignent d'avoir un secret à garder ou un service à rendre.

— J'ai besoin, en effet, d'un très-grand service, dit Saint-Julien ; mais ce n'est pas votre bras que je réclame pour me tirer du mauvais pas où je me trouve, c'est votre cœur que j'appelle au secours du mien, c'est votre raison que je veux interroger; c'est un bon conseil que je vous demande.

— C'est demander beaucoup, répondit Spark, et je ne vous promets pas de réussir. J'y ferai pourtant tout mon possible. Nous chercherons à nous deux, et Dieu nous aidera.

— Vous êtes, vis-à-vis des choses qui m'intéressent, dans une position tout à fait désintéressée, dit Julien; vous ne connaissez point la personne dont j'ai à vous entretenir, et vous la jugerez simplement sur les faits que j'ai à vous raconter.

— Prenez garde, mon cher ami, dit Spark, cela est sérieux. Si vous dénaturez les faits et si vous en ignorez quelqu'un, nous pourrons bien porter un faux jugement.

— Vous jugerez seulement ceux que je sais et que je vous dirai; et, comme vous ne serez pas sous le charme de la vipère, vous pourrez voir plus clair que moi.

— Il s'agit d'une histoire d'amour et d'une femme, à ce que je vois?

— Il s'agit d'une femme. Connaissez-vous la princesse Quintilia?

— Comment voulez-vous que je la connaisse? il y a huit jours que je suis ici.

— Quelqu'un vous en a-t-il parlé?

— Oui; des bourgeois qu'elle a obligés, des pauvres qu'elle a secourus, m'ont dit que c'était une femme bienfaisante.

— Toutes ces femmes-là le sont, dit Julien.

— Quelles femmes? demanda Spark avec beaucoup d'ingénuité.

— Ah! Spark, s'écria Saint-Julien, je vois bien que

vous ne la connaissez pas, vous ne me demanderiez pas ce qu'elle est.

— Vous paraissez n'en avoir pas une haute opinion, dit Spark. Si votre opinion est arrêtée ainsi, pourquoi me consultez-vous?

— Pour savoir si je dois la fuir et l'oublier, ou la poursuivre et la démasquer. Je vais vous raconter ce qui m'est arrivé depuis sept mois que j'ai quitté la maison paternelle. »

Spark écouta l'histoire de Julien avec beaucoup d'attention, mais avec tant de calme que le narrateur ne put, à aucun endroit de son récit, pressentir le jugement que portait l'auditeur. La belle et calme figure de l'étudiant ne fit pas un pli, et la fumée de sa pipe s'échappa par bouffées aussi régulières que la veille, lorsqu'il avait écouté Julien faire lecture de la Gazette d'Ausbourg à la Taverne du Soleil d'Or.

Quand Saint-Julien eut tout dit, Spark fit une espèce de grimace qui consiste à avancer un peu la lèvre inférieure, et qu'on peut généralement traduire par ces mots : « Tout cela ne vaut guère la peine que vous vous donnez. »

Après un instant de silence, il posa sa pipe sur le gazon, et lui dit :

« Mon ami, avant de vous dire ce que je pense de la princesse Quintilia, permettez-moi de vous dire ce que je pense de vous-même. Vous êtes très-noble, mais très-orgueilleux ; très-vertueux, mais très-intolérant ; très-sincère, et pourtant très-méfiant. D'où vient cela ? N'auriez-vous pas été élevé par un prêtre catholique ?

— Oui, répondit Julien, et ce fut mon meilleur ami.

— Alors je comprends votre caractère ; et, tout en le reconnaissant pour très-beau (je vous parle strictement vrai), je voudrais que vous prissiez sur vous de le modifier et d'en équarrir l'écorce rude et noueuse. Je ne trouve point que le jeune page vous ait donné de bons conseils. Je le regarde comme un méchant cœur et un intrigant dangereux. Loin de railler, comme il le fait, l'austérité de vos principes, je les approuve rigoureusement, et je déclare que si votre princesse Quintilia était telle que vous la jugez aujourd'hui, vous feriez bien de la fuir et de l'oublier. Mais...» Ici Spark fit une pause et réfléchit; puis il continua :

« Mais je crois que vous êtes absolument dans l'erreur sur son compte, et que c'est une excellente femme.

— Quoi! malgré l'assassinat de Max?

— Je ne crois pas à l'assassinat de Max, dit Spark en souriant; je ne croirai jamais que la mort d'un homme soit suffisamment prouvée par son absence, et le meurtre d'un amant par une parole légère d'un côté et un froncement de sourcils de l'autre. Cette histoire me paraît bonne à endormir les petits enfants et à leur donner de mauvais rêves.

— Vous ne croyez pas au crime? empêchez-moi d'y croire. Je ne demande pas mieux que d'ôter ce charbon allumé de mon cœur. Mais le vice, la débauche?

— Oh! oh! la galanterie, vous voulez dire? On peut être une femme galante et être une bonne femme. Pour moi, je n'aime pas les femmes galantes, mais je ne leur jette pas de pavés à la tête, et je passe auprès d'elles sans leur rien dire. Si la princesse Quintilia est ainsi, n'en dites pas de mal; quittez-la et n'y pensez plus.

— Tout cela vous semble facile, Spark. J'ai l'âme dévorée de colère et de jalousie.

— Vous avez tort.

— Mais enfin, ce que je vous ai raconté vous prouve bien que cette femme...

— Ce que vous avez raconté ne me prouve rien, sinon

que vous avez contracté dans vos chagrins l'habitude d'une malveillance fâcheuse. Otez, ôtez cela de votre cerveau ; c'est une mauvaise herbe.

— Mais, mon ami, une femme qui fait de pareils discours sur la candeur et le sentiment, et qui a pour amant, d'abord un Lucioli qu'elle traîne partout, et qui se vante partout de ses faveurs !...

— Hum ! dit Spark, ce Lucioli me semble être un fat et un sot que je ne me ferais pas faute de rosser s'il tombait sous ma main et si j'étais ami de la princesse.

— S'il l'a décriée, c'est bien sa faute, à elle ; pourquoi l'a-t-elle affiché comme un bouquet de noces ?

— Parce qu'elle est bonne et confiante, comme elle vous l'a dit. Tout ce qu'elle vous a dit là, Saint-Julien, me paraît sincère ; j'y crois. J'aime ce caractère, j'approuve ces idées. Je ne dis pas que ce soit un exemple à suivre pour les femmes qui ne veulent pas être calomniées et persécutées ; mais pour un homme de cœur qui se moque de l'opinion d'autrui et qui ne s'en rapporte qu'à sa conscience, c'est une belle maîtresse à aimer toute sa vie.

— Vraiment ! Spark, votre confiance me confond ; je ne sais pas si j'ai envie de vous embrasser comme le meilleur des hommes ou de vous plaindre comme un fou.

— Comme vous voudrez, mon cher Julien ; vous m'avez demandé ma façon de penser, je vous la dis.

— Et je donnerais un de mes bras pour la partager. Mais enfin cette montre, ce Charles de Dortan ?

— Ce Dortan est un sot qu'elle aura mis à la porte au moment le plus hardi de la plaisanterie.

— Une femme qui se respecte fait-elle de semblables plaisanteries ? Elle se soucie donc bien peu du danger qu'elle court ? Plaisante-t-elle aussi avec la vengeance qu'un homme peut tirer? A la place de ce Dorlan, je suivrais une pareille femme au bout du monde, et je la forcerais de tenir ses promesses, et je lui cracherais ensuite au visage. »

Le front de Spark se couvrit de rougeur, comme si l'idée d'une telle violence de ressentiment eût révolté son âme honnête et douce. Mais il reprit aussitôt son calme accoutumé, et dit d'un ton de certitude qui imposa à Julien :

« Cette histoire est fausse. Ce Charles de Dorlan sera quelque garçon horloger qui aura porté une montre de sa façon à la princesse, et qui aura bâti toute cette niaise aventure pour se moquer de vous, ou parce qu'il y a des fats d'une rare impudence, ou parce que ce monsieur est fou.

— Vous arrangez tout pour le mieux, et je me suis dit tout cela sans pouvoir me le persuader radicalement. N'ai-je pas vu la joie avec laquelle elle a appris l'arrivée de ce masque inconnu?

— Qu'est-ce que cela prouve, s'il vous plaît? Ne saute-t-on pas de joie à l'arrivée d'un frère et même d'un ami? Les femmes sont plus démonstratives que nous, et les Italiennes le sont entre toutes les femmes.

— Mais ce Rosenhaïm est caché dans le pavillon. Cache-t-on ses amis?

— Souvent, surtout quand il s'agit de politique. Qu'est-ce que vous comprenez à la politique, vous? Et puis, il n'y a peut-être pas plus de Rosenhaïm dans le pavillon que de Max dans le tombeau.

— Vous ne croyez donc pas à la mort de Max?

— J'ai dans l'idée, au contraire, que ce prétendu cœur inhumé dans un coffret d'or bat bien chaud et bien joyeux à l'heure qu'il est.

— Mais la princesse elle-même le fait passer pour mort.

— Le fait-elle passer pour mort? Ah! en ce cas il est mort. Mais tout le monde peut mourir sans être aidé. »

Et Spark, reprenant sa pipe, se mit à la charger paisiblement.

« Les griefs qui vous restent contre elle, ajouta-t-il après avoir rallumé son tabac, sont donc son air cavalier, sa gaieté juvénile, son latin, son amour pour les papillons, ses travaux politiques, sa soubrette Ginetta, sa camaraderie avec vous autres qu'elle traite en amis, comme une bonne femme qu'elle est, tandis que vous ne la comprenez pas... Et bien, à votre place, je l'aimerais de tout mon cœur, et je passerais ma vie à son service.

— Mais si j'acceptais tout cela comme vous, si je me remettais à croire en elle, j'en serais amoureux fou... et si elle ne m'aimait pas, je deviendrais le plus malheureux des hommes. Je suis absolu et entier dans tout, Spark. A la manière dont cette femme m'a bouleversé le cerveau, je vois bien que si je ne me guéris pas par la méfiance, il faudra que je me brûle la cervelle par désespoir.

— Non, dit Spark.

— Je deviendrai fou, vous dis-je, si elle ne m'aime pas.

— Non, vous dis-je, vous vous consolerez, vous vous guérirez. D'ailleurs elle vous aime beaucoup; tout ce qu'elle a fait pour vous le prouve bien.

— Oh! j'ai trop souffert de cette tranquille amitié; j'ai renfermé trop de tourments dans mon sein! cela ne peut recommencer.

— Vous êtes un ingrat. Vous m'avez dit que ces six premiers mois avaient été les plus beaux de votre vie. Écoutez, Julien : vous êtes aigri et malade; vous ne jugez pas bien votre position, vous ne vous connaissez plus vous-même. Croyez-en mon conseil. Avant de savoir de quoi il s'agissait, je ne pensais pas pouvoir trancher la question si hardiment; à présent je me sens une grande confiance en ma raison; les choses me semblent claires et indubitables. Voulez-vous me promettre de faire ce que je vous dirai?

— Je vous promets de le tenter, dit Julien.

— Renfermez-vous donc en vous-même, et fermez vos poumons à l'atmosphère empoisonnée du dehors; vivez avec Dieu et avec votre cœur, qui est bon; fuyez la cour, les envieux, les sots, les méchants, et surtout le petit page; restez auprès de la princesse, je veux lui servir de garant. Elle ne vous trompe pas. Je l'ai vue passer à cheval l'autre jour; elle a une grande bouche, un sourire franc, des yeux vifs et bons; j'aime sa figure et ses manières. Servez-la fidèlement, et ne croyez d'elle que ce qu'elle vous en dira. Si votre amour persiste et vous fait souffrir, dites-le-lui, parlez-lui-en beaucoup et souvent.

— Vous croyez qu'elle m'écoutera? dit Julien, dont les yeux brillèrent de joie.

— Sans doute elle vous écoutera, puisqu'elle vous a déjà écouté; elle vous plaindra, elle ne vous aimera pas plus qu'elle ne fait...

— Vous croyez? dit Julien redevenant triste.

— J'en suis presque sûr. Mais n'importe, parlez-lui toujours, elle vous consolera en redoublant de soins et d'amitié. Avec cette amitié-là, Julien, avec l'amour du travail, avec le bon témoignage de votre conscience et un peu de foi en la Providence, vous ne serez pas malheureux, croyez-en ma promesse.

— Et si avec tout cela je suis joué, reprit Julien, si au bout de dix ans d'une pareille vie je m'aperçois que j'ai bercé une chimère sur mon cœur?

— Vous aurez eu dix ans de bonheur, et vous serez en droit de dire à Dieu quand vous paraîtrez devant lui : « Seigneur, on m'a trompé, et je n'ai pas haï; on m'a fait du mal, et je ne me suis pas vengé! » Et vous verrez ce que Dieu vous répondra. Allez, on ne se repent jamais d'être bon, même dès cette vie. Quand on s'en repent, on cesse de l'être.

— Honnête et excellent ami ! s'écria Saint-Julien en serrant vivement la main de Spark, je suivrai vos conseils, et je viendrai souvent chercher auprès de vous le baume céleste qui guérit les plaies de l'âme. »

Julien rentra au palais la poitrine soulagée d'une montagne d'ennuis, et, pour la première fois depuis bien des jours, il pria Dieu.

XVI.

Quintilia le fit appeler le lendemain matin. Elle avait l'air si heureux et si bon, que Saint-Julien se sentit tout disposé à suivre les conseils de Spark.

« J'ai des lettres à te dicter, lui dit-elle en lui tapant doucement l'épaule d'un air familier. Assieds-toi là et prends ta meilleure plume. »

Julien s'assit. La montre fatale était toujours sur le bureau; il se sentit un mouvement de rage contre ce fâcheux accusateur, et feignant de la pousser gauchement avec son coude, il la jeta par terre.

La princesse s'en aperçut à peine; et quand il la ramassa en s'excusant de l'avoir brisée, elle parut fort indifférente à cet accident.

« Ginetta, dit-elle, emporte ma montre, que ce maladroit de Julien vient de casser. Il est décidé que je ne puis pas la garder, et qu'il lui arrivera toujours malheur. Fais-la raccommoder et garde-la pour toi. »

Julien regarda la princesse attentivement. Elle était

aussi parfaitement calme que le jour où elle avait regardé en face M. Dortan sans paraître le reconnaître. Mais il lui sembla que la Ginetta rougissait un peu. Était-ce de plaisir d'avoir la montre, ou perdait-elle contenance devant tant d'audace?

Julien sentit la sienne augmenter, comme il lui arrivait toujours dans ses moments d'émotion; et regardant alternativement la princesse et sa suivante:

« La signora Gina, dit-il, connaît peut-être à Paris un horloger habile à qui elle pourra confier la réparation de cette montre!

— Pourquoi à Paris? dit la princesse; nous avons d'excellents horlogers à Venise. »

Elle n'avait pas changé de visage, et la Gina semblait être redevenue impénétrable. Saint-Julien insista obstinément.

« Si la signora Gina veut bien le permettre, c'est moi qui me chargerai de la réparation, puisque c'est moi qui ai causé le dommage.

— Arrangez-vous ensemble, dit la princesse, cela ne me regarde plus. La montre appartient à Gina.

— Et je l'enverrai, continua Saint-Julien, à un de mes amis qui habite Paris, et qui s'appelle Charles de Dortan. »

Gina se troubla visiblement. La princesse n'y prit pas garde, et répéta le nom de Charles de Dortan.

« Je crois qu'en effet son nom est sur cette montre, dit-elle en s'adressant à Ginetta. N'est-ce pas l'ouvrier à qui tu l'as confiée à Paris, après l'avoir jetée par terre comme Julien vient de faire?

— Oui, Madame, répondit Ginetta remise de son trouble; c'est un horloger qu'on m'a désigné comme très-habile, et qui, selon l'usage, a gravé son nom sur la boîte. »

Julien, frappé de tant d'assurance, et ne sachant plus que penser, tenta un dernier effort.

« Le hasard, dit-il, me l'a fait rencontrer à Avignon précisément le jour...

Ginetta l'interrompit, et s'adressant à Quintilia :

« Votre Altesse ne se souvient-elle plus de cet homme qui voulait absolument lui parler?

— Non, dit la princesse avec un sang-froid imperturbable. Que voulait-il? ne l'avais-tu pas payé?

— Il m'avait beaucoup priée de le recommander à Votre Altesse, à laquelle il voulait vendre une pendule à musique, mais elle était laide et de mauvais goût.

— Ah! dit la princesse d'un ton d'indifférence et de distraction; en ce cas, Julien, mets-toi à écrire; et toi, Gina, laisse-nous. »

Elle semblait n'avoir pas pris le moindre intérêt à cette délicate explication, et pourtant Saint-Julien se disait : « Il y a quelque chose là-dessous. Spark lui-même aurait été frappé de la rougeur de Ginetta. » Il prit sa plume et commença sous la dictée de la princesse.

« Monsieur le duc,

« Votre personne est charmante, votre esprit supé-
« rieur et votre emploi magnifique. Je compte écrire
« directement à votre auguste souverain, et le remercier
« de vous avoir choisi pour remplir cette importante et
« agréable mission auprès de moi. Il m'est impossible
« de vous voir aujourd'hui; et d'ailleurs j'ai besoin,
« pour répondre aux propositions de Votre Excellence,
« du plus grand calme et de la plus austère réflexion. Je
« craindrais de subir l'influence expansive de votre es-
« prit en traitant de vive voix une question si grave.
« Après mûre délibération, je me crois donc autorisée,
« par ma conscience et ma volonté, à refuser positive-

« ment l'alliance qui m'est offerte. Mes opinions sont
« invariables sur ce point, et vous les connaissez. La
« berté de fait établie par moi, souverain absolu en vertu
« de pouvoirs absolus, etc., etc.... »

Saint-Julien écrivit sous sa dictée plusieurs lignes qu'il aurait pu tracer de lui-même, tant il était au fait des systèmes du potentat femelle de Monteregale.

Quand il eut terminé la partie politique de cette lettre (et nous en ferons grâce au lecteur, comme d'une chose étrangère à cette histoire), il continua sous la dictée de la princesse :

« Quant à la question que Votre Excellence m'a dit
« tenir en réserve en cas de refus définitif de ma part,
« je demande en grâce qu'elle me soit exposée sur-le-
« champ; car des occupations du plus grand intérêt pour
« moi vont me forcer à faire un petit voyage en Italie.
« Ce sera pour moi un grand regret que de voir abréger
« le séjour de Votre Excellence dans mes États, et j'au-
« rais vivement désiré qu'il me fût permis d'en jouir
« plus longtemps. »

— Ajoutez les formules d'usage, dit la princesse à Saint-Julien, et puis donnez-moi votre plume. »

Quand elle eut signé et fait mettre le nom du duc de Gurck sur l'adresse, elle sonna, et le page se présenta.

« Portez cette lettre à M. de Gurck, lui dit-elle, et rapportez-moi la réponse. S'il demande à me voir, dites que c'est impossible. »

Galeotto fut frappé de l'air froid et absolu de la princesse. Il eut besoin de rassembler tout son courage pour lui faire entendre qu'il avait un message secret pour elle.

« Je n'ai pas de secrets où vous puissiez être pour quelque chose, reprit-elle sèchement. Parlez devant M. de Saint-Julien, je vous le permets. »

Le page hésita ; elle ajouta : « Je vous l'ordonne. »

Galeotto, banni des appartements particuliers depuis plusieurs jours sans en savoir la cause, avait beaucoup compté sur le moment où il lui serait permis d'approcher de la princesse. Il avait fait part à Julien de l'intention où il était de nuire au comte de Steinach, tout en feignant de le servir et tout en travaillant pour son propre compte. Mais, quoique ces projets ne fussent point un secret pour lui, il était vivement contrarié de l'avoir pour témoin de sa conduite. Rien ne paralyse la ruse comme l'œil d'un juge prêt à censurer notre maladresse ou à s'effrayer de notre perfidie.

Néanmoins il fallait parler. Il donna quelques mots d'une explication moitié plaisante, moitié mystérieuse, et finit en tirant de son sein une lettre renfermée sous trois enveloppes.

Mais Quintilia, devant qui le page avait mis un genou en terre, n'avança point la main pour recevoir la lettre, et lui ordonna de la décacheter et de la lire tout haut.

Galeotto se troubla. « M'avez-vous entendue ? répéta la princesse. »

Alors, prenant courage, Galeotto imagina de lire hardiment la lettre d'un ton pathétique et en feignant un trouble toujours croissant. C'était une déclaration d'amour du comte de Steinach, rédigée dans des termes aussi passionnés que son rang avait pu le lui permettre.

Le malin page la déclama d'une voix tremblante et comme s'il eût été frappé de l'application qu'il pouvait se faire des expressions timides et brûlantes de la lettre. Il affecta plusieurs fois de manquer de force pour achever une phrase et de tenir le papier d'une main tremblante. Enfin il joua si bien la comédie, que Saint-Julien en eût été dupe complètement sans le dernier entretien qu'ils avaient eu ensemble.

Mais la princesse no parut émue ni de l'amour de Steinach, ni de celui que Galeotto feignait d'abriter timidement sous les ailes de la diplomatie sentimentale.

« Cela est pitoyable, » dit-elle, quand le page eut fini. Et, lui arrachant la lettre des mains, elle la jeta dans une corbeille de bambou qui était sous le bureau et dans laquelle elle avait coutume d'entasser pêle-mêle tous les papiers inutiles.

« Mais, tout mauvais que soit cet italien, ajouta-t-elle, le comte de Steinach, qui ne sait aucune langue, pas même la sienne, n'aurait jamais été capable de l'écrire. C'est vous qui avez composé ce pathos, Galeotto. » Et, sans attendre sa réponse, elle se tourna vers Julien.

— Écris sous ma dictée une autre lettre, lui dit-elle. Galeotto attendra, et les portera toutes deux à leur adresse. »

Elle lui dicta une formule de renvoi moqueuse et impertinente pour Steinach comme celle destinée à Gurch; elle la signa de même, la cacheta et la remit en silence à Galeotto. Le page voulut faire une question; elle lui ferma la bouche d'un regard et lui montra la porte d'un geste.

En attendant qu'il fût de retour, elle s'entretint amicalement avec Saint-Julien. Elle lui parut si franche et si bonne, qu'il céda au mouvement de son propre cœur et se sentit plus que jamais dominé par elle. Les souffrances qu'il avait éprouvées lui rendirent plus vives les joies qu'il retrouvait. Il bénit intérieurement les conseils de son ami et reprit confiance dans la vie.

Au bout d'une heure, Galeotto revint. Il s'était composé un maintien grave et froid; mais il cachait mal le dépit qu'il éprouvait d'avoir été si rudement traité par Quintilia. Elle était naturellement brusque et emportée;

mais ordinairement elle oubliait en moins d'une heure ses ressentiments et jusqu'à la cause qui les avait produits. Cette fois pourtant, elle reçut le page aussi mal qu'elle l'avait congédié. Il voulut transmettre une réponse verbale du comte de Steinach ; elle lui dit : « Vous répondrez quand je vous interrogerai. » Puis, prenant la lettre de M. de Gurck, elle la décacheta et la passa à Julien.

« Lisez tout haut, lui dit-elle ; et vous, monsieur Galeotto de Stratigopoli, asseyez-vous au bout de la chambre et attendez mes ordres. »

Saint-Julien lut :

« Madame,

« La réponse de Votre Altesse est tellement décisive,
« que je croirais manquer au respect que je lui dois en
« insistant davantage. J'obéis à l'ordre qu'elle me donne
« en lui soumettant textuellement la réclamation de mon
« souverain.

« Un envoyé de notre cabinet, portant le titre de che-
« valier et le nom de Max, chargé, il y a quinze ans, de
« représenter le prince de Monteregale au mariage de
« Votre Altesse, s'est établi auprès d'elle avec le con-
« sentement de ses protecteurs. Mais ayant été rappelé
« au bout de quatre ans, il n'a point répondu aux or-
« dres de sa cour, et jamais il n'a reparu. Il est sommé
« aujourd'hui de rendre compte de sa conduite durant
« cette longue absence et de se présenter devant moi, duc
« de Gurck, fondé de pouvoir, &c., pour me remettre
« certains papiers et répondre à certaines questions qui
« doivent décider de son identité. A défaut de cet acte
« de soumission de la part du chevalier Max, Votre Al-
« tesse serait sommée de donner les preuves de son dé-
« cès ou de désigner le lieu de sa retraite ; et, à défaut

« de cette satisfaction, elle serait reconnue en état d'hos-
« tilité contre notre gouvernement, etc. »

—Fort bien, dit Quintilia. Reprenez votre plume et écrivez :

« Je ne reconnais à aucun souverain de la terre le
« droit de me faire une demande arbitraire ou une ques-
« tion absurde. Je n'ai aucun compte à rendre des actions
« d'autrui; et jamais prince, petit ou grand, n'a été le
« gardien des étrangers résidant sur ses terres. Tout ce
« que je puis faire pour seconder les vœux de votre cour,
« c'est de vous permettre de publier et d'afficher dans
« mes États un ordre directement adressé au chevalier
« Max de la part de son souverain. S'il se rend à cet
« ordre, je serai charmée de voir cesser vos inquiétudes
« à son égard. »

Quintilia signa, cacheta, et, s'adressant au page :

« Maintenant, Monsieur, lui dit-elle, qu'avez-vous à dire de la part de M. de Steinach ?

—Le comte, au désespoir..., répondit Galeotto.

—Faites-moi grâce des phrases de M. le comte, interrompit Quintilia ; à quoi se décide-t-il ?

—Il se soumet à vos ordres.

—Quels ordres ? je lui ai donné le choix : partir ou se taire.

—Il se taira.

—A la bonne heure. Celui-là n'est que sot, et je ne veux pas l'offenser s'il ne m'y contraint pas. L'autre est un insolent. Allez porter ma lettre, et revenez. »

La princesse se remit à causer avec Julien de choses étrangères à ce qui venait de se passer. Elle avait tant de calme et de lucidité d'esprit, que Saint-Julien se déclara absurde dans ses soupçons.

Galeotto revint. Il demandait, de la part du duc de

Gurck, la faveur d'un entretien particulier avant son départ.

« Nous verrons, répondit Quintilia ; c'est assez s'occuper de ces messieurs pour aujourd'hui. C'est à vous que j'ai affaire, monsieur de Stratigopoli. Voici un billet que vous porterez à mon trésorier. Il vous comptera une somme qui vous mettra en état de voyager durant quelques années. C'est, je crois, l'objet de vos désirs. Vous trouverez bon que d'ici à quelques heures je dispose pour votre remplaçant de l'appartement que vous occupez dans le palais. Pour faciliter votre départ, j'ai commandé des chevaux de poste qui viendront vous prendre ce soir, et qui vous conduiront jusqu'à la frontière. Je vous prie de garder la voiture pour continuer votre voyage. Vous désignerez vous-même la route qu'il vous plaira de prendre. Je fais des vœux pour votre avenir, et j'ai l'honneur de vous saluer. »

Galeotto, frappé de la foudre, pâlit et balbutia ; mais il vit dans les yeux de la princesse que l'arrêt était irrévocable. Il crut que Julien l'avait trahi. Incertain du parti qu'il prendrait, mais forcé d'obéir, et résolu à se venger, il s'inclina profondément et sortit sans dire un seul mot.

Saint-Julien voulut intercéder en sa faveur ; mais la princesse lui imposa silence avec douceur, et lui permit d'aller faire ses adieux au page.

Il le trouva au bas du grand escalier, et témoigna sa surprise et son chagrin avec tant de candeur, que le page en fut ébranlé.

« Si vous n'êtes pas sincère en ce moment, lui dit-il, vous êtes le premier des fourbes et le dernier des hommes. Après tout, je n'en sais rien, je ne pense pas, je crois rêver. Je ne sais ni ce qui m'arrive, ni ce que j'éprouve, ni ce que j'ai à faire.

—Il faut faire semblant d'obéir, lui dit Julien, et attendre à la frontière l'ordre de votre rappel. Il est impossible que la princesse ait des griefs sérieux contre vous. Elle se sera doutée de votre liaison avec Steinach, et elle aura voulu vous effrayer. Mais je vous justifierai de mon mieux; Gina pleurera à ses pieds, et vous lui écrirez; elle se laissera fléchir.

—Je ne sais pas, je ne sais pas, dit le page d'un air méfiant. Je ne sais pas si vous ne me trahissez pas; je ne sais pas si la Gina ne me donne pas ce soir pour successeur le page de Steinach ou le chasseur de Gurck, tandis que la princesse recevra dans le pavillon mystérieux Rosenhaïm, qu'elle embrassait si tendrement cette nuit sur le seuil en l'appelant son *seul* amour, ou bien le duc de Gurck qui saura peut-être se faire craindre, ou le Steinach qu'elle fait semblant de rudoyer, ou le tendre Julien qui a su cacher son indignation dévote, ou qui s'est fait tolérant... Je ne sais pas ce qui se passe dans la tête des autres; j'aviserai à voir clair dans la mienne. Si vous me trompez, monsieur le secrétaire intime, ne chantez pas encore victoire. Je ne me tiens pas pour battu, et souvent les choses qui semblent m'échapper sont celles dont je suis sûr, parce qu'alors il me prend envie de m'en emparer... Attendez... Venez avec moi chez le trésorier; je vous permets de répéter à la princesse tout ce que vous me verrez faire et dire. »

Ils entrèrent ensemble chez le trésorier, et Galeotto présenta le billet qui lui avait été remis cacheté. Lorsque le trésorier énonça la somme qu'il allait compter au jeune page, celui-ci eut un moment d'émotion. C'était beaucoup plus qu'il n'avait espéré dans sa petite ambition, et pendant un instant il abandonna l'idée singulière qui venait de le préoccuper. Mais tandis que le trésorier comptait l'argent, il se mit à marcher dans la salle avec anxiété. Cette petite fortune le mettait à même de satisfaire son goût pour les voyages, et d'aller se présenter d'une manière brillante dans quelque autre cour plus importante que celle de Monteregale. Mais, en même temps qu'il arrivait à l'accomplissement d'un vœu de plusieurs années, il renonçait à une entreprise conçue depuis quelques jours. Dans son amour pour l'intrigue, il avait caressé l'espoir de lutter avec l'expérience et ce qu'il appelait l'habileté de Quintilia. Il s'était proposé pour but de ses premières armes en ce genre d'écarter, ne fût-ce que pendant quelques jours, des rivaux plus hauts et plus arrogants que lui. L'emporter sur eux lui paraissait une satisfaction nécessaire à son amour-propre froissé. Enfin, tandis qu'une vanité cupide l'engageait à prendre l'argent et à chercher ailleurs un autre genre de succès, une vanité raffinée, un véritable dépit d'homme de cour, l'engageaient à sacrifier sa petite fortune à l'espoir incertain d'un frivole triomphe.

Ce dépit l'emporta, et au moment où le trésorier lui présenta une partie de sa fortune en or, et le reste en billets sur diverses banques étrangères qu'il avait désignées d'abord, il demanda du papier pour écrire un reçu, fit une déclaration d'amour à la princesse, et lui annonça qu'il n'avait besoin de rien au monde, puisqu'il allait mourir de chagrin; puis il redemanda le bon signé d'elle qu'il venait de remettre au trésorier; il le déchira, en mit les morceaux dans sa lettre, chargea le trésorier de la faire porter à Quintilia, jeta dédaigneusement les billets de banque sur la table, donna un coup de poing théâtral dans les piles d'or, et, tournant le dos au trésorier stupéfait, sortit sans emporter un écu.

Julien, qui ne vit dans cette conduite qu'un acte de fierté, trouva le mouvement très-beau et l'approuva. En même temps il mit tout ce qu'il possédait à la disposition du page.

« Je ne sais pas, je ne sais pas, répéta celui-ci, toujours sur ses gardes. Il est possible que vous soyez de bonne foi, il est possible aussi que vous me fassiez cette offre sans grand mérite. Quoi qu'il en soit, je n'ai besoin de rien ; je ne vais pas loin, et vous ne serez pas longtemps sans entendre parler de moi. Vous pouvez dire cela à Son Altesse. La frontière est à trois lieues d'ici. On peut avoir un pied sur les terres du voisin et un œil dans la résidence... Adieu, adieu. Merci de votre amitié si elle est vraie ; si elle est feinte, on saura s'en passer.

Il monta en voiture en tenant le même langage, et laissa Julien très-offensé et très-affligé de ses doutes. Il demanda à voir la princesse, et lui rapporta la conduite magnanime du page, en la suppliant de le rappeler. Mais Quintilia, qui avait déjà reçu la lettre de Galeotto par son trésorier, ne parut point touchée de cette forfanterie. « Je ne puis pas lui faire grâce, dit-elle ; cesse de me parler de lui, ce serait me déplaire en pure perte. Il t'accuse de lui avoir nui auprès de moi, mon pauvre Julien. Accepte cette injustice en châtiment de celles que tu as commises, et apprends, mon cher enfant, combien il est cruel d'être accusé quand on n'est pas coupable. »

XVII.

Saint-Julien, forcé d'abandonner la cause de Galeotto, alla passer la soirée avec Spark à la taverne du Soleil-d'Or. Il lui raconta ce qui était arrivé ; et Spark, avec son optimisme habituel, déclara que le renvoi du page était une mesure fort sage de la part de la princesse et un événement fort heureux pour Saint-Julien. Il tâcha aussi de le consoler des soupçons injurieux de Galeotto, en lui disant que l'estime d'un pareil homme était presque une flétrissure.

Pendant que Spark parlait de la sorte, Saint-Julien crut voir derrière le rideau de coutil de la tente sous laquelle ils étaient assis l'ombre flottante d'un individu de petite taille qui semblait les écouter. Ils parlèrent tout à fait bas, et l'ombre disparut. Mais lorsque, onze heures ayant sonné, Spark, selon sa coutume, eut pris congé de son ami, Saint-Julien, au détour de la rue, qui était fort sombre en cet endroit, se sentit frapper sur l'épaule. Il se retourna vivement et vit un petit homme, enveloppé dans un manteau, qui lui dit à voix basse : « Tais-toi, je suis Galeotto. » Ils prirent une rue déserte et s'en tretinrent à demi-voix.

« Eh quoi! dit Julien, te voilà déjà revenu? Il n'y a pas plus de six heures que je t'ai vu monter en voiture.

— Il n'en faut pas tant dans un empire où l'on ne peut pas tirer sur un lièvre sans risquer de tuer le gibier de ses voisins. Je me suis fait descendre à la frontière ; j'ai pris une tasse de chocolat et mis mon porte-manteau à l'auberge ; puis, prenant par la route des montagnes, je suis revenu à la résidence sans rencontrer personne. Oh! doucement, madame Quintilia, vous n'avez pas encore de Sibérie à votre service. Mais écoute, Julien; je sais à quoi m'en tenir sur ton compte. Tu m'as trahi sans le vouloir et sans le savoir; tu t'es trahi toi-même; tu as été confiant comme de coutume, et il faut bien que je te pardonne de m'avoir rendu victime de ta niaiserie, car je présume que tu le seras à ton tour avant peu. Apparemment qu'on a encore besoin de toi, puisqu'on ne nous a pas renvoyés ensemble.

— Que veux-tu dire? demanda Saint-Julien.

—Écoute, écoute, répliqua le page; j'ai entendu ta conversation avec cet étudiant, que le diable emporte et dont je ne sais pas le nom.

—Il s'appelle Spark, et c'est le meilleur des hommes.

—Tant mieux pour la Quintilia; il est son amant, et il paraît qu'il nous recommande au prône. Pauvre homme! nous pourrons le récompenser de sa peine quelque jour. Le règne d'un homme n'est pas ici de longue durée; il y a du temps et de l'espoir pour tout le monde.

—Galeotto, je crois que vous êtes fou, dit Saint-Julien; vous croye__ _e Spark est l'amant de la princesse. Il ne la connaît pa_ _rrive de Munich. Il l'a vue passer l'autre jour pour _a première fois; il n'a jamais mis le pied au palais...

—Belles raisons! demandez à M. de Dortan comment on fait connaissance avec les dames. Votre fumeur allemand a la taille assez bien prise, et son fade visage blond vaut bien les favoris teints de Lucioli. Il a vu passer la princesse l'autre jour.

—Quand cela, l'autre jour? est-ce hier?

—C'est bien tout ce qu'il faut, je crois. S'il l'a vue passer, c'est qu'il passait aussi apparemment, ou bien il était assis la toque sur l'oreille et la pipe à la bouche. Madame Quintilia ne fume-t-elle pas comme une Géorgienne? Cette pipe l'aura charmée. Elle lui aura fait un signe, ou Ginetta aura porté un petit billet.

—Galeotto, la tête vous tourne; le soupçon devient votre monomanie; si vous continuez ainsi, vous prendrez votre ombre pour un voleur.

—Seigneur Candide, dit le page, savez-vous lire et connaissez-vous l'écriture de la princesse?

—Eh bien! eh bien! qu'as-tu? dit Julien tout tremblant.

—Approchons de cette lanterne, dit Galeotto, et lisez

ce billet, que M. Sparco ou Sparchi, je ne sais comment vous l'appelez, a laissé misérablement tomber de sa poche tout à l'heure, tout en se donnant avec vous les airs d'un profond scélérat. »

Saint-Julien reconnut sur-le-champ l'écriture de Quintilia, et lut avec stupeur ce peu de mots :

« Puisque je ne puis voir Rosenhaïm au pavillon cette « nuit, j'irai te trouver, cher Spark ; laisse ouverte la « porte de ta maison qui donne sur la rivière. »

« Tu vois, dit Galeotto, que M. Sparchi est un bon diable, très-accommodant, point jaloux et vraiment philosophe. Nous autres, nous aurions peut-être le sot orgueil de vouloir au moins être rois absolus pendant trois jours. Peu lui importe, à ce bon Allemand, qu'une belle princesse vienne le trouver la nuit. Il ôtera sa pipe de sa bouche pour dire : « Eh ! eh ! » Mais que le pavillon et M. de Rosenhaïm aient la préférence et remettent son bonheur au lendemain, » il reprendra sa pipe en disant : « Ah ! oh ! » Eh bien ! Julien, qu'as-tu à faire cette mine de statue en colère ? Marchons.

— Où veux-tu que nous allions ?

— Au bord de la rivière. Nous verrons passer la princesse incognita ; et nous aurons soin de baisser les yeux comme les sujets du prince Irénéus, lorsqu'ils le rencontraient vêtu de cette fameuse redingote verte qui, au dire de tout le monde, le rendait méconnaissable.

— Galeotto, dit Julien avec angoisse, je crois que tu es le diable. »

Ils passèrent quelque temps à chercher, autour de la maison que Spark habitait, une cachette convenable. Cette maison appartenait à un menuisier qui avait consenti à la céder tout entière pour quelque temps. Spark y vivait donc seul et ignoré dans l'endroit le plus désert de la résidence. Ses fenêtres donnaient sur la Célina et sur des massifs de saules où les deux amis purent facilement se cacher. Un quart d'heure après minuit, le silence fut troublé par un léger bruit de sillage, et ils virent glisser devant eux une petite barque montée par deux hommes.

« Ce n'est pas cela, dit Julien.

— Silence! dit Galeotto. Il me semble que je reconnais le coup de rames. La Gina est fille d'un gondolier de Venise. »

La barque vint aborder tout près d'eux, et un des deux hommes se pencha pour amarrer à un des saules du rivage, tandis que l'autre, sautant légèrement sur la grève, lui dit à voix basse :

« Tu m'attendras ici.

— Oui, Madame, répondit-il; » et tandis que le premier gagnait d'un bond la porte de la maisonnette, le prétendu batelier se roula dans son manteau et se coucha au fond de la barque.

« Gina, dit le page d'une voix flûtée en se penchant vers elle. »

La Gina tressaillit, se leva et regarda autour d'elle avec inquiétude; mais le page s'était rejeté dans l'ombre et s'y tenait immobile. Elle crut s'être trompée et se recoucha dans la barque. Galeotto prit le bras de Julien, et l'emmena sans bruit à distance de la rivière.

« Maintenant diras-tu que je suis le diable et que je fais passer des fantômes devant tes yeux? lui dit-il.

— Galeotto, répondit Julien, vous me faites faire de tristes rêves; mais si quelqu'un joue ici le rôle de Satan, c'est cette femme impure qui a sur les lèvres de si chastes paroles au service de son impudente fausseté. Mais dites-moi donc pourquoi elle est ainsi avec nous? Que ne nous traite-t-elle comme Dortan, comme Spark et comme Rosenhaïm? Pourquoi ne recevons-nous pas le matin un rendez-vous pour le soir sans autre cérémonie? A quoi bon la peine qu'elle prend pour nous inspirer du respect et de la crainte?

— Vous ne le savez pas, dit Galeotto en riant. C'est que nous vivons auprès d'elle, et qu'elle a besoin de serviteurs qui la craignent et de dupes qui l'admirent. Et puis les femmes blasées deviennent romanesques, c'est-à-dire dépravées de cœur et de tête. Elles mettent fort bien à part le plaisir et à part le sentiment. La confiance niaise d'un enfant comme vous les amuse et flatte leur vanité. C'est une occupation de la matinée, en attendant l'amant du soir, qui est aimable à sa manière sans faire tort à la vôtre. De quoi vous inquiétez-vous? vous avez le beau rôle.

— Par l'éternelle damnation de l'enfer! s'écria Julien, c'est un rôle abject et stupide. »

Galeotto éclata de rire. « Bonsoir, lui dit-il. Je vais demander asile à une *demoiselle* de ma connaissance; toi, retourne au palais et prépare un sonnet pastoral pour le présenter demain dans un bouquet sur l'assiette de Son Altesse. »

Saint-Julien, au lieu de se retirer, alla se cacher sous les saules jusqu'au moment où Quintilia sortit de la maisonnette. Spark lui donnait le bras. Il l'accompagna jusqu'au bord de la barque, et s'arrêtant sous les saules, à trois pas de Saint-Julien, il l'embrassa. Ce baiser fit involontairement tressaillir Saint-Julien, et le cœur lui battit violemment.

Gina se réveilla en sursaut lorsque sa maîtresse sauta dans la barque.

« Rentrez vite, dit Quintilia au jeune Allemand. »

Il obéit; mais il resta à sa fenêtre jusqu'à ce que la barque se fût perdue dans la brume. Saint-Julien, caché sous les saules, la suivait aussi des yeux. La princesse avait ôté son chapeau, le vent agitait ses cheveux, elle était debout et belle comme un ange sous son costume d'homme.

XVIII.

Pendant le reste de la nuit, Saint-Julien fut en proie a des angoisses plus vives que toutes celles qu'il avait déjà éprouvées. Décidément il méprisait Quintilia; car la découverte de cette dernière turpitude confirmait toutes les autres. Pour mentir ainsi, il fallait avoir l'assurance que donne une longue carrière de vices. « Mais, se disait Saint-Julien, pourquoi prendre tant de soin avec moi et si peu avec les autres? Pourquoi ne s'est-elle pas confiée à moi comme elle se confie à Spark? Elle ne le connaît pas, et elle se jette dans ses bras aujourd'hui sans avoir le moindre souci du mépris qu'il aura pour elle demain matin. Assez orgueilleuse pour repousser les insolentes prétentions de Gurck et de Steinach, elle se livre le même soir à un pauvre étudiant dont elle sait à peine le nom. Pourquoi ne s'est-elle pas montrée à moi telle qu'elle est? Je l'aurais aimée peut-être, et du moins l'affection que j'aurais eue pour elle ne m'aurait pas rendu malheureux. Franche, hardie et galante, je l'aurais aimée comme un homme. J'aurais été discret comme la Ginetta, s'il l'avait fallu ; et du moins, lorsque j'aurais causé avec elle, je n'aurais pas été sur un continuel qui-vive. Je n'aurais pas joué un rôle ridicule ; je ne me serais pas laissé subjuguer par de fausses vertus. Une telle femme ne m'eût pas inspiré d'amour ; mais, du moment qu'elle m'aurait loyalement avoué ses faiblesses, je ne me serais pas cru en droit de la mépriser. Par combien de hautes facultés et de qualités nobles ne pouvait-elle pas racheter un vice! J'aurais été tolérant, l'amitié peut l'être. Croyait-elle ne pouvoir faire de moi son ami sans monter sur un piédestal et sans diviniser en elle la boue humaine? Elle n'est pas si craintive, elle qui fait gloire de pardonner à ceux que les hommes condamnent. Croyait-elle pouvoir se farder de tant de perfections sans me forcer à l'aimer passionnément? Oh! elle n'est pas si ingénue; elle sait ce qu'elle veut et ce qu'elle peut. Mais que voulait-elle de moi? Elle m'a pris par caprice comme elle avait pris Dortan, comme elle prend Spark; et pourtant elle n'a pas fait de moi son amant. Elle m'a traité comme un personnage politique dont l'estime lui serait utile, et elle a mis en œuvre toute l'habileté d'une fille de Satan pour me fermer les yeux à l'évidence. Oh! la savante comédie que de me jeter une clef qui ouvrait sans doute un coffre vide, et de me dire tout ce qui devait empêcher un homme d'honneur de la ramasser! Elle a pleuré vraiment! et moi aussi. O dérision! Est-ce ainsi, mon Dieu, qu'on se joue de ceux qui croient en votre nom! Mais enfin pourquoi ces raffinements d'hypocrisie avec moi? Elle laisse croire aux autres tout ce que bon leur semble; elle ne s'est jamais expliquée avec Galeotto, et c'est pour moi seul qu'elle s'impose un rôle si magnifique. »

Julien rentra au palais et se retourna cent fois dans son lit, cherchant toujours une réponse à cette question. Il n'en trouva pas d'autre que celle que Galeotto lui avait faite : c'est que Quintilia, en femme raffinée, voulait essayer de tout, même de ce dont elle n'était pas capable; c'est qu'elle voulait satisfaire sa vanité ou sa curiosité en inspirant un véritable amour, en contemplant du sein de la débauche le spectacle, nouveau pour elle, des souffrances timides d'un cœur pur. Ce n'était qu'un essai à faire, une scène ou deux à bien jouer, un amusement à se donner gratis ; c'était une partie engagée avec un partenaire qui mettait tout son avoir et qui devait perdre ou gagner sans qu'elle risquât rien au jeu.

Cette idée transporta Julien de colère ; il ne put dormir et alla courir les bois toute la journée. Il aperçut Spark dans un sentier et s'éloigna précipitamment. Il ne savait plus que penser de son ami. Tantôt il le regardait comme un intrigant spirituel, capable de parler des jours entiers sur la vertu, mais capable aussi de frayer gaiement avec le vice ; tantôt il le regardait comme un intrigant plus fourbe que Quintilia elle-même et faisant pour elle le métier d'espion.

Il rentra le soir, harassé de fatigue, et monta à sa chambre, incertain s'il se coucherait ou s'il se ferait servir à souper. Il trouva sa porte fermée en dedans au verrou, et une espèce de voix de bal masqué lui glissa *qui est là ?* au travers de la serrure.

« Parbleu ! qui est là vous-même ? répondit-il, je suis moi, et je veux rentrer chez moi. »

Aussitôt la porte s'ouvrit, et il recula de surprise en voyant Galeotto. « Silence ! pas d'exclamations ! dit le page ; j'ai trouvé plaisant de me cacher dans le palais même et de choisir ta chambre pour mon asile. Je me suis glissé, avec la nuit, par les jardins, et j'ai pris le petit escalier. Me voici installé, personne ne s'en doute ; mais que Dieu te maudisse pour m'avoir fait attendre ainsi ton retour ! Je n'ai pas soupé, je meurs de faim. Ah çà ! toi qui peux circuler dans les corridors, va me chercher bien vite quelque perdrix froide aux citrons, avec deux ou trois bouteilles du meilleur vin qui te tombera sous la main ; et si dans ton chemin tu vois passer quelque gelée aux roses ou quelque pastèque confite d'Alexandrie, ne néglige pas de t'approprier ces douceurs. Un page italien ne se nourrit pas comme un groom anglais; et depuis que j'ai changé de régime, je me sens tout spleenétique. »

Saint-Julien ne fut pas fâché de retrouver son malicieux compagnon ; l'ironie était la seule distraction dont il se sentit capable en cet instant. Il se glissa dans les offices, et revint avec un faisan, deux bouteilles de vin de Chypre et un gâteau de pistaches.

Ils fermèrent les fenêtres, baissèrent les rideaux et poussèrent tous les verrous, après quoi ils se mirent à souper. Les railleuses folies de Galeotto et la chaleur du vin fouettèrent peu à peu les esprits de Julien, et, au lieu de s'endormir sur sa chaise, comme d'abord il en avait menacé son compagnon, il tomba dans un état d'exaltation moitié fébrile et moitié bachique qui divertit singulièrement le malin page. Après une heure de babil, il se calma tout à coup, et devint si sombre que Galeotto, n'en pouvant plus tirer une parole, prit le parti de se jeter sur le lit et de s'assoupir.

Saint-Julien ressentait d'assez vives douleurs à la tête et à la poitrine ; mais il était tout à fait dégrisé, il ne lui restait qu'une exaltation nerveuse qui le disposait à la colère.

« Non, se disait-il en marchant lentement dans sa chambre, à la lueur rouge d'une lampe prête à s'éteindre, non, il n'en sera pas ainsi. Je n'aurai pas été pris pour jouet et pour passe-temps ; on ne m'aura pas mis dans une collection pour me regarder à la loupe comme un des insectes de M. Cantharide ; je ne m'en irai pas sottement promener au loin la blessure que m'a faite une flèche empoisonnée, tandis qu'on fera la description de mon cerveau lunatique et la dissection de mes phrases de roman entre une séance métaphysique et une joyeuse prouesse de nuit. Je ne laisserai pas incruster l'épisode du secrétaire intime dans les annales galantes de la cour ou dans les mémoires secrets de la princesse. Si M. Spark ou quelque autre rédige le chapitre, je veux lui fournir un dénoûment digne de l'exposition. Voyons! voyons! Galeotto, ne dors pas comme une huître, et dis-moi la première parole qu'on adresse à une princesse quand on sort de dessous son lit.

— Ah! c'est selon, dit Galeotto en bâillant; on se jette à genoux et on demande pardon d'une voix étouffée; ou bien, et c'est le mieux, on ne dit rien, et on demande pardon plus tard.

— Si elle crie, que fait-on?

— Fi donc! est-ce qu'une femme crie

— Mais si elle se met en colère?

— Est-ce qu'on est un sot?

— On n'en est pas dupe, bien. Mais si la crainte d'être surprise et l'inopportunité du moment lui donnaient de la vertu...

— Quand on a entrepris de pareilles choses, on n'hésite pas, quels que soient les premiers obstacles. Être insolent à demi, c'est faire la plus sotte figure possible; il vaudrait cent fois mieux ne l'être pas du tout. En toutes choses, pour réussir il faut oser, et quand on est audacieux on a quatre-vingt-dix-neuf chances pour soi, tandis que la vertu des femmes n'en a qu'une.

— Soit... Bonsoir, Galeotto. Dans une heure j'aurai disparu comme Max le bâtard, ou je serai vengé comme il convient à un homme.

— Par le diable! es-tu devenu fou, Julien? Où vas-tu? qu'as-tu dans la cervelle?

— De quoi parlons-nous depuis deux heures?

— Ma foi! je n'en sais rien. Nous parlons sans rien dire, en conséquence de quoi tu vas te faire assassiner.

— Il me faut ce danger pour me donner du cœur. Si ce n'était pas un acte de témérité, ce serait une lâcheté insigne. Je n'aurais jamais le courage d'embrasser cette femme si je n'y risquais pas un coup de poignard.

— Et si tu n'avais pas bu une dose exorbitante de vin de Chypre. Est-ce que ces entreprises-là te conviennent? Allons donc! tu es fou Julien. Regarde-moi en face, ne me vois-tu pas double?»

Julien s'arrêta et le regarda en face.

« Ma foi! tu me fais peur, dit le page, tu as l'air d'un spectre très-sournois. Mais songe que si tu n'es gris qu'à demi... il y a encore du vin, achève la bouteille.

— Je ne suis pas gris du tout, dit Julien; je suis offensé. Je veux me venger, voilà tout.

— Eh bien! s'écria Galeotto, tu as raison. Par la barbe que j'aurai peut-être un jour, c'est une idée que tu as là! Si j'étais dans la même position que toi, je l'aurais déjà risqué. Pour moi qui veux réussir pour mon compte, c'est bien différent. Mais tu es trop vertueux, toi, pour y chercher autre chose qu'une sainte vengeance. Va, mon fils, et que Dieu te protége! Mais prends mon stylet et laisse-moi aller avec toi jusqu'à la porte.

— Non, dit Julien, il ne faut pas qu'on te voie; et quant à ce poignard, si je l'avais, je serais trop tenté d'assassiner la femme au lieu de l'embrasser.

— Un instant, un instant! pour Dieu, un instant! dit Galeotto, c'est une idée plaisante; mais ne te dépêche pas comme si c'était une idée raisonnable.

— Était-ce une idée raisonnable que de jeter l'argent au nez du trésorier et de partir les mains vides? Je puis bien risquer ma vie pour sauver mon honneur, quand vous sacrifiez votre fortune pour satisfaire votre vanité. Allons, c'est assez.

— Mais, Saint-Julien, songez un peu à ce que vous allez dire d'abord. Ne soyez pas impertinent pour commencer. Flattez, pleurez, et puis tombez dans le délire;

sanglotez, menacez, demandez pardon, et que des paroles humbles et suppliantes fassent passer les actions les plus hardies. Entendez-vous, Saint-Julien? c'est le rôle que vous devez jouer. Si vous preniez un air de matamore, cela ne vous irait pas du tout, et elle verrait que vous vous moquez. Laissez-lui croire jusqu'à la fin que c'est elle qui se moque de vous; et quand elle vous aura pris en pitié, quand elle croira que vous êtes transporté de joie et de reconnaissance, alors dites tout ce que vous voudrez. La colère parle toujours bien, mais elle écrit encore mieux. Écrivez, Julien, et sauvez-vous.

— Oui, demain, répondit Saint-Julien.

— Et ce soir priez et sanglotez.

— Laissez-moi faire, je n'aurai qu'à me rappeler ce que j'ai été, et je dirai mon amour passé comme on récite un rôle; adieu. »

Il prit la lumière, et, sans faire attention à Galeotto, qui continuait à lui donner ses instructions, il sortit et le laissa dans l'obscurité.

A peine le page fut-il seul, qu'il se demanda si Julien ne faisait pas la plus grande sottise du monde. Il l'avait un peu poussé pour voir comment l'événement justifierait ses idées générales sur les femmes, qu'il jugeait depuis longtemps et ne connaissait pas encore, et pour savoir quelle dose de fierté et d'effronterie possédait Quintilia. Il s'était promis de profiter également des succès ou des fautes de Saint-Julien, et il n'était pas fâché de le voir se mettre en avant et accaparer tous les dangers de l'entreprise.

Néanmoins la peur le prit en songeant qu'au cas où Saint-Julien ferait une maladresse, il serait perdu par contre-coup, si on le trouvait dans sa chambre. Il pouvait passer pour son complice; et quoique Galeotto eût souvent traité l'histoire de Max de conte de bonne femme, il y croyait fermement. Il n'était pas très-brave, et sa délicate constitution excusait assez cette faiblesse d'esprit. Il songea donc à se mettre au large pour commencer et à s'enfuir par le petit escalier ; mais, à sa grande surprise, il le trouva fermé en dehors, et tous ses efforts pour ébranler la porte furent inutiles ; alors il se décida à traverser l'intérieur du palais, au risque d'être rencontré et reconnu dans les corridors. Il n'y avait probablement pas d'ordre donné contre lui, et dès qu'il aurait gagné les jardins, il était bien sûr de s'échapper ; mais une secrète terreur le pénétra lorsqu'il vit que Saint-Julien, dans sa distraction, avait fermé la porte en dehors en retirant la clef. Il fallut se résigner à l'attendre, et il se rassura un peu en se disant que Saint-Julien était capable de revenir amoureux après s'être prosterné devant la princesse. « Au fait, se dit-il, j'aurais une bien pauvre idée de Quintilia si elle ne réussissait à jouer encore une fois un fou qui a la bonté de la prendre au sérieux. »

XIX.

Saint-Julien se glissa par des passages dérobés jusqu'au cabinet de toilette de la princesse. Il l'ouvrit sans bruit, traversa dans l'obscurité la chambre à coucher, et s'approcha avec précaution de son cabinet de travail, d'où il voyait s'échapper par la porte entr'ouverte un pâle rayon de lumière. En appliquant son visage à cette fente, il put voir et entendre ce qui se passait dans le cabinet.

Quintilia était couchée dans un hamac de soie des Indes. Elle était vêtue d'une robe ample et légère, et ses cheveux dénoués tombaient sur ses épaules nues. La Ginetta, assise sur un pliant, balançait mollement le hamac, dont elle tenait les tresses d'argent dans sa main.

Une lampe d'albâtre suspendue au plafond répandait une lueur voluptueuse, et des parfums exquis s'exhalaient d'un réchaud de vermeil allumé au milieu de la chambre.

« Je suis horriblement lasse, dit la princesse; parle-moi, Ginetta, empêche-moi de m'endormir.

— Vous menez une vie trop rude, répondit la soubrette. Tout le jour aux affaires et toute la nuit aux amours. A peine dormez-vous quatre heures le matin. Certes, ce n'est pas assez.

— Tu parles pour toi, ma pauvre enfant, et tu as raison. Je te fais courir toute la nuit, et tu dois souvent me maudire. Mais ne peux-tu dormir le jour, toi qui n'as rien à gouverner?

— Ah! Madame, qui est-ce qui n'a pas ses soucis?

— Est-ce que tu as des soucis, toi? Voilà déjà que tu es consolée de la perte de Galeotto.

— Comment ne le serais-je pas? un monstre qui nous calomnie toutes deux!

— Ginetta, Ginetta! vous êtes une volage, et vous avez raison si cela vous sauve des chagrins. Je ne me mêle pas de vos sentiments; je ne sais si vous êtes blâmable, mais je ne veux voir en vous que ce qu'il y a de bon : votre discrétion à toute épreuve, votre dévouement.

— Et ma reconnaisance, dit la Ginetta; car je vous en dois une bien grande.

— Et pourquoi, mon enfant?

— Parce que vous avez été bonne envers moi, et c'est tout ce que je sais de vous. Je ne m'occupe pas du reste; et quand je ne comprends pas, je ne cherche pas à comprendre. Ah! Madame, voilà que vous vous endormez!

— Vraiment, je ne puis m'en empêcher. Écoute, Ginetta, quelle est l'heure qui sonne?

— Minuit.

— Eh bien, puisque nous ne partons qu'à une heure, j'aime mieux dormir ce peu de temps et me réveiller après, quoi qu'il m'en coûte, que de lutter ainsi contre la fatigue. Laisse-moi donc m'assoupir, et réveille-moi quand il le faudra.

— En ce cas je vais m'occuper dans ma chambre; car si je reste ici dans ce demi-jour, je vais m'endormir aussi.

— Va, mon enfant, et sois toujours bonne et fidèle. »

Saint-Julien entendit Ginetta sortir par la porte opposée et la refermer sur elle. Il attendit trois minutes, et quand il se fut assuré que la princesse commençait à s'endormir, il entra sur la pointe du pied et s'approcha d'elle.

Maintenant qu'il ne l'aimait plus et qu'il la regardait comme une courtisane, il était plus effrayé qu'enivré des voluptés qui semblaient nager autour d'elle; et en même temps qu'un trouble pénible oppressait sa poitrine, un sentiment de curiosité avide l'excitait à l'insolence. Il pouvait compter les pulsations de son cœur et respirer son haleine embrasée. En se laissant aller à ses impressions naturelles, il sentait un mélange de désir et de crainte, mais lorsqu'il se rappelait l'amour insensé qu'il avait eu pour cette femme, il ne sentait plus que le besoin de la vengeance. Cependant, tout en contemplant cette figure noble, embellie par le calme du sommeil, il se prit malgré lui à douter de l'infamie dont il la croyait marquée au front. Ce front était si pur, si uni sous ses longs cheveux noirs, cette attitude accablée marquait tant d'oubli du moment présent, tant d'insouciance de ce qui se passait dans l'âme de Julien, qu'il fut comme frappé d'un respect involontaire. Il la regardait attentivement, cherchant à surprendre, dans le secret de ses rêves, dans l'agitation de son sein, la révélation immédiate d'un caract..e avili et d'une habitude de dépravation. Une syllabe furtive échappée de ses lèvres, un soupir lascif, eussent sufñ pour lui donner l'insolence qui lui manquait, mais un sommeil tranquille ressemble tellement à l'innocence, que Saint-Julien fut un instant sur le point de se retirer sans bruit et de renoncer à son entreprise.

Cependant le souvenir de Galeotto, qui l'attendait et qui se moquerait de lui, le fit rougir de sa timidité; et songeant que les moments étaient précieux, il résolut de déposer un baiser sur les lèvres de Quintilia; mais en vain il se pencha vers elle, il ne put s'y décider, et il se contenta de baiser sa main

« Qu'est-ce donc? lui dit-elle en s'éveillant sans trop de surprise et sans la moindre frayeur.

— C'est celui qui vous aime et qui se meurt pour vous, lui répondit-il.

— Julien! dit-elle en se soulevant sur un bras, comment cela se fait-il? quelle heure est-il? où sommes-nous? qui a pris ma main? que veux-tu et que dis-tu?

— Je dis qu'il faut que vous ayez pitié de moi ou que je meure, » dit Julien en se jetant à ses pieds et en essayant de reprendre sa main; mais elle la lui tendit d'elle-même, et lui dit avec douceur :

« Eh! mon Dieu! que t'est-il arrivé, mon pauvre enfant? D'où vient que tu es entré ici? Quel malheur te menace? Que puis-je faire pour toi?

— Ne le savez-vous pas?

— Non, je ne sais rien; je dormais. Que se passe-t-il? que t'a-t-on fait?

— Ah! s'écria Julien, dominé par l'indignation, vous êtes fort habile, en vérité; vous feignez de ne pas savoir les choses les plus simples, et pourtant...

— Et pourtant quoi ? » dit Quintilia stupéfaite en se mettant sur son séant.

Alors, s'apercevant qu'elle avait les épaules nues, elle n'en témoigna pas un grand trouble et lui dit : « Mon cher enfant, je te prie de me donner un châle, et puis tu m'expliqueras ce qui t'afflige et te trouble si fort. »

Saint-Julien pensa qu'elle ne lui demandait son châle que pour qu'il songeât à admirer ses épaules. Il l'entoura de ses bras en s'écriant : « Restez ainsi, restez ainsi, écoutez-moi !

— Julien ! vous êtes égaré, lui dit-elle en le repoussant avec douceur ; il est impossible que vous n'ayez pas quelque chose d'extraordinaire : dites-moi donc vite ce que c'est ; car vous m'effrayez, et je ne vous reconnais plus.

— Bon ! pensa Julien, elle fait semblant d'oublier son châle ; elle fait semblant de ne pas me comprendre pour que je m'enhardisse davantage. Elle veut avoir l'air de se laisser surprendre ; le moment est venu, et elle m'aide merveilleusement.

— O Quintilia ! s'écria-t-il, ne sais-tu pas que je t'adore et que je perds la raison en voulant essayer de me vaincre ? Ne sais-tu pas que cela est au-dessus des forces humaines, et qu'il faut te fléchir ou mourir ? »

En même temps qu'il la serrait dans ses bras, il sentit s'allumer en lui les feux du désir ; et, oubliant sa haine et son ressentiment, il n'eut plus besoin de feindre. Il la conjura avec ardeur ; il déroba sur ses bras nus des baisers brûlants ; et comme elle le repoussait sans colère et cherchait à le ramener à la raison par des paroles affectueuses et compatissantes, il crut qu'il pouvait s'enhardir, et il employa la force pour baiser ses cheveux flottants sur son cou. Mais il n'avait pas prévu ce qui arriva.

La princesse se leva tout à coup, et, l'éloignant d'un bras vigoureux, lui dit d'un ton où l'étonnement dominait encore la colère : « Est-ce que votre respect et votre amitié étaient un jeu? aviez-vous donc résolu d'agir ainsi?

— J'ai résolu de vous vaincre, dussé-je expier mon crime par mille morts, » répondit Julien avec exaspération; et se flattant de bien suivre le conseil de Galeotto en redoublant de hardiesse, il l'entoura de nouveau de ses bras. »

Mais la Quintilia était aussi grande et aussi forte que lui : c'était une femme d'une vigueur peu commune et d'un caractère ferme et violent quand on la poussait à bout. Elle le saisit à la gorge et la lui serra d'une main si virile, qu'il tomba pâle et suffoqué à ses pieds. Alors elle s'élança sur lui, lui mit un genou sur la poitrine, et avant qu'il eût eu le temps de se reconnaître, elle fit briller au-dessus de son visage la lame du poignard qui ne la quittait jamais. Saint-Julien pensa à Max et fit un effort pour se dégager. Elle lui posa la pointe du poignard sur les artères du cou en lui disant : « Si tu fais un mouvement, tu es mort. » Et de l'autre main elle agita précipitamment la sonnette dont la torsade dorée pendait du milieu du plafond jusque sur le hamac. Saint-Julien essaya encore de se dégager; il sentit l'acier entrer légèrement dans sa chair, et quelques gouttes chaudes de son sang humecter sa poitrine. « Chien que vous êtes! lui dit Quintilia avec l'accent de la colère et du mépris, prenez soin de votre vie; épargnez-moi le dégoût de vous tuer moi-même. »

Des pas précipités se firent entendre. La sonnette que la princesse avait ébranlée appelait ordinairement dans la chambre de Ginetta; mais, quand elle était secouée avec force, elle donnait l'alarme aux valets couchés dans une autre pièce. En entendant venir ces témoins de sa honteuse défaite, et peut-être ces vengeurs de la princesse outragée, Saint-Julien fit un dernier effort et se dégagea ; il en fut quitte pour une coupure peu profonde ; et, gagnant la porte par laquelle il était entré, il s'enfuit à toutes jambes.

XX.

Mais ce qu'il ne savait pas, c'est que la princesse, informée par un de ses gens de la présence de Galeotto dans le palais, en avait fait fermer toutes les portes et garder toutes les issues. Elle n'avait pas voulu faire procéder à une recherche qui eût jeté l'alarme ; mais elle avait recommandé qu'on s'emparât du rebelle à la moindre tentative qu'il ferait pour sortir de sa retraite.

Saint-Julien, voyant donc à toutes les portes des hallebardes croisées et des figures menaçantes, prit le parti d'aller se renfermer dans sa chambre et d'y attendre son sort. En le voyant entrer pâle, effaré et la poitrine tachée de sang, Galeotto, épouvanté, s'écria comme en délire : « Monaldeschi ! Monaldeschi ! »

Il s'attendait à le voir tomber mort au bout d'un instant ; mais Saint-Julien, ayant essuyé sa poitrine et repris ses forces, lui raconta d'une voix entrecoupée ce qui venait de se passer. Cette fois Galeotto ne trouva pas à rire. Toutes ces précautions pour garder les portes et cette fureur de Quintilia contre Julien ne lui faisaient rien présager de bon pour lui-même.

« Mon avis, lui dit-il, est que nous mettions tout en œuvre pour nous sauver d'ici. Sautons par la fenêtre ; mieux vaut nous casser les deux jambes que d'être inhumés dans des cercueils d'or comme Max. »

Saint-Julien ouvrit la fenêtre et vit quatre hommes armés de fusils au bas du mur.

« Il n'y faut pas songer, dit-il; toute fuite, toute résistance est inutile. Attendons, peut-être que cet orage se calmera. Je n'entends plus aucun bruit.

— Quintilia se met rarement en fureur, dit le page; mais l'Italienne est vindicative plus que vous ne pensez. Que le diable vous emporte! Vous me mettez dans une belle position! Voici que je vais passer pour votre complice, et que l'on m'égorgera incognito avec vous dans quelque cave du palais. Tout cela est votre faute. Vous avez voulu faire le vainqueur, et vous vous serez comporté comme un sot.

— Vous êtes un sot vous-même, répondit Julien. Pourquoi êtes-vous venu vous cacher dans ma chambre? Ce n'est pas moi qui vous y ai engagé. »

Leur querelle fût devenue plus vive si un bruit de pas ne se fût fait entendre. Les deux pauvres jeunes gens se regardèrent avec consternation. Galeotto, pâle et à demi évanoui, se laissa tomber sur le lit. Saint-Julien, plus courageux, attendit les assassins de pied ferme. Ils entrèrent et prièrent poliment les deux victimes de se laisser bander les yeux et attacher les mains. Saint-Julien voulut se révolter contre ce traitement humiliant; mais le chef des hommes armés qui remplissaient la chambre lui dit avec douceur:

« Monsieur, si vous faites la moindre résistance, j'emploierai la force, ce qui vous rendra le traitement plus désagréable encore. »

Il n'y avait rien à répondre à cet argument; Saint-Julien se soumit. Quant à Galeotto, le pauvre enfant était tellement glacé de peur, qu'il fallut presque l'emporter.

Lorsqu'on délia leurs mains et qu'on ôta leurs bandeaux, ils se virent dans un cachot étroit, et on les laissa dans les ténèbres.

« Malédiction! dit le page, voici notre dernier jour!

— Plaise au ciel que vous disiez vrai, répondit Julien, et qu'on ne nous laisse pas mourir lentement de langueur et de froid! »

Ils s'assirent tous deux sur la paille, et, trop consternés pour se communiquer leur terreur, ils restèrent dans un morne silence. La jeunesse du page vint pourtant à son secours. Au bout de deux heures, Saint-Julien l'entendit ronfler; pour lui, ses agitations cruelles ne lui permirent pas de goûter le moindre repos.

Lorsque Galeotto s'éveilla et qu'il vit, au faible jour qui éclairait le cachot, Saint-Julien triste, mais en apparence calme, à ses côtés, il retrouva sa fierté, et, craignant de s'être montré pusillanime, il affecta une insouciance qu'il était loin d'avoir. Son esprit facétieux vint à son secours, et il exhorta son compagnon à braver gaiement l'adversité. Saint-Julien sourit en songeant à la grande vaillance de Panurge après la tempête. Néanmoins, comme le danger pouvait bien n'être pas passé, et que, dans tous les cas, il avait entraîné le pauvre page dans une aventure peu agréable, Saint-Julien eut assez d'égards pour lui et feignit de croire à son courage. Ils passèrent une assez maussade journée et prirent le plus maigre des repas. La résolution de Galeotto faillit s'évanouir en cette circonstance; mais le sang-froid de Julien le piqua d'honneur; et, chacun jouant de son mieux un rôle héroïque vis-à-vis de l'autre, ils arrivèrent bravement jusqu'à la nuit. Alors Julien, accablé de fatigue, s'étendit sur la paille et s'endormit. Mais, au bout de quelques heures, ils furent éveillés par le bruit des verrous et des clefs tournant dans la serrure; la lueur sinistre d'une torche pénétra dans le cachot, et lui montra la sombre figure du geôlier conduisant quatre hommes masqués. A cette vue, Galeotto jeta un cri d'épouvante, et Julien jugea que sa dernière heure était sonnée. Alors s'armant de toute la fermeté d'âme dont il était capable, il s'avança gravement au-devant de ses bourreaux et leur dit :

« Je sais ce que vous voulez faire de moi. Ne me faites pas languir. »

Mais on ne lui répondit pas un mot, et on lui attacha les mains comme la veille. Au moment où on lui remettait un bandeau sur les yeux, il demanda si on allait le séparer de son compagnon d'infortune.

« Vous pouvez lui faire vos adieux, répondit une voix creuse et lugubre qui partait de dessous un des masques. »

Les deux jeunes gens s'embrassèrent. On emmena Julien en silence, et Galeotto navré resta seul dans la prison.

Saint-Julien, après avoir marché longtemps, s'aperçut qu'on lui faisait descendre un escalier, et tout à coup il se trouva les mains libres. Son premier mouvement fut d'arracher son bandeau; il se vit seul dans un caveau de marbre magnifiquement sculpté selon le goût sarrasin. Quatre lampes de bronze fumaient aux angles d'un tombeau de marbre noir sur lequel une figure d'albâtre était couchée dans l'attitude du sommeil. Saint-Julien resta frappé de terreur en reconnaissant le caveau et le monument dont Galeotto lui avait parlé; et, lisant sur la face principale du cénotaphe les trois lettres d'argent qui formaient le nom de Max :

« Dieu juste! s'écria-t-il en s'agenouillant sur le tapis de velours noir qui revêtait les marches du mausolée, si vous laissez consommer de tels actes d'iniquité, donnez-nous au moins la force de franchir ce rude passage. A genoux sur le seuil d'une autre vie, je vous demande pardon des fautes que j'ai commises en celle-ci... »

En parlant ainsi, il se pencha, et ses yeux s'étant attachés sur la figure d'albâtre, il fut frappé de la ressemblance qu'elle présentait. C'était la tête et le corps d'un jeune homme de quinze ans enveloppé dans une légère draperie semblable à un linceul. Mais dans le calme de cette charmante figure et dans tous les linéaments du visage Julien trouva une similitude extraordinaire avec les traits de Spark, quoique ceux-ci fussent virils et plus développés.

Un léger bruit le tira de sa rêverie. Il se retourna et vit une grande figure vêtue de noir et armée d'un instrument singulier ressemblant à une large et brillante épée; Julien fut frappé de terreur.

« Exécuteur de meurtres infâmes, s'écria-t-il, toi qui as versé sans doute le sang de celui qui repose ici, spectre de la vengeance! puisque je dois être ta victime...

— Mon cher monsieur de Saint-Julien, répondit le sombre personnage avec civilité, vous vous trompez absolument. Je ne suis ni un exécuteur de meurtres infâmes ni le spectre de la vengeance. Je suis un professeur d'histoire naturelle fort paisible et incapable d'aucun mauvais dessein.

En parlant ainsi, maître Cantharide, car c'était lui dans son docte habit de drap noir et dans ses véritables culottes de satin, souleva sa grande épée et la dirigea vers Julien.

« Je serais bien sot, pensa rapidement le jeune homme, de me laisser égorger par ce facétieux bourreau lorsque je suis seul avec lui et que je puis lui sauter à la gorge. »

Il allait le faire en effet lorsque maître Cantharide, toujours plein de courtoisie, le pria de prendre une des extrémités de l'instrument et de l'aider à soulever le couvercle du sépulcre.

Cette nouvelle facétie parut si horrible à Saint-Julien qu'il recula en pâlissant, et regarda autour de lui, s'attendant à voir paraître ses meurtriers au premier signe de résistance.

«Ne soyez pas effrayé, lui dit le professeur, vous ne courez aucun danger, à moins que vous ne cherchiez à vous enfuir ou à me maltraiter, et je vous crois trop bien élevé pour cela. Veuillez m'aider, vous dis-je; c'est la volonté de Son Altesse, notre très-gracieuse souveraine, Quintilia première, et je suppose que vous n'êtes pas accessible à des frayeurs d'enfant.»

Saint-Julien, toujours plein de méfiance, mais résolu à montrer du cœur, aida maître Cantharide à soulever le couvercle du sarcophage. Le professeur enleva un grand crêpe noir, et pria Saint-Julien de prendre la boîte d'or en forme de cœur qui était dessous. Saint-Julien frissonna; mais pensant qu'on voulait peut-être l'effrayer seulement par le spectacle du châtiment d'un autre, il prit la boîte et la présenta d'une main tremblante au professeur, qui l'ouvrit en pressant un ressort, et la lui rendit en disant : «Regardez ce qu'il y a dedans.»

Un nuage passa sur les yeux du jeune homme, et pendant quelques secondes il lui sembla voir un objet hideux, sans forme et sans nom, au fond du terrible coffret. Enfin sa vue s'éclaircit, son cœur reprit le mouvement, et il ne vit dans le velours blanc dont la boîte était doublée qu'un paquet de lettres attachées par un ruban noir.

— Lisez ces papiers, Monsieur, dit le professeur, c'est la volonté de Son Altesse. Je vais rester auprès de vous pour suppléer par mes explications aux lacunes qui vous en rendraient le sens difficile.»

Saint-Julien, ne pouvant plus se soutenir, s'assit sur les marches du tombeau. Le professeur posa une des lampes à côté de lui et déplia le premier papier.

C'était un acte de mariage contracté légalement et

religieusement, mais secrètement, entre la princesse Quintilia et le chevalier Max. Ce contrat avait plus de dix ans de date.

Le second papier était un billet ainsi conçu :

« J'ai eu le malheur de vous déplaire, et je l'ai mé-
« rité. L'orgueil a enflé mon cœur un instant, et vous
« m'avez rigoureusement puni. Cependant vous avez été
« trop sévère. C'était un doux et noble orgueil que le
« mien ; la joie d'être aimé de vous, l'espoir de possé-
« der bientôt la plus noble femme de l'univers, ont pu
« m'enivrer, et, dans un moment d'exaltation, me faire
« oublier la prudence. Vous m'avez pris pour un lâche
« courtisan, avide de monter sur un trône et de couvrir
« d'un titre de duc son titre de bâtard. Oh ! vous vous
« êtes trompée, Quintilia, j'en prends le ciel à témoin.
« Vous avez été cruelle, et pourtant je ne vous maudis
« pas ; je vais mourir loin de vous. Puissent ma con-
« duite et ma fin vous prouver que je n'aimais en vous
« que vous-même. Puissiez-vous me plaindre, me par-
« donner, pleurer un peu sur moi, et trouver dans un
« autre cœur l'amour qui était dans le mien, et que vous
« avez méconnu !

« MAX. »

— Ne connaissez-vous pas l'écriture de ce billet, monsieur le comte ? dit le professeur lorsque Saint-Julien
eut fini.

— Je la connais en effet, répondit Julien. Si ce n'est
point un rêve, c'est celle d'un homme qui habite la ville
depuis peu, et qui s'appelle Spark.

— Je crois qu'il vous sera facile de vous en assurer
en lisant les lettres suivantes. Mais auparavant, il faut
que je vous prie de remarquer la date de celle-ci. Elle
correspond, vous le voyez, au lendemain du prétendu

meurtre du chevalier Max, il y aura quinze ans dans deux mois. Vous savez, m'a-t-on dit, les motifs de l'altercation qui eut lieu dans la nuit entre la princesse et son jeune fiancé, après un souper où celui-ci s'était comporté assez légèrement. Max et Quintilia étaient alors deux enfants. La princesse avait seize ans, son amant en avait quinze. Leur querelle eut toute l'importance qu'à cet âge on donne aux petites choses. Son Altesse déclara au triste Max qu'elle ne serait jamais à lui, et, dans un mouvement de colère, lui ordonna de ne jamais reparaître devant elle. Il ne suivit que trop cet ordre précipité. Amoureux et fier, le noble jeune homme fut révolté d'avoir été soupçonné d'une basse ambition ; il partit mystérieusement dans la nuit, et alla vivre à Paris sous le nom de Rosenhaïm. Là, renonçant à toute pensée de fortune, à tout espoir d'avenir, à toute vanité humaine, il s'ensevelit, pour ainsi dire, et ne donna, pendant cinq ans, aucun signe de son existence à qui que ce soit. La princesse, après avoir pleuré son absence, reprit courage et gaieté; car elle se flatta qu'il reviendrait. Résolue à lui pardonner, elle attendit qu'il fît les premières tentatives pour obtenir sa grâce. Au bout de quelque temps, n'entendant point parler de lui, elle crut qu'il s'était déjà consolé, et, quoique dévorée de chagrin, elle affecta de ne plus penser à lui, et souffrit les assiduités de ses nouveaux adorateurs; mais, fidèle en dépit d'elle-même à l'unique amour de sa vie, elle ne put se résoudre à faire un nouveau choix. On a beaucoup douté de la conduite de Quintilia, Monsieur; vous aurez des preuves irrécusables de tout ce que je vous dis...

— Eh quoi! Monsieur, dit Julien, est-ce donc une justification dont la princesse vous charge? C'est me faire trop d'honneur et prendre trop de peine. Je suis résigné à tous les châtiments.

— Je ne suis pas chargé de discuter avec vous, répondit le maître. Il faut que vous ayez la bonté de m'écouter, puisque mon devoir est de parler. J'en appelle à votre politesse. »

Ce ton froid et sec blessa profondément Julien. Il se tut, et écouta d'un air morne, qu'il affectait de rendre indifférent.

Le professeur reprit :

« Une année s'était écoulée ainsi ; la princesse, cédant à son inquiétude et à sa douleur, fit faire des recherches dans tous les pays et prendre secrètement des informations dans toutes les cours de l'Europe, sans qu'il fût possible de retrouver les traces de l'infortuné Max. Alors, convaincue qu'il s'était donné la mort et qu'elle avait blessé le cœur le plus noble et le plus sincère, une passion plus vive s'alluma dans le sien ; elle nourrit sa douleur avec toute l'exaltation de son âge, mais en secret et loin de tous les regards. Pour mieux s'y livrer, elle fit creuser ce caveau et sculpter ce tombeau, où elle venait pleurer chaque jour.

« Trois autres années s'écoulèrent, et je vins me fixer à Monteregale. La princesse cherchait dans les sciences une distraction à ses ennuis et un refuge contre les illusions de la vie auxquelles elle avait fait vœu de résister désormais. Elle se plut à mes entretiens et m'appela auprès d'elle jusqu'à ce que je fusse fixé dans son palais. Une affaire d'intérêt l'ayant conduite à Paris, elle me permit de l'y accompagner. Je n'avais jamais vu cette ville célèbre, et je désirais examiner les précieuses collections scientifiques qu'elle possède.

« C'est en explorant les cabinets d'histoire naturelle et les bibliothèques, que je fis par hasard la connaissance du prétendu Rosenhaïm. Je n'avais jamais vu ce jeune homme, et je fus frappé de sa beauté, de sa grâce, de son caractère noble et de ses manières affectueuses. L'amour de la science nous rapprocha bien vite. Je fus ébloui de ses connaissances et charmé de son aptitude. Mais en même temps je m'affligeai de voir toujours ses traits empreints d'une mélancolie profonde; et lorsque j'interrogeais ses pensées sur d'autres sujets que la science et la philosophie, j'étais effrayé du découragement dont cette âme si jeune et si pure était déjà flétrie. Je cherchai à obtenir sa confiance. Il me répondit qu'un amour malheureux l'avait pour jamais dégoûté de la société, que le seul lien qui l'attachait au monde était rompu, et que, renonçant à toute carrière d'ambition, il s'était fixé à Paris dans la condition la plus obscure, et ne trouvait plus de bonheur que dans la science et les arts, qu'il cultivait avec enthousiasme.

« Ce récit me toucha vivement, et je lui demandai la permission de le voir plus intimement. Il me conduisit dans sa mansarde; elle était bien pauvre, mais charmante de propreté et toute brillante de fleurs et d'oiseaux. Comme j'examinais avec délices une aéride d'Afrique, il m'arriva de m'écrier : « Que vous êtes heureux de posséder une plante aussi rare! j'en ai fait souvent la description à Son Altesse Quintilia, et jamais je n'ai pu me procurer... » Mais je m'arrêtai, effrayé de l'impression que ce nom lui avait faite. Il devint pâle comme un camélia, et se laissa tomber sur une chaise. Ensuite il devint rouge comme une pivoine, et me fit les questions les plus empressées et les plus singulières. A toutes mes réponses, il tombait dans une sorte de délire, et, quand il apprit que Son Altesse était à Paris, il s'élança vers la porte comme un fou; puis il s'arrêta, et tomba évanoui sur le seuil.

« Je m'empressai de le secourir, mais en revenant à lui il s'entoura de réserve et de défaites. Je ne pus jamais en tirer que des explications vagues et sans vraisemblance ; il me conjura surtout de ne pas parler de lui à la princesse, mais de lui fournir le moyen de la voir sans en être vu. Je lui dis qu'elle devait assister le lendemain à une séance de botanique chez un de mes amis, professeur distingué. Il s'y glissa, mais se tint tellement caché, je ne sais dans quel coin, que je ne pus le joindre et lui parler.

« Je savais très-vaguement l'histoire de Max, et j'ignorais à cette époque la secrète douleur de la princesse. Je ne pensais donc point à l'avertir de la rencontre que j'avais faite, et j'étais loin d'établir dans ma pensée aucun rapprochement entre Max et Rosenhaïm. Cependant je fus tellement frappé du changement qui s'opérait dans les traits et les manières de mon jeune ami au seul nom de Quintilia, que je crus pouvoir me permettre d'en parler à la signora Ginetta. Cette jeune personne, un peu légère, dit-on, pour son compte, mais pleine de franchise et de dévouement pour sa maîtresse, fit de grandes exclamations de joie en m'écoutant, et s'écria : « Oh ! c'est lui, ce doit être lui. Je n'ai jamais cru à sa mort... » Elle voulait courir vers sa maîtresse ; et puis elle s'arrêta en pensant que, si elle se trompait dans ses conjectures, ce serait faire saigner le cœur de la princesse d'une fausse joie et d'une affreuse déception. Elle m'engagea à mettre Quintilia et Rosenhaïm en présence comme par hasard, m'assurant que si c'était Max en effet, la princesse se jetterait dans ses bras.

« Cette rencontre a eu lieu déjà plusieurs fois, lui dis-je. Depuis que Rosenhaïm sait que la princesse est ici, il n'y a pas de jour qu'il ne se repaisse du douloureux plaisir de la suivre et de la contempler. Il est vrai qu'il se cache tellement, qu'il a dû être impossible à Son Altesse de le remarquer. En outre, il m'a recommandé le secret en termes si positifs, que je crains de l'offenser en le trahissant.

— C'est pour cela, reprit la Ginetta, que mon moyen est bon et nécessaire. »

« Nous nous concertâmes ensemble, et le lendemain j'engageai Rosenhaïm à venir voir une collection de médailles antiques dont je venais de faire emplette pour le cabinet de la princesse. Je lui jurai (et j'avoue que, pour la seule fois de ma vie, je fis un faux serment; mais ce fut à bonne intention), que la princesse ne venait jamais chez moi, quoique j'occupasse une maison voisine de la sienne. Rosenhaïm se laissa entraîner, et de son côté la Ginetta eut l'esprit d'amener la princesse dans mon appartement pour voir mes médailles. J'ai trop peu d'éloquence pour vous faire la description de la scène dont je fus témoin. D'ailleurs, elle se termina d'une manière qui faillit me rendre fou; les deux amants furent près de mourir, et la princesse surtout, que la surprise avait suffoquée, retrouva avec peine l'usage de ses sens.

« Cette touchante réconciliation fut suivie promptement d'un mariage dont vous venez de lire l'acte authentique.

« La princesse voulait se déclarer et ramener son époux avec éclat à Monteregale; mais rien au monde ne put déterminer Max à partager son rang. Et vous pouvez lire à ce sujet la seconde lettre que vous avez là sous la main. »

Saint-Julien, entraîné par l'intérêt romanesque de ce récit, lut ce qui suit.

XXI.

« Non, ma bien-aimée, non, jamais! La nature humaine est fragile et pleine de misérables passions. Une seule est grande et belle, c'est l'amour. Mais c'est une flamme divine qu'il faut garder comme on gardait jadis le feu sacré dans des cassolettes fermées sur un autel d'or ; c'est un *** l'air qu'il faut envelopper et sceller, de peur qu'il ne s'évapore ; une empreinte précieuse qu'il ne faut pas exposer au frottement de la circulation, de peur qu'on ne l'efface. Que notre cœur soit un tabernacle mystérieux et sacré où reposera le dieu. Vivons l'un pour l'autre, et que le monde n'en sache rien. Ne me contraignez pas à porter au travers des envieux ou des indifférents un visage radieux de bonheur, qui serait une insulte pour eux tous, et qu'ils s'efforceraient de ternir à vos yeux. Non, non ; j'ai trop souffert du contact empoisonné de votre cour, et je sais trop peu comment il faudrait s'y conduire pour ne pas s'y perdre. Mon caractère fut de tout temps opposé à la contrainte et à la méfiance ; et, malgré une enfance passée tout entière dans cette atmosphère mortelle, je n'avais pu corriger mon imprudente vivacité. Je ne puis jamais oublier ce qu'il m'en a coûté et par quelles années de désespoir j'ai expié un instant d'étourderie. Si nous eussions été alors de pauvres bourgeois allemands au milieu d'une honnête famille, et ne craignant rien les uns des autres, j'aurais pu être bien plus expansif, Quintilia, et vous voir sourire à ma joie candide. Mais, hélas ! j'étais un aventurier, un bâtard ; vous étiez une princesse, et notre hymen devait être un mystère. Je n'avais pas le droit de parler de mon bonheur et ne pouvais pas me réjouir sans avoir l'air insolent et vain. Aujourd'hui votre générosité m'accorde un dédommagement dont je sens toute la grandeur ; mais je n'en ai pas besoin. Être aimé de vous, vous presser dans mes bras et vous appeler ma femme ; vous voir moins souvent, mais sans témoins importuns, sans ennemis de mon bonheur toujours placés entre vous et moi; pouvoir me livrer à mes transports, à ma reconnaissance, sans jamais être soupçonné d'aucun vil motif d'intérêt; être a... ... de ma maîtresse et de ma femme sans avoir l'a... ...er devant ma souveraine ou de solliciter ma bienfaitrice, n'est-ce pas là un bonheur plus sûr et plus vrai? D'ailleurs j'ai contracté dans la solitude et dans le travail des goûts et des habitudes si différents de ce qui se fait autour de vous, que j'y serais perpétuellement déplacé et malheureux. Laissez-moi dans ma chère obscurité. J'ai trouvé dans mon malheur une amie généreuse qui m'a sauvé de moi-même, qui m'a préservé du suicide, et qui pendant cinq ans m'a aidé à vivre sans chercher à vous arracher de mon cœur ni à ternir la pureté de votre image dans ma mémoire. Cette amie, c'est l'étude. Je serais un ingrat si je l'abandonnais à présent que j'ai retrouvé l'objet de tous mes vœux. Laissez-moi dans ma mansarde; c'est le temple où je l'ai servie, le sanctuaire où elle s'est révélée à moi, où elle a fait descendre du ciel la science vêtue de sa robe étoilée. Ma vocation est là, j'en suis bien convaincu. Permettez-moi d'aller tous les ans passer quelque temps auprès de vous; mais que personne ne le sache, et que mon nom s'efface de la mémoire des hommes. Que votre cœur soit l'unique page où je le retrouve inscrit quand j'irai vous offrir le mien, toujours embrasé d'une flamme nouvelle, » etc.

Le professeur, continuant son récit, apprit à Saint-Julien qu'après de vains efforts pour arracher Rosenhaïm à sa retraite, Quintilia avait fini par consentir à l'épouser secrètement et à retourner sans lui dans ses États. Mais depuis lors elle avait été passer tous les hivers un certain temps à Paris, et tous les étés Max était venu habiter pendant plusieurs semaines le pavillon du parc. Son séjour à Monteregalo avait toujours été enveloppé du plus profond mystère, et toujours il était venu à l'improviste, procurant ainsi à sa femme la plus douce surprise et lui prouvant qu'il comptait sur elle au point de ne jamais craindre d'arriver mal à propos. « Cette union a toujours été si belle et si pure, continua le professeur, qu'elle prouve l'excellence des lois de Lycurgue, qui enjoignaient aux maris de n'aller trouver leurs femmes qu'avec toutes les précautions que prennent les amants pour n'être pas observés. »

Saint-Julien, à l'invitation du professeur, ouvrit au hasard plusieurs lettres de Max et de la princesse, et y trouva partout les expressions d'une tendresse exaltée jointe à la confiance la plus absolue et à l'amitié la plus douce et la plus sainte. En voici quelques-unes que Saint-Julien lut au hasard par fragments :

«... Autrefois, Max, je fis un beau rêve : je m'imaginai qu'il suffisait d'être sans détour pour être sainement jugé, et que la bouche qui ne mentait pas devait être écoutée avec confiance. Je me persuadais que la vertu était un vêtement d'or éclatant qui devait faire remarquer les justes au milieu de la foule ; je croyais que nul ne pouvait feindre la sérénité d'une âme pure, et que le calme n'habitait point les fronts souillés. Je me trompais, puisque je fus cent fois la dupe des traîtres ; et alors je cessai de me révolter contre les injustices d'autrui à mon égard. Tous ces hommes qui me jugent et me condamnent ont sans doute été trompés aussi souvent que moi. Toutes ces convictions, qui composent la voix de l'opinion, ont sans doute été troublées et abusées par les méchants comme le fut la mienne. Si l'on me confond avec ceux qui mentent, c'est la faute de ceux-ci, et non celle du monde, qui craint et qui se méfie avec raison de ce qu'il ne comprend pas. Je ne méprise donc pas le monde, je ne le hais pas ; mais je

ne veux jamais l'aduler ni le craindre. C'est un géant aveugle, qui va fauchant indistinctement le froment et l'ivraie. Haïssons les fourbes qui ont crevé l'œil du cyclope, et laissons-le passer sans lui nuire et sans souffrir qu'il nous nuise. Laissons-le passer comme une montagne qui croule, comme un torrent qui suit son cours. Il est au sein des plaines des oasis où l'on peut aller vivre ignoré, loin des vains bruits de l'orage. C'est dans ton cœur, Max, que je me suis retirée et que je vis au milieu des vivants sans avoir rien de commun avec eux. . . . .
. . . .
« Je suis décidée à laisser dire. Je ne me baisserai pas pour regarder si l'on a mis de la boue sur le chemin où je dois passer. Je passerai, et j'essuierai mes pieds au seuil de ta maison ; et tu me recevras dans tes bras, car toi, tu sais bien que je suis pure. »

Voici la réponse de Max :

« Tu as raison, mon amie. Tu es ma femme et ma sœur, tu es ma maîtresse, mon bonheur et ma gloire. Que m'importe le reste? Je sais qui tu es et ce que tu as été pour moi depuis vingt ans; car il y a vingt ans que nous nous aimons, Quintilia! Je n'étais qu'un enfant lorsqu'on m'envoya représenter un vieillard à la cérémonie de tes noces. Tu avais douze ans, et nous étions trop petits pour monter sur le grand trône ducal qu'on avait élevé pour nous. Il fallut que le digne abbé Scipione te prît dans ses bras pour t'asseoir sur le siège de brocart; et, sans l'aimable duc de Gurck, qui était plus grand que moi, et qui dans ce temps-là ne songeait guère à être mon rival, je n'aurais pu m'asseoir à tes côtés. C'est moi qui te mis au doigt l'anneau nuptial. O le premier beau jour de ma vie! je ne l'oublierai jamais, et jamais je ne me lasserai de te repasser joyeusement dans ma mémoire. Que vous étiez déjà belle, ô ma petite princesse, avec vos grands yeux noirs, vos joues vermeilles et veloutées, vos cheveux bouclés sur vos épaules, et cette grande robe de drap d'argent dont vous ne pouviez traîner la queue longue, et cette immense fraise de dentelle où votre petite tête prenait des attitudes royales, tandis que votre sourire espiègle démentait toute cette gravité affectée! Savez-vous que j'étais déjà amoureux comme un fou? Ne vous souvenez-vous pas de la déclaration que je vous fis après la cérémonie, en jouant aux jonchets avec vous dans la chambre de votre gouvernante? La chère mistress White voulut m'imposer silence; mais vous prîtes un air majestueux pour lui dire : « A présent, White, je suis mariée, et personne n'a le droit de se mêler de ma conduite. Monsieur le chevalier, vous êtes mon époux, le seul que je connaisse, le seul que j'accepte et que j'aime. Si M. le duc de Monteregale s'imagine que je suis sa femme, il se trompe. On dit qu'il est vieux et laid : je le déteste. S'il vient me menacer, je lui ferai la guerre, et vous le tuerez, n'est-ce pas, chevalier? » Alors, comme mistress White, malgré l'inconvenance de ces propos, ne pouvait s'empêcher de sourire, vous lui dîtes d'un ton imposant : « De quoi riez-vous, White? N'avons-nous pas lu ensemble l'histoire de David combattant Goliath? »

« Oh! que vous étiez gentille, ma chère femme! quelle singulière petite fille vous faisiez! Sensible et mutine, caressante et irritable, bonne et colère, jouant toujours un grand rôle de reine qui semblait aller tout naturellement à votre petite personne, récitant des vers latins, improvisant des discours de réception, condamnant à mort votre perruche et lui faisant grâce avec gravité, demandant pardon à votre bonne quand vous l'aviez affligée, et l'embrassant avec les grâces insinuantes d'une petite femme. . . . . . . Je n'oublierai jamais rien de tout cela, chère amie, quoique ce soit déjà si loin, si loin !

« Évidemment on pensait dès ce temps-là à nous marier tout de bon, aussitôt que le duc de Monteregale, qu'on savait bien dès lors atteint d'une maladie mortelle, vous aurait laissée libre. Le souverain qui vous persécute, et qui, je crois, m'a fait l'honneur de me mettre au monde, voulait absolument que vos biens fussent l'apanage d'un de ses protégés. Mais qu'il est heureux pour nous que la destinée ait déjoué ses projets! Si j'étais maintenant ton mari publiquement, je serais peut-être ton maître, peut-être ton esclave. Qui sait? Que seraient devenus nos caractères dans ce conflit de volontés étrangères occupées à nous façonner selon leurs intérêts, sans se soucier de notre affection et de notre bonheur? Vois comme nous avons raison de croire à la Providence! c'est elle qui nous a séparés pour nous réunir ensuite avec toutes les conditions d'indépendance et de confiance mutuelle qui devaient assurer la durée de notre union : c'est à toi seule que je t'ai due ; ou plutôt c'est à Dieu, qui, touché de mon désespoir, te gardait à moi, fidèle et sainte femme, en qui je me repose comme en lui.

« Laisse donc dire, et crois en moi! Quand l'univers se lèverait en masse pour te lapider, je saurais bien encore te défendre et te faire un rempart de mon corps. Laisse dire. N'aie jamais l'air de savoir si on dit du mal de toi. Lis les pamphlets des beaux esprits de ta cour si cela t'amuse; mais ne t'en fâche jamais, car tu aurais l'air de les avoir lus, et c'est un honneur qu'il ne faut leur faire qu'à leur insu. Agis toujours comme si tu comptais sur la justice de l'opinion ; c'est la seule prudence que je t'enseignerai. Pour le reste, fais ce que tu voudras, et ne crois jamais que tu aies des explications à me donner sur quoi que ce soit. Que peut le monde sur notre bonheur? Penses-tu qu'entre ses paroles et la tienne j'hésite un instant? Qu'ai-je besoin de savoir comment tu agis avec les autres? Ne sais-je pas comment tu as agi envers moi? Depuis vingt ans que nous nous connaissons, m'as-tu dit un mot qui s'écartât de la vérité? m'as-tu fait une promesse que tu n'aies pas religieusement accomplie?

« Oh! qu'il est beau le monde que nous habitons à nous deux! nous y sommes seuls, aucune voix fâcheuse du dehors n'en trouble la délicieuse harmonie. Les flèches que d'impuissants ennemis nous lancent viennent mourir à nos pieds, et tu les regardes tomber en souriant. L'orage gronde là-bas, mais nous, retirés sur les cimes élevées, près des cieux, nous voyons les anges nous appeler au travers d'un voile d'azur, et nous entendons leurs divins concerts, auxquels nos âmes ardentes mêlent leurs pieuses inspirations, etc. »

A cette lettre, Quintilia répondait ainsi :

« Que je t'aime, mon Allemand, avec ta bonté naïve et ta poésie enthousiaste! toujours le même depuis tant d'années! Nous avons donc trouvé le secret d'être toujours amants, quoique mariés? car nous sommes mariés, sais-tu cela? moi, je n'y pense jamais, excepté quand on m'engage de la part de mes chers cousins, les princes voisins, à prendre un époux de leur choix. Alors, en songeant à l'opportunité de leurs instances et au succès probable de leurs intrigues, il me prend des accès d'une gaieté persifleuse dont plus d'un bel esprit d'ambassade s'est mordu la lèvre en temps et lieu. Oui, oui, mon enfant, nous avons bien fait de cacher notre bonheur et d'interdire l'accès de notre Éden aux profanes dont le souffle en aurait terni l'éclat. Le mariage, tel que le monde l'a fait, est le plus amer et le plus dérisoire des parjures de l'homme envers Dieu. A présent, je vois comme dans les cours et autour des princes les plus religieux serments servent aux plus viles intrigues, et je m'applaudis de ne t'avoir pas jeté au milieu de ces hommes et de ces choses-là. Tu sais à peine que tout cela existe; tu es plus heureux que toi, Max! tu ne vois pas ces turpitudes; quand tu quittes ta chère retraite, c'est pour être plus heureux encore auprès de ta femme. Moi, je les traverse, et au sein de ce monde bruyant je suis seule et triste. Mais souvent au milieu de la foule ton image m'apparaît, et, comme une céleste révélation, me remplit de force et d'espérance. Alors je songe aux jours de bonheur qui nous réunissent, et je les vois si purs, si enivrants, que je me soumets à les acheter au prix des peines et des fatigues de ma vie présente. Oh! je les achèterais au prix de mon sang, et je ne croirais pas les avoir trop payés!

« Parfois, au milieu d'un bal splendide, abrutie en quelque sorte par l'ennui de la représentation, une circonstance légère, un son, le parfum d'une fleur, me réveille et me ranime tout à coup; frappée d'une émotion inexplicable, il me semble que je viens d'entendre ta voix ou de respirer tes cheveux; je tressaille, mon cœur bat avec violence, c'est comme si j'allais mourir. Alors je m'enfuis, je m'enfonce dans l'ombre des jardins, et je vais pleurer de souffrance et de bonheur dans notre cher pavillon. Quelquefois par de violentes aspirations je voudrais franchir l'espace et suivre ma pensée qui s'élance vers toi; mon désir devient un feu qui consume ma poitrine, la force me manque. J'accuse le destin qui nous sépare; prête à renier mon bonheur, je pleure et je perds courage. Mais alors je descends dans le caveau, et, sur la tombe qu'autrefois je te fis élever, je pleure de joie et je remercie Dieu qui t'a rendu à moi. J'aime à ouvrir cette tombe vide où nous serons à jamais réunis un jour ; j'aime à contempler cette boîte où j'enferme aujourd'hui nos lettres, et où je fis vœu autrefois d'enfermer mon cœur afin qu'il te restât fidèle et que mon amour fût enseveli vivant avec toi, etc. »

XXII.

La lecture de ces lettres affecta Julien d'un sentiment douloureux.

« J'en ai assez vu, Monsieur, dit-il au professeur, si la princesse veut m'humilier par la comparaison qu'elle fait de mon caractère avec celui de M. Max...

— Je présume que la princesse, interrompit le professeur, ne fait aucune comparaison entre vous deux ; mais écoutez le reste de cette histoire :

« Le jour du bal entomologique, le chevalier Max arriva déguisé par mes soins, et la princesse, surprise au milieu des ennuis de la diplomatie qu'elle s'efforçait en vain de couvrir par le bruit des fêtes, ne reçut jamais son époux avec tant de joie. Il fut d'abord installé comme de coutume dans ce pavillon. Mais lorsqu'elle eut compris les menaces et les prières du duc de Gurck, elle pensa qu'au lieu de cacher Max il serait peut-être bientôt nécessaire de le faire paraître. Ce n'est pas que la princesse tienne à se justifier des horribles soupçons que les cabinets de ses voisins affectent d'avoir conçus à cet égard ; elle sait bien que ce sont là de misérables ruses ; et, quant à l'opinion publique, elle a trop appris à ses dépens le cas qu'elle en doit faire pour plier maintenant devant elle. Mais la crainte d'une invasion l'empêchera de braver trop ouvertement le ressentiment d'un prince plus puissant qu'elle. Elle ne veut pas exposer la liberté de ses sujets pour une question d'orgueil personnel.

« Il a donc été décidé que Max cesserait de se cacher, et vivrait tranquillement à la résidence sous un nom supposé, afin de se laisser reconnaître au besoin. Peu désireux de se montrer en public, il habite un lieu retiré, et ne se montre guère autour du palais. Personne jusqu'ici n'a fait attention à lui. Quinze ans d'absence l'ont tellement changé, qu'il serait difficile qu'on le reconnût s'il ne produisait des preuves de son identité. C'est ce qu'il fera auprès du duc de Gurck. Il a existé entre eux des rapports particuliers, dans lesquels le duc ne s'est pas conduit d'une manière assez honorable pour désirer que Max soit encore vivant. Il baissera le ton dès que l'époux de la princesse lui aura dit deux mots en particulier. C'est ce qui doit arriver ce soir même ; car, après s'être amusée de l'arrogance de Gurck, Son Altesse commence à ne pouvoir plus la tolérer.

« Maintenant, Monsieur, que vous êtes au courant, lisez les dernières lettres que Max écrivait, il y a peu de jours, à Son Altesse :

« Sais-tu, ma chère enfant, que l'on cause beaucoup sur ton compte, et que de grands seigneurs, si humbles et si flexibles devant toi aux lumières du bal, tiennent des propos impertinents dans les allées sombres de ton jardin ? Comme ils ont peu de méfiance du pavillon, ils viennent souvent s'asseoir dans l'obscurité sur les bancs qui l'entourent, et, séparé d'eux par les persiennes du petit salon, j'entends leurs fades quolibets. Dieu me préserve de te les répéter et de te nommer les sots qui les inventent ! Si, les croyant tes amis, tu te confiais à eux, mon devoir serait de t'éclairer sur leur compte ; mais je sais le cas que tu fais d'eux tous, et je n'en fais pas plus de leurs discours que toi de leur personne.

« Il faut pourtant que je te fasse part d'une observation qui m'est venue en écoutant gloser sur ton entourage et tes habitudes. On dit que tes secrétaires intimes, tes écuyers et tes pages sont tes amants. Eh bien ! moi, j'ai bien autre chose à te reprocher, à propos de tes écuyers et de tes pages ! je trouve que tu ne les traites pas assez comme des hommes. Tu les choisis beaux et bien faits, et tu ne mettrais pas plus de soin à acheter un cheval qu'à enrôler un serviteur. Tu leur donnes des fonctions et des habits d'homme, mais tu leur fais jouer un rôle de lévrier; ils courent devant toi ou dorment à tes pieds comme de vrais petits chiens, et tu n'y fais pas plus attention que s'ils n'étaient pas de la même espèce que toi et moi.

« Cela n'est pas bien, ma chère femme. Tu n'es pas orgueilleuse, je le sais; tu n'agis ainsi que par simplicité et par étourderie. Mais tu es imprudente et cruelle peut-être sans le savoir. Songes-tu bien que ces hommes-là sont jeunes, qu'ils sont capables d'ambition et d'amour ? Si, dans l'espérance d'atteindre à une condition plus élevée, ils supportent le ridicule de leur condition présente, voilà des gens que tu avilis ou que tu aides au moins à s'avilir eux-mêmes. Si c'est par affection pour toi qu'ils se soumettent à tous tes petits caprices, songes-tu bien qu'il faut reconnaître cette affection par la tienne ou passer pour ingrate ? Tu es douce envers eux, je le sais, tu ne les humilies ni par tes paroles ni par tes manières. Tu les combles de présents, et tu flattes tous leurs goûts avec prodigalité. Ils doivent t'adorer, Quintilia; car je sais combien tu mets de délicatesse et de grâce dans toutes tes relations. Mais ne pense pas que ce soit assez pour les rendre heureux, s'ils te chérissent comme ils le doivent. Tes douces paroles et tes aimables sourires, s'ils ont un peu de sérieux dans l'esprit et de fierté dans l'âme, ne peuvent les consoler de la continuelle mascarade à laquelle tu les condamnes. Tu exposes leur cœur à bien des dangers; ils sont jeunes, imprévoyants, avantageux peut-être; tu les attires vers toi, tu les admets à ton intimité, tu leur montres naïvement tout ce caractère extérieur de bonhomie, de gaieté et de folle camaraderie qui ferait tourner la tête à maître Cantharide lui-même si l'amour des insectes ne le retenait au fond du pavillon à l'abri de tes séductions innocentes; et quand les pauvres fous se sont flattés d'avoir au moins ta confiance, il s'aperçoivent que tu ne leur as montré que ton vêtement. Ils s'effraient de ne pas connaître le mystère de ta destinée. Ils se demandent si tu es un ange ou un démon, un de ces rochers de glace que le soleil ne fond jamais, ou un de ces torrents fougueux qui tombent à grand bruit, dévastant tout ce qui s'oppose à leur course fantasque et terrible. Alors, Quintilia, ces hommes, s'ils sont méchants, deviennent les ennemis. C'est là le moindre inconvénient à mes yeux; tes ennemis n'existent pas pour moi. Mais si ces hommes sont bons, ils deviennent malheureux. C'est ce qui est arrivé à Saint-Julien. Crois-moi, il t'aime; que ce soit d'amour ou d'amitié, il t'aime assurément, et il souffre d'être si bien traité et si peu aimé; car, d'après ce que tu m'as dit de lui, c'est un homme délicat et intelligent. Ne joue pas avec son repos, ma chère amie; explique-toi avec lui; si tu as pour lui plus de confiance et d'estime que pour les autres, ne le lui laisse pas ignorer. Si tu n'en fais pas plus de cas que de Galeotto ou de ta chevrette, ne lui laisse pas concevoir des espérances funestes; car ton cœur est à moi, je le sais, et ma pitié pour les autres ne va pas jusqu'à vouloir partager avec eux, au moins! »

Réponse :

« Nous nous sommes si peu vus hier soir que je n'ai

pas eu le temps de m'expliquer avec toi complétement sur le compte de Saint-Julien. Voici une heure dont je puis disposer pour t'écrire, tandis que Saint-Julien lui-même griffonne autre chose sous ma dictée. Je veux te tirer d'inquiétude à ce sujet, afin de n'avoir plus à te parler ce soir que de toi.

« D'abord il faut que je convienne que j'ai peut-être des torts envers les autres. Je suis bien étourdie et souvent bien égoïste dans mon ennui et dans mes amusements. Cela vient de ce que je vis toujours seule au milieu de tous, n'aimant qu'un souvenir, ne contemplant qu'une forme absente, et ne pouvant partager les impressions de ceux qui vivent à mes côtés. Quand je sors de mes rêveries pour tomber au milieu d'eux dans la réalité, je suis comme une somnambule qui fait des choses bizarres et inattendues dans un état qui n'est ni la veille ni le sommeil. On m'accuse d'être très-fantasque, et vraiment je vois bien que cela est. J'ai mille caprices qui s'évanouissent avant d'être satisfaits. Dans les efforts que je fais pour chasser ma tristesse ou ma joie intérieure, je semble brusque et froide à ceux qui tout à l'heure me trouvaient expansive et douce. J'essaierai de me corriger, je te le promets. Mais j'aurai bien de la peine à être comme tout le monde, à m'apercevoir à toute heure de ce qui se passe autour de moi, à prévoir les inconvénients de chaque chose, à éviter le danger pour moi ou pour autrui. Il en est un que je ne puis jamais craindre, c'est celui d'être distraite de toi; et cette grande sécurité où je vis pour moi-même, cette confiance que j'ai dans ma force contre tout ce qui n'est pas toi, me rend insensible en apparence aux souffrances des autres. C'est que je ne vois pas, c'est que je ne comprends pas ce qu'ils disent, ce qu'ils font et ce qu'ils pensent; c'est que je ne sais moi-même ni ce que je dis ni ce que je fais en pensant à toi. Oui, cela est de l'égoïsme. Tu as raison de me gronder, j'aviserai à mieux réfléchir.

« Mais, pour le moment, je crois qu'il y a peu de mal de fait, s'il y en a. Ceux qui pouvaient devenir mes ennemis ou mes victimes sont éloignés. Je n'ai autour de moi que la Gina, que j'aime et qui le mérite, Galeotto et Saint-Julien. Le Galeotto, pour commencer, est, je t'assure, de la véritable espèce des chiens savants. Je ne suis point injuste, et il ne faut pas me dire que je me trompe ou que je lui fais injure en le traitant comme tel. C'est un petit être sans cœur et sans tête, joli, bien peigné, plein de caquet, de bons petits mots, équivalant à la danse des roquets sur leurs pattes de derrière. Il n'aime personne, ni moi, ni la Ginetta, qui cependant, je crois, l'aime un peu plus que son confesseur ne le lui a permis. Il aime les bonbons, les rubans, les plumes, la danse, les feux d'artifice, les chevaux barbes, les bagues de pierreries et les compliments. Je l'ai pris pour sa jolie personne, j'en conviens. Serait-il convenable que le manteau ducal de Mon Altesse fût porté par un nain difforme ou par un négrillon? C'était la mode autrefois, mais c'était une vilaine mode. J'ai horreur des monstres, j'aime à m'entourer de belles choses et de beaux visages. J'aime le luxe en tout, j'aime les beaux appartements, les beaux costumes, les beaux chiens, les beaux pages, les belles fleurs, les belles pipes, les parfums, la musique, le beau temps, les grandes fêtes, tout ce qui flatte les sens d'une manière noble. En cela je tiens du Galeotto; mais j'ai de plus que lui une tête et un cœur, et je mêle le goût des arts à mes fantaisies. Tu aimes cela en moi, et tu t'amuses quelquefois un jour entier à me dessiner un costume de bal. Aussi tu en as toujours l'étrenne. Quel plaisir de le tirer pour la première fois de son coffre, et de te recevoir au pavillon dans mon plus bel attirail de reine ! Tu me regardes avec tant de plaisir, il te passe par la tête tant d'amour, de fantômes, de poésie et de délire quand tu me possèdes à toi seul, dans tout l'éclat de ma richesse et de ma coquetterie ! car je suis coquette, tu le sais, et je ne le nie pas. Mais je ne montre à la foule que la parure dont tu as joui avant elle, et la foule qui m'admire n'a même en cela que ton reste.

« Mais me voici loin de Galeotto. Je te disais donc et je te répète que celui-là n'a rien à craindre auprès de moi, et vivra, tant que je voudrai, de pralines et de bouts rimés.

« Quant à Julien, c'est autre chose. Celui-là aussi, je l'ai choisi sur sa bonne mine ; mais comme j'ai trouvé en lui plutôt l'expression d'une âme noble que l'éclat d'une beauté d'apparat, j'en ai fait non un page, mais un secrétaire intime, c'est-à-dire un agréable compagnon d'études, un ami sincère et une espèce de confident de mes projets philosophiques, littéraires, scientifiques, politiques, etc.; car que n'ai-je pas dans la tête ? Et tu travailles sans cesse à agrandir le cercle où mon âme avide s'élance, n'aimant que toi dans toute cette création, que j'aime à cause de toi !

« J'aime et j'estime Saint-Julien, sois en sûr. Je ne joue pas avec son repos, j'en serais désespérée. Je sais qu'il m'aime plus que ne voudrais. Cela s'est fait je ne sais comment : car je croyais ne lui avoir montré de mon caractère que ce qui devait établir entre lui et moi une amitié virile. Le mal est arrivé. Je tâcherai de le réparer et de lui faire comprendre ce qu'il peut et doit espérer et connaître de moi. Malheureusement il se mêle dans son amour des idées de blâme et de soupçon que je répugne à combattre moi-même. Nous verrons. Il faudra peut-être que tu m'aides; nous en reparlerons. Adieu jusqu'à ce soir. Aime-moi, Max, aime-moi telle que je suis, aime mes défauts et mes travers. Si tu en avais, je les aimerais. »

Le billet suivant, plus récemment daté que les précédents, était le dernier de la collection.

« Ma chère femme, puisque je ne puis te voir avant cette nuit, je veux t'écrire un mot tout de suite. Julien m'a ouvert son cœur : il t'aime passionnément ; mais on a troublé son esprit de mille contes absurdes et odieux. Je lui ai conseillé de rester près de toi et de tâcher de changer son amour en une douce et bienfaisante amitié. Seconde ses efforts, sois indulgente et bonne avec lui. Ne te fâche pas si dans les commencements son langage ressemble plus à la passion qu'au sentiment. C'est un enfant, mais un enfant excellent, dont il faudrait fortifier l'esprit et tranquilliser l'âme. Je désire que tu le gardes et qu'il te soit un ami fidèle. Tu as tant d'esprit et de bonté, que tu peux certainement le guérir et le convaincre. Mais, écoute, chasse de ta maison à l'heure même ton petit page Galeotto; comme le plus venimeux aspic qui se soit jamais caché sous les fleurs. Chasse-le tout de suite, je t'en dirai la raison ce soir. Je crains que la Ginetta ne soit coupable aussi de quelque légèreté envers toi. Il y a une sotte histoire de montre et d'horloger à laquelle je ne comprends rien, et que je ne veux pas même te raconter avant d'avoir pris des informations à ce sujet. Les discours de Julien m'ont prouvé que la Gina t'est dévouée sincèrement, et que sa discrétion sur ce qui nous concerne est à toute épreuve. Mais la coquetterie de cette petite n'est peut-être pas sans inconvénients, et tu feras bien, si ce que je présume se confirme, de la gronder fort... et de lui pardonner. A ce soir.

« SPARK. »

« Maintenant nous avons fini, Monsieur, dit le professeur ; veuillez me suivre.

— Où dois-je vous suivre, Monsieur ? dit Julien. Après tout ce que je viens de lire, je vois qu'à beaucoup d'égards j'ai été la dupe des plus sots mensonges et des plus absurdes préventions. Je ne puis plus croire à une vengeance indigne de Quintilia. Menez-moi vers elle, Monsieur, ou plutôt laissez-moi sortir d'ici. Je courrai me jeter à ses pieds, j'obtiendrai mon pardon...

— Monsieur, répondit maître Cantharide, dans une heure vous serez libre ; la princesse doit se rendre ici avec le duc de Gurck avant le feu d'artifice ; vous pourrez la voir lorsqu'elle sortira. En attendant, venez avec moi ; je compte que vous n'aurez pas la désobligeance de me refuser.

Saint-Julien suivit le professeur ; il espérait se débarrasser de lui dans le jardin ; mais, en traversant les allées que l'on commençait à illuminer, il vit qu'il était suivi de près par les quatre hommes qui l'avaient emmené. Il fallait se résigner et obéir de bonne grâce aux volontés obséquieuses du professeur.

On le fit entrer au palais par de petits escaliers. Il se flatta alors qu'on allait le reconduire à son appartement, et l'y tenir prisonnier jusqu'à son explication avec Quintilia. Il en tirait un bon augure ; mais, à sa grande surprise, on le fit entrer dans les appartements de la princesse, et le professeur, l'ayant accompagné jusqu'au cabinet de travail, lui remit une petite clé en lui disant :

« Veuillez ouvrir le coffre de sandal et prendre connaissance des papiers qu'il contient.

Puis il le salua profondément, et sortit après l'avoir enfermé à double tour dans le cabinet. Saint-Julien jeta la clé par terre avec dépit.

— Et que m'importe à présent ? s'écria-t-il. Qu'ai-je

besoin de vous respecter, si vous ne songez plus avec moi qu'à vous faire craindre ! O Quintilia ! votre orgueil m'a perdu ! Pourquoi m'avez-vous traité comme un ancien ami, moi qui ne vous connaissais pas? Max mérite tout votre amour par sa confiance; mais à quel autre avez-vous donné le droit de croire ainsi en vous sans être ridicule? Hélas! il eût fallu vous deviner!... Vous avez été trop exigeante, en vérité; mais vous deviez vous douter de l'affection qui, en dépit de mes soupçons, vivait toujours au fond de mon cœur! Cette haine, cette soif de vengeance, cette folie qui m'a porté au crime, n'étaient-ce pas les conséquences d'une passion violente?... Suis-je seul ici? n'êtes-vous pas cachée derrière une cloison pour voir et entendre ce que je fais? Quintilia, m'écoutez-vous? Eh bien ! écoutez-moi, écoutez-moi, je suis un misérable!... Je suis au désespoir!...»

Julien n'en put dire davantage; il se laissa tomber sur une chaise et fondit en larmes. Aucun bruit, aucun mouvement ne répondit à ses sanglots. Seul dans la demi-clarté que jetait la lampe d'albâtre, il promenait ses regards mornes sur ce cabinet qui lui rappelait de si heureux jours. C'est là qu'il avait passé le seul beau temps de sa vie. C'est là que pendant six mois il s'était abandonné aux douceurs d'une amitié si sainte et d'une admiration si fervente. Mais combien de souffrances et d'agitations! quel siècle de peines et d'événements le séparait déjà de cet heureux souvenir! Combien d'injures, de colères et d'injustices s'étaient accumulées sur sa conscience depuis un mois, un mois fatal, plus rempli à lui seul de soucis et de tergiversations que toutes les années de sa vie! « Mais que lui dirai-je pour m'excuser? pensait-il. Comment pourrai-je lui faire oublier la plus grossière insulte qu'un homme puisse faire à une femme de cœur?...»

Dans ses perplexités, il lui vint à l'esprit de se conformer aux ordres de Quintilia en lisant les papiers renfermés dans le coffre. Peut-être y trouverait-il une lettre de la princesse pour lui, et cette idée le fit tressaillir d'impatience. Il courut au coffre et prit connaissance de toutes les lettres qu'il contenait. Il ne s'y trouvait pas une ligne pour lui.

XXIII.

Le biographe de la princesse Quintilia, qui nous a transmis les documents relatifs au chevalier Max, n'a jamais pu nous fournir de renseignements précis sur les papiers qu'elle conservait dans son secrétaire. Saint-Julien ne s'est point expliqué à cet égard. Il a dit seulement quelle impression avait produite sur lui cette lecture. Tout nous porte à croire que c'était une collection de lettres autographes adressées à la princesse. Saint-Julien reconnut dans plusieurs de ces lettres l'écriture de Lucioli, avec laquelle il avait eu souvent l'occasion de se familiariser.

Quand il eut refermé le secrétaire, il cacha son visage dans ses mains et resta absorbé dans ses pensées. Puis il le rouvrit et écrivit à la princesse ce qui suit :

« Un témoignage manquait à ceux-ci, et je vais vous le fournir de bonne grâce. A genoux dans votre appartement, seul, et le cœur brisé de remords, je déclare que j'ai été infâme envers vous, que j'ai payé vos bienfaits de la plus noire ingratitude. Il me serait facile de faire comme tous ceux dont l'écriture compose ce recueil, c'est-à-dire de me soumettre à une disgrâce méritée, et de me consoler en disant tout bas à l'oreille de tout le monde que j'ai été votre amant. Tous ceux-là l'ont dit, sans s'inquiéter des preuves du contraire qu'ils vous laissaient entre les mains. Ils savaient bien que vous répugneriez à vous en servir, que vous étiez au-dessus du soupçon dans l'esprit de quelques-uns, et que vous ne feriez pas assez de cas des autres pour vous disculper auprès d'eux. Ainsi, ils vous ont impunément calomniée, et ils ont eu le monde pour les croire, pour les féliciter ou les plaindre aux dépens de votre honneur. J'ai été plus criminel qu'eux tous ; mais je ne serai pas vil. Je ne répondrai pas par un lâche sourire à ceux qui me demanderont ce qui s'est passé entre vous et moi pendant six mois de tête-à-tête. Je leur dirai : « Allez demander à Quintilia quel témoignage de ma gloire elle a entre les mains. Recevez-le, ce témoignage, Madame, comme une expiation de mon forfait, comme le cri d'une conscience déchirée. Vous m'aviez accordé la chaste protection d'une sœur, et je vous en ai récompensée par l'insulte et l'outrage. Je mérite tous les châtiments que vous voudrez m'infliger ; mais je ne crois pas qu'il en existe un plus humiliant et plus atroce que celui que je m'inflige moi-même en signant cet écrit : LOUIS DE SAINT-JULIEN. »

Louis, ayant posé ce papier sur les autres, ferma le coffre de sandal et se promena dans la chambre avec agitation. Le hamac suspendu au milieu, la lampe blême et triste, l'éventail de plumes de paon oublié à terre à côté d'une pantoufle brodée d'argent, un reste de parfum répandu dans l'air, minuit qui sonnait à l'horloge du palais, tout rappelait à Saint-Julien le moment fatal où son erreur l'avait porté à une tentative odieuse. Avec ses remords et son désespoir, son amour se rallumait plus profond et plus grave. Il se jeta à genoux auprès du hamac, et baisa la pantoufle comme une relique ; puis il recommença à parler avec véhémence.

« N'y a-t-il personne ici pour me plaindre ? s'écria-t-il ;

car je suis encore plus malheureux que coupable. Oh! voyez, voyez mes larmes; croyez-vous qu'elles ne soient pas sincères? Quintilia, si vous m'entendez, prenez pitié de moi! Gina, Gina, n'êtes-vous pas là quelque part? ne voulez-vous pas intercéder pour moi? Vous êtes bonne, vous! Et vous, Max! vous qui êtes heureux, ne serez-vous pas généreux avec moi, ne me pardonnerez-vous pas, pour qu'elle me pardonne, votre Quintilia, votre femme? Ah! je l'aime! oui, je l'aime avec passion; mais je vous aime aussi et je ne suis pas jaloux; je souffre, je pleure, voilà tout... Vous ne pouvez pas m'en vouloir, vous savez que j'étais fou; vous avez vu ce que je souffrais, vous étiez mon ami alors! ne l'êtes-vous plus? Spark, où êtes-vous? J'espère en vous! Qu'on me dise où est Spark, cet homme si bon et si vrai! qu'on me laisse aller vers lui; Spark! Spark! »

Las de secouer la porte inflexible et d'invoquer les murailles silencieuses, Julien se laissa tomber épuisé auprès de la fenêtre entr'ouverte. Il y avait encore bal cette nuit-là. Une apparente réconciliation ayant eu lieu entre la princesse et M. de Gurck, cette fête devait clore le mois consacré aux plaisirs. Saint-Julien vit le grand corps de bâtiment qui donnait sur la Célina resplendissant de lumières; les sons de l'orchestre arrivaient jusqu'à lui, et, de l'aile obscure où il se trouvait alors, il pouvait voir passer et repasser devant les vastes fenêtres de la salle de danse les robes brillantes et les têtes empanachées. Deux ou trois fois il lui sembla reconnaître le costume grec que la princesse portait souvent. La vue de cette fête insouciante aigrit tellement sa douleur, qu'il résolut de sortir de son inaction, dût-il briser les portes.

Mais la consigne venait apparemment d'être levée; car la première porte qu'il toucha n'offrit plus aucune résistance, et il se trouva seul dans les corridors faiblement éclairés. Il courut au hasard, rencontra des figures qu'il vit à peine, essaya de pénétrer dans le bal, et fut repoussé parce qu'il n'était pas en toilette. Alors il descendit précipitamment le grand escalier, et s'arrêta en voyant la Ginetta sur la dernière marche. Elle avait un costume éblouissant, et, gracieusement appuyée sur un grand vase de jaspe rempli de lis jaunes, elle écoutait, en jouant avec son éventail, les fadeurs de cinq ou six hommes.

Julien, pâle, les cheveux et les vêtements en désordre, s'élança au milieu de ce groupe, et, s'adressant à Gina, lui dit avec agitation : « Mademoiselle, ayez la bonté de m'accorder un instant... » Mais la Gina, l'ayant regardé d'un air froid et dédaigneux, passa son bras sous celui d'un des cavaliers qui l'entouraient, et s'éloigna sans lui répondre, en murmurant à demi-voix quelques paroles; il crut entendre le mot de *matto* accolé à son nom. Les jeunes gens qui s'en allaient avec elle se retournèrent plusieurs fois pour regarder Julien. Indigné de ces manières insultantes, il n'osait pourtant en demander raison ; car l'idée que sa folie était le sujet de toutes les conversations, et qu'il ne pouvait plus faire un pas sans être traité avec ironie ou avec mépris, l'écrasait de honte et de crainte. Il se sentait défaillir ; mais, rassemblant toutes ses forces, il se mit à courir dans le jardin, espérant trouver quelqu'un qui le prendrait en pitié. Le jardin lui sembla d'abord presque désert. Bientôt il s'aperçut que des groupes inquiets et curieux se répandaient dans les endroits sombres, et particulièrement vers la partie où était situé le pavillon. Alors il se rappela que la princesse devait y conduire le duc de Gurck pour le mettre en présence de Max, et il se décida à demander à la première personne qu'il rencontra si la princesse était toujours dans la salle de bal. Le personnage auquel il s'adressa n'était rien autre que le gracieux Lucioli. En le reconnaissant, Julien, qui l'avait toujours détesté, fut prêt à lui tourner le dos sans attendre sa réponse. Mais, au lieu de l'air insolent que Lucioli prenait ordinairement de préférence avec Julien, il lui présenta la main et s'informa de sa santé avec beaucoup de courtoisie.

« La signora Gina nous a dit que depuis trois jours vous étiez au lit avec la fièvre, et, à voir votre pâleur, je croirais assez que vous n'êtes pas guéri. »

— Voulez-vous me faire jouer la scène de Basile chez Bartholo? dit Julien avec aigreur. N'allez-vous pas dire que je sens la fièvre? Dites-moi, de grâce, si la princesse est au bal?

— Elle vient de sortir, mon cher monsieur, et vous devinez avec qui?

— Non, en vérité!

— Avec quel autre que le favori du jour, le duc de Gurck?

— Vraiment? dit Julien d'un ton moqueur et méprisant, dont Lucioli ne se fit pas l'application.

— Que voulez-vous, mon cher comte! reprit-il en baissant la voix; la faveur des princes et surtout celle des princesses, est un brillant météore qui ne fait que luire et s'effacer. Nos yeux ont vu cette lumière, et ils l'ont perdue, n'est-il pas vrai? Vous et moi, heureux hier, disgraciés aujourd'hui, nous pourrions prédire à Gurck ce qui lui arrivera demain; mais qu'importe? Ne faut-il pas que chacun ait part aux rayons du soleil? Mais vous prenez les choses trop au sérieux, mon cher comte; vous êtes défait comme un spectre. Eh! que diable! regardez-moi, mon cher, on ne meurt pas de ces choses-là.

Saint-Julien venait de voir apparemment dans les papiers de la princesse des documents très-contraires à cette prétention de Lucioli; car il fut indigné de son impudence, au point de se demander s'il ne ferait pas bien de le souffleter. Mais, en se rappelant sa propre conduite, il fut accablé de l'idée qu'il était encore plus coupable, et il se contenta de lui tourner le dos.

A quelques pas de là, il vit un groupe d'Autrichiens, et s'y mêla dans l'obscurité.

« Je vous dis que nous voici au dénoûment, disait l'un d'eux en mauvais français; la petite princesse s'humanise avec nous; il était temps, l'opinion se révoltait contre elle dans sa propre cour; M. de Shrabb avait pris des mesures pour qu'on ne parlât pas d'autre chose depuis huit jours; le scandale grondait sourdement, et il l'aurait fait éclater si la princesse n'eût entendu raison et promis une satisfaction complète au duc. — Mais, dit un autre interlocuteur, fera-t-elle apparaître Max dans un miroir magique? Le professeur Cantharide aura-t-il le pouvoir de dire à Lazare : Levez-vous? — Et si le mort ne ressuscite pas, dit un troisième, en quoi consistera la satisfaction promise à M. de Gurck? »

Un gros rire mal étouffé accueillit cette question et résuma toutes les réponses.

Saint-Julien, saisi de dégoût, mais toujours sous le coup du découragement et du remords, se dirigea vers la grande salle de verdure où le feu d'artifice se préparait et où presque toute la cour était déjà rassemblée. Une agitation qui n'était pas ordinaire, semblait régner dans les esprits. Julien comprit, à quelques paroles saisies de côté et d'autre, qu'on attendait avec anxiété le résultat de la conférence du pavillon, et que personne ne croyait à l'existence de Max. Les plus insolents dans leurs commentaires étaient ceux dont Julien venait d'apprécier au juste le véritable crédit auprès de la princesse en feuilletant les papiers du coffre de sandal.

Tout à coup une figure nouvelle à la cour, mais que Saint-Julien se souvint confusément d'avoir vue ailleurs, vint à lui, et lui demanda avec empressement un mot d'entretien particulier.

« Qui êtes-vous? lui dit Julien vivement en le suivant à l'écart. Je vous ai vu... Oui, c'est vous! Vous êtes Charles de Dortan!

— Silence! lui dit le voyageur pâle d'un air mystérieux. Si mon nom allait jusqu'aux oreilles de la princesse, elle me ferait peut-être chasser.

— Que venez-vous donc faire ici?

— Parlons bas, je vous en prie. Lorsque je vous rencontrai à Avignon, j'allais aussi en Italie. Me trouvant à Venise et entendant vanter en plusieurs endroits les talents et la beauté de la princesse Cavalcanti, l'amour, le dépit, l'espoir, que sais-je!... enfin, je suis venu ici, et, à la faveur d'un costume brillant et d'un faux nom, j'en ai imposé au maître des cérémonies lui-même. Je me suis glissé jusqu'ici; mais j'y suis fort mal à l'aise, n'y étant connu de personne. Je crains que mon isolement dans cette foule ne me fasse suspecter. Ayez la bonté de marcher avec moi jusqu'à ce que la princesse paraisse. Alors je risquerai mon sort.

— Quel que soit votre projet, répondit froidement Julien, je le crois absurde, d'autant plus que vous ne connaissez pas la princesse, et que votre aventure avec elle est un rêve ou un roman.

— Que signifie le ton que vous prenez? dit Dortan avec colère; au lieu de me rendre service, voulez-vous m'insulter?

— Vous n'êtes qu'un horloger, dit Saint-Julien en levant les épaules.

— Un horloger, moi! s'écria Dortan stupéfait. J'ai bien entendu dire tout à l'heure à une dame que vous aviez une fièvre cérébrale; je vois que vous avez le délire.

— Le délire! non, mordieu! reprit Saint-Julien. Voyons, qui êtes-vous? D'où connaissez-vous la princesse? donnez-moi votre parole d'honneur... Oui, vous avez raison, je crois que je perds la tête. »

Ils s'assirent sur un banc. Là Julien, ayant gardé un instant le silence et réfléchi à cette singulière rencontre, fut saisi d'une étrange idée. Fatigué du rôle pénible qu'il jouait vis-à-vis de lui-même, il chercha à se persuader qu'il n'était pas si coupable; que Quintilia venait de le jouer de nouveau, et que l'arrivée de Dortan était une circonstance fatale, une prévision de la destinée pour le retirer de l'abîme où il allait rouler encore une fois. Sa méfiance innée se réveilla avec toutes ses objections. Au fait, l'histoire de la montre n'avait jamais été expliquée. Il se pouvait que la princesse aimât son mari et le préférât à ses amants; mais il se pouvait aussi qu'elle se permît parfois certaines distractions, surtout dans le mystère et l'impunité. Avec le caractère de Sparck cela était si facile!

Cette idée, confusément développée dans son cerveau, le porta à faire mille questions à Dortan. Les réponses de celui-ci avaient un tel caractère de vérité, que Saint-Julien ne savait plus à quoi s'arrêter.

« Mais enfin, lui dit-il, pourquoi ne lui parlâtes-vous pas vous-même à Avignon lorsque vous la vîtes monter en voiture?

— Je la vis, je la reconnus fort bien; c'est elle, je n'en puis douter; mais elle me regardait d'un air si étonné, elle affectait si admirablement de ne m'avoir jamais vu, que je me troublai, et la crainte de parler sottement m'empêcha de parler... »

Tout à coup Dortan fit un cri, se leva et se rassit précipitamment, et, saisissant le bras de Julien, dit d'une voix étouffée :

« La voilà, c'est elle! oui, c'est elle!...

— Où donc? s'écria Saint-Julien, ému lui-même, et cherchant des yeux avec anxiété.

— Quoi ! vous ne la voyez pas? dit Dortan baissant la voix de plus en plus. Ici, tout près de nous, cette belle reine en robe de satin de Perse !

— Qui? celle dont un freluquet ramasse l'éventail?

— Eh ! sans doute.

— C'est là votre dame du bal masqué, votre conquête d'une nuit, votre princesse Quintilia?

— Oui, sur mon honneur !

— Eh ! mon cher, dit Saint-Julien en se levant pour s'en aller, vous vous êtes un peu trompé : c'est la Gina, la Ginetta, la suivante, la confidente, la camériste, comme vous voudrez...

— Est-il possible? dit Dortan avec consternation; ne me trompez-vous pas?

— Allez, mon cher, abordez-la sans crainte, et comptez que la chose vaut mieux ainsi pour vous. C'est une aimable personne et nullement prude. Vous avez cru charmer une princesse, vous n'avez eu affaire qu'à la soubrette. C'est une conquête un peu moins glorieuse, mais plus certaine ; profitez-en si le cœur vous en dit. »

Il s'éloigna précipitamment et plus honteux que jamais de ses méfiances toujours renaissantes; il remercia Dieu d'avoir vaincu la dernière, et se dirigea vers le pavillon, décidé à mériter sa grâce par le plus fervent repentir.

XXIV.

Il en approcha sans obstacle; mais lorsqu'il voulut franchir l'enceinte du parterre qui l'entourait, des sentinelles posées de distance en distance lui ordonnèrent de passer au large. Comme il semblait résister à cet ordre, il fut couché en joue par un garde de service, et forcé d'attendre dans l'allée. Au bout de quelques instants les sentinelles, se repliant sur cette partie du parc, le forcèrent à reculer sous la futaie. Ce ne fut donc que de loin que Saint-Julien aperçut la princesse; elle marchait seule, et les paillettes de son costume brillaient dans la nuit comme des étincelles mystérieuses. Il fit de vains efforts pour arriver jusqu'à elle; il ne put la rejoindre qu'à l'entrée de la salle de verdure, et aussitôt elle fut entourée de tant de monde, qu'il fut impossible à Julien d'en espérer un regard. Il attendit vainement la fin du feu d'artifice; aucun moment favorable ne se présenta. Il vit Dortan, qui semblait avoir été assez bien accueilli par la Ginetta. Un magicien fut introduit et s'offrit pour dire la bonne aventure. La princesse lui tendit sa main la première, et tous s'empressant à son exemple, le magicien, qui, au milieu de son patois étrange, semblait être un homme spirituel et sensé, distribua à chacun sa part d'éloges et de railleries avec autant de justice que les convenances le permirent. Saint-Julien s'approcha, et, malgré la grande barbe et les sourcils postiches du nécromant, il reconnut Max, qui s'amusait aux dépens de toute la cour, et particulièrement du duc de Gurck. Celui-ci, quoique charmant comme à l'ordinaire, semblait quelquefois singulièrement embarrassé auprès de la princesse. Son trouble augmenta à certaines paroles que lui adressa le magicien, et qui semblèrent n'offrir aucun sens aux autres personnes. Enfin la princesse donna le signal, et on rentra au palais pour le souper. Là Julien fut arrêté par l'abbé Scipione, qui lui dit: « Monsieur, vous vous êtes promené dans les jardins, c'est fort bien, je n'avais aucun ordre pour vous en empêcher; mais je suis forcé de vous faire observer que votre toilette, plus que négligée, vous interdit l'accès du bal. Son Altesse nous a fait part du mauvais état de votre santé, et nous en sommes vivement touchés; mais cela ne vous autorise point à enfreindre l'étiquette. »

Saint-Julien se rendit à ces objections, et, tirant un bon augure de l'explication que Quintilia avait donnée à tout le monde de son absence, il se retira dans sa chambre et attendit la fin du bal pour lui demander un instant d'entretien. Lorsque le moment fut venu, il adressa sa demande par un valet de service; mais il lui fut répondu que la princesse ne donnait pas d'audience à pareille heure.

L'idée vint alors à Saint-Julien d'aller trouver Spark, qui devait être rentré à sa petite maison du faubourg. Il descendit; et comme il traversait les jardins avec la foule qui se retirait, il entendit annoncer le départ de Gurck et de Shrabb pour le lendemain matin. Il se glissa dans les groupes et surprit divers commentaires.

« Oh! disaient les uns, allons-nous avoir la guerre?

— Non, répondaient les autres. On a entendu M. de Gurck dire à M. de Shrabb qu'il était pleinement satisfait et qu'il n'avait plus rien à faire ici.

— C'est bien là le trait d'un Lovelace comme Gurck!

— Et pourquoi? Il paraît que Max est retrouvé, que Gurck l'a vu, lui a parlé...

— Allons donc! allons donc! allez conter de pareilles folies aux vieilles femmes du faubourg! Est-ce qu'on retrouve ainsi du jour au lendemain un homme perdu depuis quinze ans?

— Il est vrai qu'on peut trouver un imposteur qui, pour quelque argent, au moyen d'une ressemblance et de faux papiers...

— Bah! on ne se donne pas tant de peine, dit à voix basse le marquis de Lucioli en regardant Julien d'un air d'intelligence. On ouvre la porte du pavillon au duc de Gurck et on s'explique. Quel est donc l'homme qui, en pareille circonstance, ne se déclarerait pas satisfait? Vous connaissez le pavillon, monsieur le comte?

— Pas plus que vous, monsieur le marquis, répondit Julien d'un ton sec. »

Il courut à la maison de Spark. Il y entra sans effort; elle était déserte; il y attendit le jour. Spark ne revint pas. Accablé de fatigue, il prit le parti d'aller louer une chambre dans une auberge. Quand il se fut un peu reposé, il courut au palais et se rendit à son appartement. Il y trouva l'abbé Scipione, qui le reçut avec politesse et lui dit: « Vous me voyez empressé à mettre en ordre vos effets, afin de les emballer et de les faire transporter au lieu que vous m'indiquerez. Son Altesse nous a fait savoir que des événements survenus dans votre famille vous forçaient à nous quitter. Vous m'en voyez pénétré de regret et occupé à m'installer dans cet appartement; car la volonté de notre très-gracieuse souveraine est de me faire reprendre les fonctions de secrétaire intime que j'occupais avant Votre Excellence. »

Saint-Julien, trop orgueilleux pour montrer sa douleur, indiqua à l'abbé l'auberge où il s'était installé provisoirement, et fit demander la Ginetta; celle-ci lui fit répondre qu'elle était malade. Il demanda directement audience à la princesse; elle fit répondre qu'elle n'avait pas le temps. Son refus fut accompagné cependant d'une phrase polie, mais glaciale.

Saint-Julien retourna au faubourg et vit le menuisier propriétaire de la maison de Spark. Il apprit de lui que le jeune Allemand était parti et ne reviendrait que dans quelques mois.

Julien résolut d'attendre quelques jours avant de faire de nouvelles tentatives pour obtenir sa grâce. Il resta tristement à l'auberge, attendant d'heure en heure un message de la cour. Enfin il se décida à retourner au palais. Les personnes qui le rencontrèrent l'abordèrent poliment, mais lui témoignèrent une extrême surprise de ce qu'il n'était point encore parti. Il essaya de pénétrer jusqu'à la princesse ; mais ce fut impossible, et pendant trois jours ses demandes furent repoussées avec une politesse et une indifférence aussi cruelles l'une que l'autre.

Le soir du troisième jour il s'avisa d'aller trouver maître Cantharide et de s'humilier jusqu'à le prier d'intercéder pour lui.

« J'ignore absolument, lui répondit le professeur, les raisons de la conduite de Son Altesse à votre égard. J'ai exécuté ponctuellement ses ordres sans en savoir et sans en chercher le motif. Si vous me demandez des explications, vous tombez donc bien mal ; mais si vous me demandez un conseil d'ami, voici celui que je vous donne : Partez, et n'espérez pas fléchir Son Altesse ; elle n'est jamais revenue sur un arrêt semblable. Autant elle a de peine à employer la rigueur, autant il lui est impossible de pardonner quand elle s'est décidée à punir. Les émoluments de votre place vous ayant été remis exactement chaque mois, la princesse ne vous fera pas l'affront de vous remettre, comme à M. de Stratigopoli, des présents que vous refuseriez. Elle vous congédie simplement, et désire sans doute qu'il n'y ait aucune humiliation extérieure pour vous dans votre renvoi, puisqu'elle n'a fait entendre aucune expression de mécontentement contre vous, et qu'elle n'a donné aucun ordre public qui vous force à sortir de ses États. Mais croyez-moi, sortez-en avant que vos vaines supplications vous attirent la raillerie de vos ennemis et le ridicule qui s'attache si facilement aux imprudents. »

Julien sentit que le professeur avait raison ; la conduite de Quintilia impliquait un mépris plus profond et plus irrévocable que tous les témoignages de colère qu'il avait espérés. Le lendemain soir, une voiture de poste aux armoiries de la cour s'arrêta devant la porte de son auberge. L'abbé Scipione en descendit, et, se faisant introduire dans la chambre, lui dit : « Voici, monsieur le comte, la voiture que vous avez fait demander à Son Altesse pour vous conduire jusqu'à Milan. »

Avant que Julien eût trouvé la force de répondre, les valets entrèrent, fermèrent ses malles, les chargèrent sur la voiture, et, tout en ayant l'air d'exécuter ses ordres, l'emballèrent pour ainsi dire avec ses paquets. L'abbé lui fit mille humbles salutations, et les chevaux prirent le galop. Cependant, à la sortie de la ville, on amena un homme enveloppé d'un manteau, et on le fit monter auprès de Julien ; c'était Galeotto.

« Béni soit le ciel! s'écria le page; tu n'es donc pas mort, mon pauvre camarade?

— J'aimerais mieux la mort que le chagrin dont je suis dévoré, répondit Julien. Mais d'où viens-tu, et qu'es-tu devenu depuis notre séparation?

— Je sors de la prison où tu m'as laissé. Seulement on m'avait mis dans une pièce plus commode, et plus saine que notre vilain cachot. On vient de m'en tirer après m'avoir lu une sentence d'exil éternel, accompagnée de promesse de peine de mort si je remets les pieds sur le territoire; ce qui ne m'arrivera jamais, j'en prends à témoin tous les saints et tous les diables. »

Galeotto écouta, non sans surprise, mais sans grand repentir, le récit de Julien. Un peu touché d'abord, il finit par railler son compagnon de se laisser ainsi abattre. En arrivant à Milan, il ouvrit son portefeuille, qu'on lui avait rendu avec ses autres effets, et il y trouva en billets de banque la somme qu'il avait refusée. Cette fois il ne la refusa pas, et prit congé de Julien, non sans lui avoir fait des offres de service que celui-ci refusa.

Saint-Julien, resté seul, hésita et fut malade pendant quelques jours. Puis il perdit tout reste d'espoir et partit pour la France.

Il trouva son père mourant et eut la consolation, en même temps que la douleur, de lui fermer les yeux. Sa mère fut admirable de soins et de dévouement au chevet du moribond. Lorsqu'elle l'eut perdu, son regret fut si profond et si sincère, que Louis se repentit d'avoir méconnu un cœur vraiment bon. Il eut souvent occasion, en voyant les derniers moments de son père adoucis par une telle affection, de reconnaître une grande vérité : c'est que la tolérance et la bonté avaient providentiellement leurs avantages. Louis avait méprisé sa mère pour des fautes que son père avait pardonnées; il avait méprisé son père pour une indulgence que sa mère sut récompenser. « Je ne serai jamais trompé, se dit Julien tristement; mais ne mourrai-je pas abandonné? » Il se mit à penser à l'avenir de Spark : « Celui-là, se dit-il, ne sera ni délaissé ni trompé. Et moi! et moi! qui sait si pour mon châtiment, malgré toutes mes précautions, je ne serai pas l'un et l'autre! »

Il s'appliqua de tout son cœur à réparer ses torts envers sa mère; avec de la douceur, il arriva à vivre parfaitement avec elle. Toute discussion cessa, toute aigreur disparut entre eux; la brave dame tomba dans la dévotion, et bientôt, loin de railler l'austérité de son fils et de le blesser, comme autrefois, par des plaisanteries, elle devint plus humble et plus contrite vis-à-vis de lui qu'il ne l'eût souhaité dans ses plus grands accès d'orgueil.

Le séjour de la maison paternelle lui devint peu à peu supportable. Il souffrit longtemps, et longtemps son âme fut formée à l'espoir d'une nouvelle vie et de nouvelles affections. Cependant l'étude le sauva du decouragement, et peu à peu sa santé, fortement compromise par le chagrin, se rétablit.

Un an s'était écoulé; il était venu passer quelques semaines à Paris, lorsqu'un soir, en sortant de l'Opéra, il vit passer une femme couverte de pierreries, sur les traces de laquelle on se précipitait. Bien qu'il n'eût entrevu que sa robe de velours et son bras nu, il tressaillit et faillit s'évanouir. Puis il courut à son tour et reconnut madame Cavalcanti. Au moment où elle montait en voiture, il s'élança vers elle en criant; mais elle le regarda fixement d'un air étonné, puis elle dit à ses laquais de fermer la portière, leva la glace et disparut. Ce fut la dernière fois que Saint Julien la vit.

Cependant, le lendemain matin il vit Max entrer dans sa chambre. L'époux de Quintilia n'avait pas changé sa condition; rien n'avait altéré sa sérénité; son visage était toujours jeune et son âme généreuse. « J'ai demandé pardon pour vous, dit-il; on me charge de vous dire qu'on s'intéresse à votre sort et qu'on fait des vœux pour vous. Mais je n'ai pu obtenir qu'on vous accordât une entrevue, et j'ai vu qu'on y avait une telle répugnance que je n'ai pas osé insister. Je n'en sais pas au juste les motifs, je ne veux pas les savoir; mais je n'oublierai jamais que vous avez eu de la confiance en moi, et je ne puis cesser de vous aimer. Je vous ai cherché souvent sans vous rencontrer; et si je ne vous eusse fait suivre hier au soir, je ne saurais pas encore ce que vous êtes devenu. Je viens vous apporter mon adresse et vous engager à venir me trouver toutes les fois que vous aurez besoin de l'aide ou des consolations de l'amitié. Je ne puis rester davantage aujourd'hui, ajouta-t-il sans laisser à Saint-Julien le temps de le remercier. Quintilia part ce soir pour l'Italie, et j'ai hâte de retourner près d'elle ; c'est un jour qui n'a pas trop d'heures pour moi, et où je suis forcé aujourd'hui, tout comme il y a quinze ans, à lutter contre mon propre cœur pour ne pas consentir à la suivre. Au revoir. Vous savez où me trouver dorénavant. Attendez, ajouta-t-il encore en revenant sur ses pas ; Quintilia m'a chargé de vous rendre un papier dont j'ignore le contenu ; elle dit qu'elle n'en a pas besoin pour être sûre de votre honneur, et qu'elle ne gardera jamais d'armes contre vous. Je rapporte ses paroles textuellement, c'est à vous de les comprendre ; moi, tout cela ne me regarde pas. »

Saint-Julien, resté seul, ouvrit le papier, et reconnut le billet expiatoire qu'il avait mis dans le coffre de sandal comme un témoignage de sa propre honte. Il resta pénétré de reconnaissance pour Spark ; mais il ne put se décider à l'aller voir. Il retourna chez sa mère, où l'étude des sciences et celle de la sagesse achevèrent sa guérison.

Quelque temps après, il devint amoureux d'une belle personne très-sage et l'épousa ; car le mariage seul pouvait convenir à un caractère ferme et austère comme le sien. Soit que l'ardeur de ses passions fût émoussée par le mauvais succès de son premier amour, soit qu'il eût profité d'une grande leçon, il fut moins jaloux qu'on n'aurait dû s'y attendre. Sa femme fut assez heureuse et n'en abusa pas. Saint-Julien resta mélancolique, peu expansif, en proie souvent à des luttes intérieures qu'il ne confia jamais à personne ; mais toute sa vie fut irréprochable, et quoiqu'il ne fût pas naturellement porté à la bienveillance, il pratiqua la tolérance et la charité sans grâce, il est vrai, mais sans restriction.

FIN DU SECRÉTAIRE INTIME.

MATTEA

MATTEA

I.

Le temps devenait de plus en plus menaçant, et l'eau, teinte d'une couleur de mauvais augure que les matelots connaissent bien, commençait à battre violemment les quais et à entre-choquer les gondoles amarrées aux degrés de marbre blanc de la Piazzetta. Le couchant, barbouillé de nuages, envoyait quelques lueurs d'un rouge vineux à la façade du palais ducal, dont les découpures légères et les niches aiguës se dessinaient en aiguilles blanches sur un ciel couleur de plomb. Les mâts des navires à l'ancre projetaient sur les dalles de la rive des ombres grêles et gigantesques, qu'effaçaient une à une le passage des nuées sur la face du soleil. Les pigeons de la république s'envolaient épouvantés, et se mettaient à l'abri sous le dais de marbre des vieilles statues, sur l'épaule des saints et sur les genoux des madones. Le vent s'éleva, fit claquer les banderoles du port, et vint s'attaquer aux boucles raides et régulières de la perruque de ser Zacomo Spada, comme si c'eût été la crinière métallique du lion de Saint-Marc ou les écailles de bronze du crocodile de Saint-Théodore.

Ser Zacomo Spada, le marchand de soieries, insensible à ce tapage inconvenant, se promenait le long de la colonnade avec un air de préoccupation majestueuse. De temps en temps il ouvrait sa large tabatière d'écaille blonde doublée d'or, et y plongeait ses doigts, qu'il flairait ensuite avec recueillement, bien que le malicieux sirocco eût depuis longtemps mêlé les tourbillons de son tabac d'Espagne à ceux de la poudre enlevée à son chef vénérable. Enfin, quelques larges gouttes de pluie se faisant sentir à travers ses bas de soie, et un coup de vent ayant fait voler son chapeau et rabattu sur son visage la partie postérieure de son manteau, il commença à s'apercevoir de l'approche d'une de ces bourrasques qui arrivent à l'improviste sur Venise au milieu des plus sereines journées d'été, et qui font en moins de cinq minutes un si terrible dégât de vitres, de cheminées, de chapeaux et de perruques.

Ser Zacomo Spada, s'étant débarrassé non sans peine des plis du camelot noir que le vent plaquait sur son visage, se mit à courir après son chapeau aussi vite que purent le lui permettre sa gravité sexagénaire et les nombreux embarras qu'il rencontrait sur son chemin : ici un brave bourgeois qui, ayant eu la malheureuse idée d'ouvrir son parapluie et s'apercevant bien vite que rien n'était moins à propos, faisait de furieux efforts pour le refermer et s'en allait avec lui à reculons vers le canal ; là une vertueuse matrone occupée à contenir l'insolence de l'orage engouffré dans ses jupes ; plus loin un groupe de bateliers empressés de délier leurs barques et d'aller les mettre à l'abri sous le pont le plus voisin ; ailleurs un marchand de gâteaux de maïs courant après sa vile marchandise ni plus ni moins que ser Zacomo après son excellent couvre-chef. Après bien des peines, le digne marchand de soieries parvint à l'angle de la colonnade du palais ducal, où le fugitif s'était réfugié ; mais au moment où il pliait un genou et allongeait un bras pour s'en emparer, le maudit chapeau repartit sur l'aile vagabonde du sirocco, et prit son vol le long de la rive des Esclavons, côtoyant le canal avec beaucoup de grâce et d'adresse.

Le marchand de soieries fit un gros soupir, croisa un instant les bras sur sa poitrine d'un air consterné, puis s'apprêta courageusement à poursuivre sa course, tenant d'une main sa perruque pour l'empêcher de suivre le mauvais exemple, de l'autre serrant les plis de son manteau, qui s'entortillait obstinément autour de ses jambes. Il parvint ainsi au pied du pont de la Paille, et il mettait de nouveau la main sur son tricorne, lorsque l'ingrat, faisant une nouvelle gambade, traversa le petit canal des Prisons sans le secours d'aucun pont ni d'aucun bateau, et s'abattit comme une mouette sur l'autre rive. « Au diable le chapeau! s'écria ser Zacomo découragé; avant que j'aie traversé un pont, il aura franchi tous les canaux de la ville. En profite qui voudra!... »

Un tempête de rires et de huées répondit en glapissant à l'exclamation de ser Zacomo. Il jeta autour de lui un regard courroucé, et se vit au milieu d'une troupe de polissons qui, sous leurs guenilles et avec leurs mines sales et effrontées, imitaient son attitude tragique et le froncement olympien de son sourcil. « Canaille! s'écria le brave homme en riant à demi de leurs singeries et de sa propre mésaventure, prenez garde que je ne saisisse l'un de vous par les oreilles et que je ne le lance avec mon chapeau au milieu des lagunes! »

En proférant cette menace, ser Zacomo voulut faire le moulinet avec sa canne; mais comme il levait le bras avec une noble fureur, ses jambes perdirent l'équilibre; il était près de la rive, et il abandonna le pavé pour aller tomber...

II.

Heureusement la gondole de la princesse Veneranda se trouvait là, arrêtée par un embarras de barques chioggioles, et faisait de vains efforts de rames pour les dépasser. Ser Zacomo, se voyant lancé, ne songea plus qu'à tomber le plus décemment possible, tout en se recommandant à la Providence, laquelle, prenant sa dignité de père de famille et de marchand de soieries en considération, daigna lui permettre d'aller s'abattre aux pieds de la princesse Veneranda, et de ne point chiffonner trop malhonnêtement le panier de cette illustre personne.

Néanmoins la princesse, qui était fort nerveuse, jeta un grand cri d'effroi, et les polissons pressés sur la rive applaudirent et trépignèrent de joie. Ils restèrent là tant que leurs huées et leurs rires purent atteindre le malheureux Zacomo, que la gondole emportait trop lentement à travers la mêlée d'embarcations qui encombraient le canal.

La princesse grecque Veneranda Gica était une personne sur l'âge de laquelle les commentateurs flottaient irrésolus, du chiffre quarante au chiffre soixante. Elle avait la taille fort droite, bien prise dans un corps baleiné, d'une rigidité majestueuse. Pour se dédommager de cette contrainte où, par amour de la ténuité, elle condamnait une partie de ses charmes, et pour paraître encore jeune et folâtre, elle remuait à tout propos les bras et la tête, de sorte qu'on ne pouvait être assis près d'elle sans recevoir au visage à chaque instant son éventail ou ses plumes. Elle était d'ailleurs bonne, obligeante, généreuse jusqu'à la prodigalité, romanesque, superstitieuse, crédule et faible. Sa bourse avait été exploitée par plus d'un charlatan, et son cortège avait été grossi de plus d'un chevalier d'industrie. Mais sa vertu était sortie pure de ces dangers, grâce à une froideur excessive d'organisation que les puérilités de la coquetterie avaient fait passer à l'état de maladie chronique.

Ser Zacomo Spada était sans contredit le plus riche et le plus estimable marchand de soieries qu'il y eût dans

Venise. C'était un de ces véritables amphibies qui préfèrent leur île de pierre au reste du monde, qu'ils n'ont jamais vu, et qui croiraient manquer à l'amour et au respect qu'ils lui doivent s'ils cherchaient à acquérir la moindre connaissance de ce qui existe au delà. Celui-ci se vantait de n'avoir jamais mis le pied en terre ferme, et de ne s'être jamais assis dans un carrosse. Il possédait tous les secrets de son commerce, et savait au juste quel îlot de l'Archipel ou quel canton de la Calabre élevait les plus beaux mûriers et filait les meilleures soies. Mais là se bornaient absolument ses notions sur l'histoire naturelle terrestre. Il ne connaissait de quadrupèdes que les chiens et les chats, et n'avait vu de bœuf que coupé par morceaux dans le bateau du boucher. Il avait des chevaux une idée fort incertaine, pour en avoir vu deux fois dans sa vie à de certaines solennités où, pour divertir et surprendre le peuple, le sénat avait permis à des troupes de bateleurs d'en amener quelques-uns sur le quai des Esclavons. Mais ils étaient si bizarrement et si pompeusement enharnachés, que ser Zacomo et beaucoup d'autres avaient pu penser que leurs crins étaient naturellement tressés et mêlés de fils d'or et d'argent. Quant aux touffes de plumes rouges et blanches dont on les avait couronnés, il était hors de doute qu'elles appartenaient à leurs têtes, et ser Zacomo, en faisant à sa famille la description du cheval, déclarait que cet ornement naturel était ce qu'il y avait de plus beau dans l'animal extraordinaire apporté de la terre ferme. Il le rangeait d'ailleurs dans l'espèce du bœuf, et encore aujourd'hui beaucoup de Vénitiens ne connaissent pas le cheval sous une autre dénomination que celle de bœuf sans cornes, *bue senza corni*.

Ser Zacomo était méfiant à l'excès quand il s'agissait de risquer un sequin dans une affaire, crédule comme un enfant et capable de se ruiner quand on savait s'emparer de son imagination, que l'oisiveté avait rendue fort impressionnable; laborieux et actif, mais indifférent à toutes les jouissances que pouvaient lui procurer ses bénéfices; amoureux de l'or monnayé, et *dillelante di musica*, bien qu'il eût la voix fausse et battît toujours la mesure à contre-temps; doux, souple, et assez adroit pour régner au moins sur son argent sans trop irriter une femme acariâtre; pareil d'ailleurs à tous ces vrais types de sa patrie, qui participent au moins autant de la nature du polype que de celle de l'homme.

Il y avait bien une trentaine d'années que M. Spada fournissait des étoffes et des rubans à la toilette effrénée de la princesse Gica; mais il se gardait bien de savoir le compte des ans écoulés lorsqu'il avait l'honneur de causer avec elle, ce qui lui arrivait assez souvent, d'abord parce que la princesse se livrait volontiers avec lui au plaisir de babiller, le plus doux qu'une femme grecque connaisse; ensuite parce que Venise a eu en tout temps les mœurs faciles et familières qui n'appartiennent guère en France qu'aux petites villes, et que notre grand monde, plus collet-monté, appellerait du commérage de mauvais ton.

Après s'être fait expliquer l'accident qui avait lancé M. Zacomo à ses pieds, la princesse Veneranda le fit donc asseoir sans façon auprès d'elle, et le força, malgré ses humbles excuses, d'accepter un abri sous le drap noir de sa gondole contre la pluie et le vent, qui faisaient rage, et qui autorisaient suffisamment un tête-à-tête entre un vieux marchand sexagénaire et une jeune princesse qui n'avait pas plus de cinquante-cinq ans.

« Vous viendrez avec moi jusqu'à mon palais, lui avait-elle dit, et mes gondoliers vous conduiront jusqu'à votre boutique. » Et, chemin faisant, elle l'accablait de questions sur sa santé, sur ses affaires, sur sa femme, sur sa fille; questions pleines d'intérêt, de bonté, mais surtout de curiosité; car on sait que les dames de Venise, passant leurs jours dans l'oisiveté, n'auraient absolument rien à dire le soir à leurs amants ou à leurs amis si elles ne s'étaient fait le matin un petit recueil d'anecdotes plus ou moins puériles.

Ser Spada, d'abord très-honoré de ces questions, y répondit moins nettement, et se troubla lorsque la princesse entama le chapitre du prochain mariage de sa fille. « Mattea, lui disait-elle pour l'encourager à répondre, est la plus belle personne du monde; vous devez être bien heureux et bien fier d'avoir une si charmante enfant. Toute la ville en parle, et il n'est bruit que de son air noble et de ses manières distinguées. Voyons, Spada, pourquoi ne me parlez-vous pas d'elle comme à l'ordinaire? Il me semble que vous avez quelque chagrin, et je gagerais que c'est à propos de Mattea; car, chaque fois que je prononce son nom, vous froncez le sourcil comme un homme qui souffre. Voyons, voyons; contez-moi cela. Je suis l'amie de votre petite famille; j'aime Mattea de tout mon cœur, c'est ma filleule; j'en suis fière. Je serais bien fâchée qu'elle fût pour vous un sujet de contrariété, et vous savez que j'ai droit de la morigéner. Aurait-elle une amourette? refuserait-elle d'épouser son cousin Checo? »

M. Spada, dont toutes ces interrogations augmentaient terriblement la souffrance, essaya respectueusement de les éluder; mais Veneranda, ayant flairé là l'odeur d'un secret, s'acharnait à sa proie, et le bonhomme, quoique assez honteux de ce qu'il avait à dire, ayant une juste confiance en la bonté de la princesse, et d'ailleurs aimant à parler comme un Vénitien, c'est-à-dire presque autant qu'une Grecque, se résolut à confesser le sujet de sa préoccupation.

« Hélas! brillante Excellence (*chiarissima*), dit-il en prenant une prise de tabac imaginaire dans sa tabatière vide, c'est en effet ma fille qui cause le chagrin que je ne puis dissimuler. Votre Seigneurie sait bien que Mattea est en âge de songer à autre chose qu'à des poupées.

— Sans doute, sans doute, elle a tantôt cinq pieds de haut, répondit la princesse, la plus belle taille qu'une femme puisse avoir; c'est précisément ma taille. Cependant elle n'a pas plus de quatorze ans; c'est ce qui la rend un peu excusable; car, après tout, c'est encore un enfant incapable d'un raisonnement sérieux. D'ailleurs le précoce développement de sa beauté doit nécessairement lui donner quelque impatience d'être mariée.

— Hélas! reprit ser Zacomo, Votre Seigneurie sait combien ma fille est admirée, non-seulement par tous ceux qui la connaissent, mais encore par tous ceux qui passent devant notre boutique. Elle sait que les plus élégants et les plus riches seigneurs s'arrêtent des heures entières devant notre porte, feignant de causer entre eux ou d'attendre quelqu'un, pour jeter de fréquents regards sur le comptoir où elle est assise auprès de sa mère. Plusieurs viennent marchander mes étoffes pour avoir le plaisir de lui adresser quelques mots, et ceux qui ne sont point malappris achètent toujours quelque chose, ne fût-ce qu'une paire de bas de soie; c'est toujours cela. Dame Loredana, mon épouse, qui certes est une femme alerte et vigilante, avait élevé cette pauvre enfant dans de si bons principes que jamais jusqu'ici on n'avait vu une fille si réservée, si discrète et si honnête; toute la ville en témoignerait.

— Certes, reprit la princesse, il est impossible d'avoir un maintien plus convenable que le sien, et j'entendais dire l'autre jour dans une soirée que la Mattea était une des plus belles personnes de Venise, et que sa beauté était rehaussée par un certain air de noblesse et de fierté qui la distinguait de toutes ses égales et la faisait paraître comme une princesse au milieu d'un troupeau de soubrettes.

— Cela est vrai, par le Christ, vrai ! répéta ser Zacomo d'un ton mélancolique. C'est une fille qui n'a jamais perdu son temps à s'attifer de colifichets, chose qui ne convient qu'aux dames de qualité; toujours propre et bien peignée dès le matin, et si tranquille, si raisonnable, qu'il n'y a pas un cheveu de dérangé à son chignon dans toute une journée; économe, laborieuse, et douce comme une colombe; ne répondant jamais pour se dispenser d'obéir! silencieuse que c'est un miracle, étant fille de ma femme! enfin un diamant, un vrai trésor. Ce n'est pas la coquetterie qu'il l'a perdue; car elle ne faisait nulle attention à ses admirateurs, pas plus aux honnêtes gens qui venaient acheter dans ma boutique qu'aux godelureaux qui en encombraient le seuil pour la regarder. Ce n'est pas non plus l'impatience d'être mariée; car elle sait qu'elle a à Mantoue un mari tout prêt, qui n'attend qu'un mot pour venir lui faire sa cour. Eh bien! malgré tout cela, voilà que du jour au lendemain, et sans avertir personne, elle s'est monté la tête pour quelqu'un que je n'ose pas seulement nommer.

— Pour qui? grand Dieu! s'écria Veneranda; est-ce le respect ou l'horreur qui glace ce nom sur vos lèvres? est-ce de votre vilain bossu garçon de boutique; est-ce du doge que votre fille est éprise?

— C'est pis que tout ce que Votre Excellence peut imaginer, répondit ser Zacomo en s'essuyant le front : c'est d'un mécréant, c'est d'un idolâtre, c'est du Turc Abul.

— Qu'est-ce que cet Abul? demanda la princesse.

— C'est, répondit Zacomo, un riche fabricant de ces belles étoffes de soie de Perse, brochées d'or et d'argent, que l'on façonne à l'île de Scio, et que Votre Excellence aime à trouver dans mon magasin.

— Un Turc! s'écria Veneranda; sainte madone! c'est en effet bien déplorable, et je n'y conçois rien. Amoureuse d'un Turc, ô Spada! cela ne peut pas être; il y a là-dessous quelque mystère. Quant à moi, j'ai été, dans mon pays, poursuivie par l'amour des plus beaux et des plus riches d'entre eux, et je n'ai jamais eu que de l'horreur pour ces gens-là. Oh! c'est que je me suis recommandée à Dieu dès l'âge où ma beauté m'a mise en danger, et qu'il m'a toujours préservée. Mais sachez que tous les mulsulmans sont voués au diable, et qu'ils possèdent tous des amulettes ou des philtres au moyen desquels beaucoup de chrétiennes renient le vrai Dieu pour se jeter dans leurs bras. Soyez sûr de ce que je vous dis.

— N'est-ce pas une chose inouïe, un de ces malheurs qui ne peuvent arriver qu'à moi? dit M. Spada. Une fille si belle et si honnête!

— Sans doute, sans doute, reprit la princesse; il y a de quoi s'étonner et s'affliger. Mais, je vous le demande, comment a pu s'opérer un pareil sortilége?

— Voilà ce qu'il m'est impossible de savoir. Seulement, s'il y a un charme jeté sur ma fille, je crois pouvoir en accuser un infâme serpent, appelé Timothée, Grec esclavon, qui est au service de ce Turc, et qui vient souvent avec lui dans ma maison pour servir d'interprète entre lui et moi; car ces mahométans ont une tête de fer, et depuis cinq ans qu'Abul vient à Venise, il ne parle pas plus chrétien que le premier jour. Ce n'est donc pas par les oreilles qu'il a séduit ma fille; car il s'assied dans un coin et ne dit mot non plus qu'une pierre. Ce n'est pas par les yeux; car il ne fait pas plus attention à elle que s'il ne l'eût pas encore aperçue. Il faut donc en effet, comme Votre Excellence le remarque et comme je l'avais déjà pensé, qu'il y ait une cause surnaturelle à cet amour-là ; car de tous les hommes dont Mattea est entourée, ce damné est le dernier auquel une fille sage et prudente comme elle aurait dû songer. On dit que c'est un bel homme ; quant à moi, il me semble fort laid avec ses grands yeux de chouette et sa longue barbe noire.

— Mon cher monsieur, interrompit la princesse, il y a du sortilége là-dedans. Avez-vous surpris quelque intelligence entre votre fille et ce Grec Timothée ?

— Certainement. Il est si bavard qu'il parle même avec *Tisbé*, la chienne de ma femme, et il adresse très-souvent la parole à ma fille pour lui dire des riens, des âneries qui la feraient bâiller dites par un autre, mais qu'elle accueille fort bien de la part de Timothée ; c'est au point que nous avons cru d'abord qu'elle était amoureuse du Grec, et comme c'est un homme de rien, nous en étions fâchés. Hélas ! ce qui lui arrive est bien pis !

— Et comment savez-vous que c'est du Turc et non pas du Grec que votre fille est amoureuse ?

— Parce qu'elle nous l'a dit elle-même ce matin. Ma femme la voyant maigrir, devenir triste, indolente et distraite, avait pensé que c'était le désir d'être mariée qui la tourmentait ainsi, et nous avions décidé que nous ferions venir son prétendu sans lui rien dire. Ce matin elle vint m'embrasser d'un air si chagrin et avec un visage si pâle, que je crus lui faire plaisir en lui annonçant la prochaine arrivée de Checo. Mais, au lieu de se réjouir, elle hocha la tête d'une manière qui fâcha ma femme, laquelle, il faut l'avouer, est un peu emportée, et traite quelquefois sa fille trop sévèrement. « Qu'est-ce à dire ? lui demanda-t-elle ; est-ce ainsi que l'on répond à son papa ? — Je n'ai rien répondu, dit la petite. — Vous avez fait pis, dit la mère, vous avez témoigné du dédain pour la volonté de vos parents. — Quelle volonté ? demanda

Mattea. — La volonté que vous receviez bien Checo, répondit ma femme; car vous savez qu'il doit être votre mari; et je n'entends pas que vous le tourmentiez de mille caprices, commes font les petites personnes d'aujourd'hui, qui meurent d'envie de se marier, et qui, pour jouer les précieuses, font perdre la tête à un pauvre fiancé par des fantaisies et des simagrées de toute sorte. Depuis quelque temps vous êtes devenue fort bizarre et fort insupportable, je vous en avertis, » etc., etc. Votre Excellence peut imaginer tout ce que dit ma femme; elle a une si brave langue dans la bouche ! Cela finit par impatienter la petite, qui lui dit d'un air très-hautain : « Apprenez que Checo ne sera jamais mon mari, parce que je le déteste, et parce que j'ai disposé de mon cœur. » Alors Loredana se mit dans une grande colère et lui fit mille menaces. Mais je la calmai en disant qu'il fallait savoir en faveur de qui notre fille avait, comme elle le disait, disposé de son cœur, et je la pressai de nous le dire. J'employai la douceur pour la faire parler, mais ce fut inutile. « C'est mon secret, disait-elle; je sais que je ne puis jamais épouser celui que j'aime, et j'y suis résignée; mais je l'aimerai en silence, et je n'appartiendrai jamais à un autre. » Là-dessus, ma femme s'emporta de plus en plus, lui reprocha de s'être enamourée de ce petit aventurier de Timothée, le laquais d'un Turc, et elle lui dit tant de sottises que la colère fit plus que l'amitié, et que la malheureuse enfant s'écria en se levant et en parlant d'une voix ferme: « Toutes vos menaces sont inutiles; j'aimerai celui que mon cœur a choisi, et puisque vous voulez savoir son nom, sachez-le : c'est Abul. » Là-dessus elle cacha son visage enflammé dans ses deux mains, et fondit en larmes. Ma femme s'élança vers elle et lui donna un soufflet.

— Elle eut tort ! s'écria la princesse.

— Sans doute, Excellence, elle eut tort. Aussi, quand je fus revenu de l'espèce de stupeur où cette déclaration m'avait jeté, j'allai prendre ma fille par la main, et, pour la soustraire au ressentiment de sa mère, je courus l'enfermer dans sa chambre, et je revins essayer de calmer la Loredana. Ce ne fut pas facile ; enfin, à force de la raisonner, j'obtins qu'elle laisserait l'enfant se dépiter et rougir de honte toute seule pendant quelques heures. Je me chargeai ensuite d'aller la réprimander, et de l'amener demander pardon à sa mère à l'heure du souper. Pour lui donner le temps de faire ses réflexions, je suis sorti, emportant la clef de sa chambre dans ma poche, et songeant moi-même à ce que je pourrais lui dire de terrible et de convenable pour la frapper d'épouvante et la ramener à la raison. Malheureusement l'orage m'a surpris au milieu de ma méditation, et voici que je suis forcé de retourner au logis sans avoir trouvé le premier mot de mon discours paternel. J'ai bien encore trois heures avant le souper, mais Dieu sait si les questions, les exclamations et les lamentations de la Loredana me laisseront un quart d'heure de loisir pour me préparer à la conférence. Ah ! qu'on est malheureux, Excellence, d'être père de famille et d'avoir affaire à des Turcs !

— Rassurez-vous, mon digne monsieur, répondit la princesse d'un air grave. Le mal n'est peut-être pas aussi grand que vous l'imaginez. Peut-être quelques exhortations douces de votre part suffiront-elles pour chasser l'influence du démon. Je m'occuperai, quant à moi, de réciter des prières et de faire dire des messes. Et puis je parlerai ; soyez sûr que j'ai de l'influence sur la Mattea. S'il le faut, je l'emmènerai à la campagne. Venez me voir demain, et amenez-la avec vous. Cependant veillez bien à ce qu'elle ne porte aucun bijou ni aucune étoffe que ce Turc ait touchée. Veillez aussi à ce qu'il ne fasse pas devant elle des signes cabalistiques avec les doigts. Demandez-lui si elle n'a pas reçu de lui quelque don; et si cela est arrivé, exigez qu'elle vous le remette, et jetez-le au feu. A votre place, je ferais exorciser la chambre. On ne sait pas quel démon peut s'en être emparé. Allez, cher Spada, dépêchez-vous, et surtout tenez-moi au courant de cette affaire. Je m'y intéresse beaucoup. »

En parlant ainsi, la princesse, qui était arrivée à son palais, fit un salut gracieux à son protégé, et s'élança, soutenue de ses deux gondoliers, sur les marches du péristyle. Ser Zacomo, assez frappé de la profondeur de ses idées et un peu soulagé de son chagrin, remercia les gondoliers, car le temps était déjà redevenu serein, et reprit à pied, par les rues étroites et anguleuses de l'intérieur, le chemin de sa boutique, située sous les vieilles Procuraties.

III.

Enfermée dans sa chambre, seule et pensive, la belle Mattea se promenait en silence, les bras croisés sur sa poitrine, dans une attitude de mutine résolution, et la paupière humide d'une larme que la fierté ne voulait point laisser tomber. Elle n'était pourtant vue de personne; mais sans doute elle sentait, comme il arrive souvent aux enfants et aux femmes, que son courage tenait à un fil, et que la première larme qui s'ouvrirait un passage à travers ses longs cils noirs entraînerait un déluge difficile à réprimer. Elle se contenait donc et se donnait en passant et en repassant devant sa glace des airs dégagés, affectant une démarche altière et s'éventant d'un large éventail de la Chine à la mode de ce temps-là.

Mattea, ainsi qu'on a pu le voir par la conversation de son père avec la princesse, était une fort belle créature, âgée de quatorze ans seulement, mais déjà très-développée et très-convoitée par tous les galants de Venise. Ser Zacomo ne la vantait point au delà de ses mérites en déclarant que c'était un véritable trésor, une fille sage, réservée, laborieuse, intelligente, etc., etc. Mattea possédait toutes ces qualités et d'autres encore que son père était incapable d'apprécier, mais qui, dans la situation où le sort l'avait fait naître, devaient être pour elle une source de maux très-grands. Elle était douée d'une imagination vive, facile à exalter, d'un cœur fier et généreux et d'une grande force de caractère. Si ces facultés eussent été bien dirigées dans leur essor, Mattea eût été la plus heureuse enfant du monde et M. Spada le plus heureux des pères; mais madame Loredana, avec son caractère violent, son humeur âcre et querelleuse, son opiniâtreté qui allait jusqu'à la tyrannie, avait sinon gâté, du moins irrité cette belle âme au point de la rendre orgueilleuse, obstinée, et même un peu farouche. Il y avait bien en elle un certain reflet du caractère absolu de sa mère, mais adouci par la bonté et l'amour de la justice, qui est la base de toute belle organisation. Une intelligence élevée, qu'elle avait reçue de Dieu seul, et la lecture furtive de quelques romans pendant les heures destinées au sommeil, la rendaient très-supérieure à ses parents, quoiqu'elle fût très-ignorante et plus simple peut-être qu'une fille élevée dans notre civilisation moderne ne l'est à l'âge de huit ans.

Élevée rudement quoique avec amour et sollicitude, réprimandée et même frappée dans son enfance pour les plus légères inadvertances, Mattea avait conçu pour sa mère un sentiment de crainte qui souvent touchait à l'aversion. Altière et dévorée de rage en recevant ces corrections, elle s'était habituée à les subir dans un sombre silence, refusant héroïquement de supplier son tyran, ou même de paraître sensible à ses outrages. La fureur de sa mère était doublée par cette résistance, et quoique au fond elle aimât sa fille, elle l'avait si cruellement maltraitée parfois que ser Zacomo avait été obligé de l'arracher de ses mains. C'était le seul courage dont il fût capable, car il ne la redoutait pas moins que Mattea, et de plus la faiblesse de son caractère le plaçait sous la domination de cet esprit plus obstiné et plus impétueux que le sien. En grandissant, Mattea avait appelé la prudence au secours de son oppression, et par frayeur, par aversion peut-être, elle s'était habituée à une stricte obéissance et à une muette ponctualité dans sa lutte; mais la conviction qui enchaîne les cœurs s'éloignait du sien chaque jour davantage. En elle-même elle détestait son joug, et sa volonté secrète démentait à chaque instant, non pas ses paroles (elle ne parlait jamais, pas même à son père, dont la faiblesse lui causait une sorte d'indignation), mais ses actions et sa contenance. Ce qui la révoltait peut-être le plus et à juste titre, c'était que sa mère, au milieu de son despotisme, de ses violences et de ses injustices, se piquât d'une austère dévotion, et la contraignît aux plus étroites pratiques du bigotisme. La piété, généralement si douce, si tolérante et si gaie chez la nation vénitienne, était dans le cœur de la Piémontaise Loredana un fanatisme insupportable que Mattea ne pouvait accepter. Aussi, tout en aimant la vertu, tout en adorant le Christ et en dévorant à ses pieds chaque jour bien des larmes amères, la pauvre enfant avait osé, chose inouïe dans ce temps et dans ce pays, se séparer intérieurement du dogme à l'égard de plusieurs points arbitraires. Elle s'était fait, sans beaucoup de réflexion et sans aucune controverse, une religion personnelle, pure, sincère, instinctive. Elle apprenait chaque jour cette religion de son choix, l'occasion amenant le précepte, l'absurdité des arrêts les révoltes du bon sens; et quand elle entendait sa mère damner impitoyablement tous les hérétiques, quelque vertueux qu'ils fussent, elle allait assez loin dans l'opinion contraire pour absoudre même les infidèles et les regarder comme ses frères. Mais elle ne disait point ses pensées à cet égard; car, quoique son extrême docilité apparente eût dû désarmer pour toujours la mégère, celle-ci, à la moindre marque d'inattention ou de lenteur dans l'accomplissement de ses volontés, lui infligeait des châtiments réservés à l'enfance et dont l'âme outrée de l'adolescente Mattea ressentait vivement les profondes atteintes.

Si bien que cent fois elle avait formé le projet de s'enfuir de la maison paternelle, et ce projet eût déjà été exécuté si elle avait pu compter sur un lieu de refuge; mais dans son ignorance absolue du monde, sans en connaître les vrais écueils, elle craignait de ne pouvoir trouver nulle part asile et protection.

Elle ne connaissait en fait de femmes que sa mère et quelques volumineuses matrones de même acabit, plus ou moins exercées aux criailleries conjugales, mais toutes aussi bornées, aussi étroites dans leurs idées, aussi intolérantes dans ce qu'elles appelaient leurs principes moraux et religieux. Mattea croyait toutes les femmes semblables à celles-là, tous les hommes aussi incertains, aussi opprimés, aussi peu éclairés que son père. Sa marraine, la princesse Gica, lui était douce et facile; mais l'absurdité de son caractère n'offrait pas plus de garantie que celui d'un enfant. Elle ne savait où placer son espérance, et songeait à se retirer dans quelque désert pour y vivre de racines et de pleurs. — Si le monde est ainsi, se disait-elle dans ses vagues rêveries, si les malheureux sont repoussés partout, si celui que l'injustice révolte doit être maudit et chassé comme un impie, ou chargé de fers comme un fou dangereux, il faut que je meure ou que je cherche la Thébaïde. Alors elle pleurait et tombait dans de longues réflexions sur cette Thebaïde qu'elle ne se figurait guère plus éloignée que Trieste ou Padoue, et qu'elle songeait à gagner à pied avec quelques sequins, fruit des épargnes de toute sa vie.

Toute autre qu'elle eût songé à se sauver dans un couvent, refuge ordinaire, en ce temps-là, des filles coupables ou désolées. Mais elle avait une invincible méfiance et une espèce de haine pour tout ce qui portait un habit religieux. Son confesseur l'avait trahie dans de soi-disant bonnes intentions en discourant avec sa mère et de la confession reçue et de la pénitence fructueuse à imposer. Mattea le savait, et, forcée de retourner vers lui, elle avait eu la fermeté de refuser et la pénitence et l'absolution. Menacée par le confesseur, elle l'avait menacé à son tour d'aller se jeter aux pieds du patriarche et de lui tout déclarer. C'était une menace qu'elle n'aurait point exécutée, car la pauvre opprimée eût craint de trouver dans le patriarche lui-même un oppresseur plus puissant; mais elle avait réussi à effrayer le prêtre, et depuis ce temps le secret de sa confession avait été respecté.

Mattea, s'imaginant que toute nonne ou prêtre à qui elle aurait recours, bien loin de prendre sa défense, la livrerait à sa mère et rendrait sa chaîne plus pesante, repoussait non-seulement l'idée d'implorer de telles gens, mais encore celle de fuir. Elle chassait vite ce projet, dans la singulière crainte de le faire échouer en étant forcée de s'en confesser, et, par une sorte de jésuitisme naturel aux âmes féminines, elle se persuadait n'avoir eu que d'involontaires velléités de fuite, tandis qu'elle conservait solide et intacte dans je ne sais quel repli caché de son cœur la volonté de partir à la première occasion.

Elle eût pu chercher dans les offres ou seulement dans

es désirs naissants de quelque adorateur une garantie de protection et de salut ; mais Mattea, aussi chaste que son âge, n'y avait jamais pensé ; il y avait dans les regards avides que sa beauté attirait sur elle quelque chose d'insolent qui blessait son orgueil au lieu de le flatter, et qui l'augmentait dans un sens tout opposé à la puérile vanité des jeunes filles. Elle n'était occupée qu'à se créer un maintien froid et dédaigneux qui éloignât toute entreprise impertinente, et elle faisait si bien que nulle parole d'amour n'avait osé arriver jusqu'à son oreille, aucun billet jusqu'à la poche de son tablier.

Mais comme elle agissait ainsi par disposition naturelle et non par suite des leçons emphatiques de sa mère, elle ne repoussait pas absolument l'espoir de trouver un cœur noble, une amitié solide et désintéressée, qui consentît à la sauver sans rien exiger d'elle, car si elle ignorait bien des choses, elle en savait aussi beaucoup que les filles d'une condition médiocre apprennent de très-bonne heure.

Le cousin Checo étant stupide et insoutenable comme tous les maris tenus en réserve par la prévoyance des parents, Mattea s'était juré de se précipiter dans le Canalazzo plutôt que d'épouser cet homme ridicule, et c'était principalement pour se garantir de ses poursuites qu'elle avait déclaré le matin même à sa mère, dans un effort désespéré, que son cœur appartenait à un autre.

Mais cela n'était pas vrai. Quelquefois peut-être Mattea, laissant errer ses yeux sur le calme et beau visage du marchand turc, dont le regard ne la recherchait jamais et ne l'offensait point comme celui des autres hommes, avait-elle pensé que cet homme, étranger aux lois et aux préjugés de son pays, et surtout renommé entre tous les négociants turcs pour sa noblesse et sa probité, pouvait la secourir. Mais à cette idée rapide avait succédé raisonnable avertissement de son orgueil; Abul ne semblait nullement éprouver pour elle amour, amitié ou compassion. Il ne paraissait pas même la voir la plupart du temps; et s'il lui adressait quelques regards étonnés, c'était de la singularité de son vêtement européen, ou du bruit que faisait à son oreille la langue presque inconnue qu'elle parlait, qu'il était émerveillé. Mattea s'était rendu compte de tout cela; elle se disait sans humeur, sans dépit, sans chagrin, peut-être seulement avec une surprise ingénue, qu'elle n'avait produit aucune impression sur Abul; puis elle ajoutait : « Si quelque marchand turc d'une bonne et honnête figure, et d'une intacte réputation, comme Abul-Amet, m'offrait de m'épouser et de m'emmener dans son pays, j'accepterais sans répugnance et sans scrupule; et quelque médiocrement heureuse que je fusse, je ne pourrais manquer de l'être plus qu'ici. » C'était là tout, en vérité. Ni le Turc Abul, ni le Grec Timothée ne lui avaient adressé une parole qui donnât suite à ces idées, et c'était dans un moment d'exaspération singulière, délirante, inexplicable, comme il en vient seulement aux jeunes filles, que Mattea, soit pour désespérer sa mère, soit pour se persuader à elle-même qu'elle avait une volonté bien arrêtée, avait imaginé de nommer le Turc plutôt que le Grec, plutôt que le premier Vénitien venu.

Cependant, à peine cette parole fut-elle prononcée, étrange effet de la volonté ou de l'imagination dans les jeunes têtes! que Mattea chercha à se pénétrer de cet amour chimérique et à se persuader que depuis plusieurs jours elle en avait ressenti les mystérieuses atteintes. — Non, se disait-elle, je n'ai point menti, je n'ai point avancé au hasard une assertion folle. J'aimais sans le savoir; toutes mes pensées, toutes mes espérances se reportaient vers lui. Au moment du péril, dans la crise décisive du désespoir, mon amour s'est révélé aux autres et à moi-même; ce nom est sorti de mes lèvres par l'effet d'une volonté divine, et, je le sens maintenant, Abul est ma vie et mon salut.

En parlant ainsi à haute voix dans sa chambre, exaltée, belle comme un ange dans sa vive rougeur, Mattea se promenait avec agitation et faisait voltiger son éventail autour d'elle.

IV.

Timothée était un petit homme d'une figure agréable et fine, dont le regard un peu railleur était tempéré par l'habitude d'une prudente courtoisie. Il avait environ vingt-huit ans, et sortait d'une bonne famille de Grecs esclavons, ruinée par les exactions du pouvoir ottoman. De bonne heure il avait couru le monde, cherchant un emploi, exerçant tous ceux qui se présentaient à lui, sans morgue, sans timidité, ne s'inquiétant pas, comme les hommes de nos jours, de savoir s'il avait une vocation, une *spécialité* quelconque, mais s'occupant avec constance à rattacher son existence isolée à celle de la foule. Nullement fanfaron, mais fort entreprenant, il abordait tous les moyens de faire fortune, même les plus étrangers aux moyens précédemment tentés par lui. En peu de temps il se rendait propre aux travaux que son nouvel état exigeait; et lorsque son entreprise avortait, il en embrassait une autre aussitôt. Pénétrant, actif, passionné comme un joueur pour toutes les chances de la spéculation, mais prudent, discret et tant soit peu fourbe, non pas jusqu'à la déloyauté, mais bien jusqu'à la malice, il était de ces hommes qui échappent à tous les désastres avec ce mot: *Nous verrons bien !* Ceux-là, s'ils ne parviennent pas toujours à l'apogée de la destinée, se font du moins une place commode au milieu de l'encombrement des intrigues et des ambtions; et lorsqu'ils réussissent à monter jusqu'à un poste brillant, on s'étonne de leur subite élévation, on les appelle les privilégiés de la fortune. On ne sait pas par combien de revers patiemment supportés, par combien de fatigantes épreuves et d'audacieux efforts ils ont acheté ses faveurs.

Timothée avait donc exercé tour à tour les fonctions de garçon de café, de glacier, de colporteur, de trafiquant de fourrures, de commis, d'aubergiste, d'empirique et de régisseur, toujours à la suite ou dans les intérêts de quelque musulman; car les Grecs de cette époque, en quelque lieu qu'ils fussent, ne pouvaient s'affranchir de la domination turque, sous peine d'être condamnés à mort en remettant le pied sur le sol de leur patrie, et Timothée ne voulait point se fermer l'accès d'une contrée dont il connaissait parfaitement tous les genres d'exploitation commerciale. Il avait été chargé d'affaires de plusieurs trafiquants qui l'avaient envoyé en Allemagne, en France, en Égypte, en Perse, en Sicile, en Moscovie et en Italie surtout, Venise étant alors l'entrepôt le plus considérable du commerce avec l'Orient. Dans ces divers voyages, Timothée avait appris incroyablement vite à parler, sinon correctement, du moins facilement, les diverses langues des peuples qu'il avait visités. Le dialecte vénitien était un de ceux qu'il possédait le mieux, et le teinturier Abul-Amet, négociant considérable, dont les ateliers étaient à Corfou, l'avait pris depuis peu pour inspecteur de ses ouvriers, teneur de livres, truchement, etc. Il avait en lui une extrême confiance, et goûtait un plaisir silencieux à écouter, sans la moindre marque d'intelligence ou d'approbation, ses joyeuses saillies et son babil spirituel.

Il faut dire en passant que les Turcs étaient et sont encore les hommes les plus probes de la terre. De là une grande simplicité de jugement et une admirable imprudence dans les affaires. Ennemis des écritures, ils ignorent l'usage des contrats et des mille preuves de scélératesse qui ressortent des lois de l'Occident. Leur parole vaut mieux que signatures, timbres et témoins. Elle est reçue dans le commerce, même par les nations étrangères, comme une garantie suffisante; et à l'époque où vivaient Abul-Amet, Timothée et M. Spada, il n'y avait point encore eu à la Bourse de Venise un seul exemple de faillite de la part d'un Turc. On en compte deux aujourd'hui. Les Turcs se sont vus obligés de marcher avec leur siècle et de rendre cet hommage au règne des lumières.

Quoique mille fois trompés par les Grecs et par les Vénitiens, populations également avides, retorses et rompues à l'escroquerie, avec cette différence que les riverains orientaux de l'Adriatique ont servi d'exemples et de maîtres à ceux de l'Occident, les Turcs sont exposés et comme forcés chaque jour à se laisser dépouiller par ces fourbes commettants. Pourvus d'une intelligence paresseuse, et ne sachant dominer que par la force, ils ne peuvent se passer de l'entremise des nations civilisées. Aujourd'hui ils les appellent franchement à leur secours. Dès lors ils s'abandonnaient aux Grecs, esclaves adroits qui savaient se rendre nécessaires, et qui se vengeaient de l'oppression par la ruse et la supériorité d'esprit. Il y avait pourtant quelques honnêtes gens parmi ces fins larrons, et Timothée était, à tout prendre, un honnête homme.

Au premier abord, comme il était d'une assez chétive complexion, les femmes de Venise le déclaraient insignifiant; mais un peintre tant soit peu intelligent ne l'eût pas trouvé tel. Son teint bilieux et uni faisait ressortir la blancheur de l'émail des dents et des yeux, contraste qui constitue une beauté chez les Orientaux, et que la statuaire grecque ne nous a pu faire soupçonner. Ses cheveux, fins comme la soie et toujours imprégnés d'essence de rose, étaient, par leur longueur et leur peau noir d'ébène, un nouvel avantage que les Italiennes, habituées à ne voir que des têtes poudrées, n'avaient pas le bon goût d'apprécier; enfin la singulière mobilité de sa physionomie et le rayon pénétrant de son regard l'eussent fait remarquer, s'il eût eu affaire à des gens moins incapables de comprendre ce que son visage et sa personne trahissaient de supériorité sur eux.

Il était venu pour parler d'affaires à M. Spada, à peu près à l'heure où la tempête avait jeté celui-ci dans la gondole de la princesse Veneranda. Il avait trouvé dame Loredana seule au comptoir, et si revêche qu'il avait renoncé à s'asseoir dans la boutique, et s'était décidé à attendre le marchand de soieries en prenant un sorbet et en fumant sous les arcades des Procuraties, à trois pas de la porte de M. Spada.

Les galeries des Procuraties sont disposées à peu près comme celles du Palais-Royal à Paris. Le rez-de-chaussée est consacré aux boutiques et aux cafés, et l'entresol, dont les fenêtres sont abritées par le plafond des galeries, est occupé par les familles des boutiquiers ou par les cabinets des limonadiers; seulement l'affluence des consommateurs est telle, dans l'été, que les chaises et les petites tables obstruent le passage en dehors des cafés et couvrent la place Saint-Marc, où des tentes sont dressées à l'extérieur des galeries.

Timothée se trouvait donc à une de ces petites tables, précisément en face des fenêtres situées au-dessus de la boutique de Zacomo; et comme ses regards se portaient furtivement de ce côté, il aperçut dans une mitaine de soie noire un beau bras de femme qui semblait lui faire signe, mais qui se retira timidement avant qu'il eût pu s'en assurer. Ce manége ayant recommencé, Timothée, sans affectation, rapprocha sa petite table et sa chaise de la fenêtre mystérieuse. Alors ce qu'il avait prévu arriva; une lettre tomba dans la corbeille où étaient ses macarons au girofle. Il la prit fort tranquillement et la cacha dans sa bourse, tout en remarquant l'anxiété de Loredana, qui à chaque instant s'approchait de la vitre du rez-de-chaussée pour l'observer; mais elle n'avait rien vu. Timothée rentra dans la salle du café et lut le billet suivant; il l'ouvrit sans façon, ayant reçu une fois pour toutes de son maître l'autorisation de lire les lettres qui lui seraient adressées, et sachant bien d'ailleurs qu'Abul ne pourrait se passer de lui pour en comprendre le sens.

« Abul-Amet, je suis une pauvre fille opprimée et
« maltraitée; je sais que votre vaisseau va mettre à la
« voile dans quelques jours; voulez-vous me donner un
« petit coin pour que je me réfugie en Grèce? Vous êtes
« bon et généreux, à ce qu'on dit; vous me protégerez,
« vous me mettrez dans votre palais; ma mère m'a dit
« que vous aviez plusieurs femmes et beaucoup d'en-
« fants; j'élèverai vos enfants et je broderai pour vos
« femmes, ou je préparerai la soie dans vos ateliers, je
« serai une espèce d'esclave; mais, comme étrangère,
« vous aurez des égards et des bontés particulières pour
« moi, vous ne souffrirez pas qu'on me persécute pour
« me faire abandonner ma religion, ni qu'on me traite
« avec trop de dédain. J'espère en vous et en un Dieu qui
« est celui de tous les hommes.
                                          « MATTEA. »

Cette lettre parut si étrange à Timothée qu'il la relut plusieurs fois jusqu'à ce qu'il en eût pénétré le sens. Comme il n'était pas homme à comprendre à demi, lorsqu'il voulait s'en donner la peine, il vit, dans cet appel à la protection d'un inconnu, quelque chose qui ressemblait à de l'amour et qui pourtant n'était pas de l'amour. Il avait vu souvent les grands yeux noirs de Mattea s'attacher avec une singulière expression de doute, de crainte et d'espoir sur le beau visage d'Abul; il se rappelait la mauvaise humeur de la mère et son désir de l'éloigner; il réfléchit sur ce qu'il avait à faire, puis il alluma sa pipe avec la lettre, paya son sorbet, et marcha à la rencontre de ser Zacomo, qu'il apercevait au bout de la place.

Au moment où Timothée l'aborda, il caressait l'acquisition prochaine d'une cargaison de soie arrivant de Smyrne pour recevoir la teinture à Venise, comme cela se pratiquait à cette époque. La soie retournait ensuite en Orient pour recevoir la façon, ou bien elle était façonnée et débitée à Venise, selon l'occurrence. Cette affaire lui offrait la perspective la plus brillante et la mieux assurée; mais un rocher tombant du haut des montagnes sur la surface unie d'un lac y cause moins de trouble que ces paroles de Timothée n'en produisirent dans son âme : « Mon cher seigneur Zacomo, je viens vous présenter les salutations de mon maître Abul-Amet, et vous prier de de sa part de vouloir bien acquitter une petite note de deux mille sequins qui vous sera présentée à la fin du mois, c'est-à-dire dans dix jours. »

Cette somme était à peu près celle dont M. Spada avait besoin pour acheter sa chère cargaison de Smyrne, et il s'était promis d'en disposer à cet effet, se flattant d'un plus long crédit de la part d'Abul. « Ne vous étonnez point de cette demande, lui dit Timothée d'un ton léger et feignant de ne point voir sa pâleur; Abul vous aurait donné, s'il eût été possible, l'année tout entière pour vous acquitter, comme il l'a fait jusqu'ici; et c'est avec grand regret, je vous jure, qu'un homme aussi obligeant et aussi généreux s'expose à vous causer peut-être une petite contrariété; mais il se présente pour lui une magnifique affaire à conclure. Un petit bâtiment smyrniote que nous connaissons vient d'apporter une cargaison de soie vierge.

— Oui, j'ai entendu parler de cela, balbutia Spada de plus en plus effrayé.

— L'armateur du smyrniote a appris en entrant dans le port un échec épouvantable arrivé à sa fortune; il faut qu'il réalise à tout prix quelques fonds et qu'il coure à Corfou, où sont ses entrepôts. Abul, voulant profiter de l'occasion sans abuser de la position du Smyrniote, lui offre deux mille cinq cents sequins de sa cargaison; c'est une belle affaire pour tous les deux, et qui fait honneur à la loyauté d'Abul, car on dit que le maximum des propositions faites ici au Smyrniote est de deux mille sequins. Abul, ayant la somme excédante à sa disposition, compte sur le billet à ordre que vous lui avez signé; vous n'apporterez pas de retard à l'exécution de nos traités, nous le savons, et vous prions, cher seigneur Zacomo, d'être assuré que sans une occasion extraordinaire...

— Oh! faquin! délivre-moi au moins de tes phrases, s'écriait dans le secret de son âme le triste Spada; bourreau, qui me faites manquer la plus belle affaire de ma vie, et qui venez encore me dire en face de payer pour vous! »

Mais ces exclamations intérieures se changeaient en sourires forcés et en regards effarés sur le visage de M. Spada. « Eh quoi! dit-il enfin en étouffant un profond soupir, Abul doute-t-il de moi, et d'où vient qu'il veut être soldé avant l'échéance ordinaire?

— Abul ne doutera jamais de vous, vous le savez depuis longtemps, et la raison qui l'oblige à vous réclamer sa somme, Votre Seigneurie vient de l'entendre. »

Il ne l'avait que trop entendue; aussi joignait-il les mains d'un air consterné. Enfin, reprenant courage :

« Mais savez-vous, dit-il, que je ne suis nullement forcé de payer avant l'époque convenue?

— Si je me rappelle bien l'état de nos affaires, cher monsieur Spada, répondit Timothée avec une tranquillité et une douceur inaltérables, vous devez payer à vue sur présentation de vos propres billets.

— Hélas! hélas! Timothée, votre maître est-il un homme capable de me persécuter et d'exiger à la lettre l'exécution d'un traité avec moi?

— Non, sans doute; aussi, depuis cinq ans, vous a-t-il donné, pour vous acquitter, le temps de rentrer dans les fonds que vous aviez absorbés; mais aujourd'hui...

— Mais, Timothée, la parole d'un musulman vaut un titre, à ce que dit tout le monde, et ton maître s'est engagé maintes fois verbalement à me laisser toujours la même latitude; je pourrais fournir des témoins au besoin, et...

— Et qu'obtiendriez-vous? dit Timothée, qui devinait fort bien.

— Je sais, répondit Zacomo, que de pareils engagements n'obligent personne, mais on peut discréditer ceux qui les prennent en faisant connaître leur conduite désobligeante.

— C'est-à-dire, reprit tranquillement Timothée, que vous diffameriez un homme qui, ayant des billets à ordre signés de vous dans sa poche, vous a laissé un crédit illimité pendant cinq ans! Le jour où cet homme serait forcé de vous faire tenir vos engagements à la lettre, vous lui allégueriez un engagement chimérique; mais on ne déshonore pas Abul-Amet, et tous vos témoins attesteraient qu'Amet vous a fait verbalement cette concession avec une restriction dont voici la lettre exacte : M. Spada ne serait point requis de payer avant un an, à moins d'un cas extraordinaire.

— A moins d'une perte totale des marchandises d'Abul dans le port, interrompit M. Spada, et ce n'est pas ici le cas.

— A moins d'un cas extraordinaire, répéta Timothéo avec un sang-froid imperturbable. Je ne saurais m'y tromper. Ces paroles ont été traduites du grec moderne en vénitien, et c'est par ma bouche que cette traduction est arrivée à vos oreilles, mon cher seigneur; ainsi donc...

— Il faut que j'en parle avec Abul, s'écria M. Spada, il faut que le voie.

— Quand vous voudrez, répondit le jeune Grec.

— Ce soir, dit Spada.

— Ce soir il sera chez vous, reprit Timothéo; » et il s'éloigna en accablant de révérences le malheureux Zacomo, qui, malgré sa politesse ordinaire, ne songea pas à lui rendre seulement un salut, et rentra dans sa boutique, dévoré d'anxiété.

Son premier soin fut de confier à sa femme le sujet de son désespoir. Loredana n'avait pas les mœurs douces et paisibles de son mari, mais elle avait l'âme plus désintéressée et le caractère plus fier. Elle le blâma sévèrement d'hésiter à remplir ses engagements, surtout lorsque la passion funeste de leur fille pour ce Turc devait leur faire une loi de l'éloigner de leur maison.

Mais elle ne put amener son mari à cet avis. Il était dans leurs querelles d'une souplesse de formes qui rachetait l'inflexibilité de ses opinions et de ses desseins. Il finit par la décider à envoyer sa fille pour quelques jours à la campagne chez la signora Veneranda, qui le lui avait offert, promettant, durant son absence, de terminer avantageusement l'affaire d'Abul. Le Turc, d'ailleurs, partirait après cette opération; il ne s'agissait que de mettre la petite en sûreté jusque-là. « Vous vous trompez, dit Loredana; il restera jusqu'à ce que sa soie puisse être emportée, et s'il la met en couleur ici, ce ne sera pas fait de si tôt. » Néanmoins elle consentit à envoyer sa fille chez sa protectrice. M. Spada, cachant bien à sa femme qu'il avait donné rendez-vous à Abul pour le soir même, et se promettant de le recevoir sur la place ou au café, loin de l'œil de son Honesta, monta, en attendant, à la chambre de sa fille, se vantant tout haut de la gronder et se promettant bien tout bas de la consoler.

« Voyons, lui dit-il en se jetant tout haletant de fatigue et d'émotion sur une chaise, qu'as-tu dans la tête? cette folie est-elle passée?

— Non, mon père, dit Mattea d'un ton respectueux, mais ferme.

— Oh! par le corps de la Madone, s'écria Zacomo, est-il possible que tu penses vraiment à ce Turc? Espères-tu l'épouser? Et le salut de ton âme, crois-tu qu'un prêtre t'admettrait à la communion catholique après un mariage turc? Et ta liberté? ne sais-tu pas que tu seras enfermée dans un harem? Et ta fierté? tu auras quinze ou vingt rivales. Et ta dot? tu n'en profiteras pas, tu seras esclave. Et tes pauvres parents? les quitteras-tu pour aller demeurer au fond de l'Archipel? Et ton pays, et tes amis; et Dieu, et ton vieux père? »

Ici M. Spada s'attendrit, sa fille s'approcha et lui baisa la main; mais faisant un grand effort pour ne pas s'attendrir elle-même:

« Mon père, dit-elle, je suis ici captive, opprimée, esclave, autant qu'on peut l'être dans le pays le plus barbare. Je ne me plains pas de vous, vous avez toujours été doux pour moi; mais vous ne pouvez pas me défendre. J'irai en Turquie, je ne serai la femme ni la maîtresse d'un homme qui aura vingt femmes; je serai sa servante ou son amie, comme il voudra. Si je suis son amie, il m'épousera et renverra ses vingt femmes; si je suis sa servante, il me nourrira et ne me battra pas.

— Te battre, te battre! par le Christ! on ne te bat pas ici. »

Mattea ne répondit rien; mais son silence eut une éloquence qui paralysa son père. Ils furent tous deux muets pendant quelques instants, l'un plaidant sans vouloir parler, l'autre lui donnant gain de cause sans oser l'avouer.

« Je conviens que tu as eu quelques chagrins, dit-il enfin; mais écoute; ta marraine va t'emmener à la campagne, cela te distraira; personne ne te tourmentera plus, et tu oublieras ce Turc. Voyons, promets-le-moi.

— Mon père, dit Mattea, il ne dépend pas de moi de l'oublier; car croyez bien que mon amour pour lui n'est pas volontaire, et que je n'y céderai jamais si le sien n'y répond pas.

— Ce qui me rassure, dit M. Zacomo en riant, c'est que le sien n'y répond pas du tout...

— Qu'en savez-vous, mon père? » dit Mattea poussée par un mouvement d'orgueil blessé. Cette parole fit frémir Spada de crainte et de surprise. Peut-être se sont-ils entendus, pensa-t-il; peut-être l'aime-t-il et l'a-t-il séduite par l'entremise du Grec, si bien que rien ne pourra l'empêcher de courir à sa perte. Mais en même temps qu'il s'effrayait de cette supposition, je ne sais comment les deux mille sequins, le bâtiment smyrniote et la soie blanche lui revinrent en mémoire, et son cœur bondit d'espérance et de désir. Je ne veux pas savoir non plus par quel fil mystérieux l'amour du gain unit ces deux sentiments opposés, et fit que Zacomo se promit d'éprouver les sentiments d'Abul pour sa fille, et de les exploiter en lui donnant une trompeuse espérance. Il y a tant d'honnêtes moyens de vendre la dignité d'une fille !

cela peut se faire au moyen d'un regard qu'on lui permet d'échanger en détournant soi-même la tête et en fredonnant d'un air distrait. Spada entendit l'horloge de la place sonner l'heure de son rendez-vous avec Abul. Le temps pressait; tant de chalands pouvaient être déjà dans le port autour du bâtiment smyrniote!

« Allons, prends ton voile, dit-il à sa fille, et viens faire un tour de promenade. La fraîcheur du soir te fera du bien, et nous causerons plus tranquillement. »

Mattea obéit.

« Où donc menez-vous cette fille égarée? s'écria Loredana en se mettant devant eux au moment où ils sortaient de la boutique.

— Nous allons voir la princesse, répondit Zacomo. »

La mère les laissa passer. Ils n'eurent pas fait dix pas qu'ils rencontrèrent Abul et son interprète qui venaient à leur rencontre.

« Allons faire un tour sur la Zueca, leur dit Zacomo; ma femme est malade à la maison, et nous causerons mieux d'affaires dehors. »

Timothée sourit et comprit très-bien qu'il avait greffé dans le cœur de l'arbre. Mattea, très-surprise et saisie de défiance, sans savoir pourquoi, s'assit toute seule au bord de la gondole et s'enveloppa dans sa mantille de dentelle noire. Abul, ne sachant absolument rien de ce qui se passait autour de lui et à cause de lui, se mit à fumer à l'autre extrémité avec l'air de majesté qu'aurait un homme supérieur en faisant une grande chose. C'était un vrai Turc, solennel, emphatique et beau, soit qu'il se prosternât dans une mosquée, soit qu'il ôtât ses babouches pour se mettre au lit. M. Zacomo, se croyant plus fin qu'eux tous, se mit à lui témoigner beaucoup de prévenance; mais chaque fois qu'il jetait les yeux sur sa fille, un sentiment de remords s'emparait de lui. — Regarde-le encore aujourd'hui, lui disait-il dans le secret de sa pensée en voyant les grands yeux humides de Mattea briller au travers de son voile et se fixer sur Abul; va, sois belle et fais-lui soupçonner que tu l'aimes. Quand j'aurai la soie blanche, tu rentreras dans ta cage, et j'aurai la clef dans ma poche.

V.

La belle Mattea s'étonnait avec raison de se voir amenée en cette compagnie par son propre père, et dans le premier moment elle avait craint de sa part quelque sortie maladroite ou quelque ridicule proposition de mariage; mais en l'entendant parler de ses affaires à Timothée avec beaucoup de chaleur et d'intérêt, elle crut comprendre qu'elle servait de leurre ou d'enjeu, et que son père mettait en quelque sorte sa main à prix. Elle en était humiliée et blessée, et l'involontaire mépris qu'elle ressentait pour cette conduite augmentait en elle l'envie de se soustraire à l'autorité d'une famille qui l'opprimait ou la dégradait.

Elle eût été moins sévère pour M. Spada si elle se fût rendu bien compte de l'indifférence d'Abul et de l'impossibilité d'un mariage légal entre elle et lui. Mais depuis qu'elle avait résolu à l'improviste de concevoir une grande passion pour lui, elle était en train de divaguer, et déjà elle se persuadait que l'amour d'Abul avait prévenu le sien, qu'il l'avait déclaré à ses parents, et que, pour cette raison, sa mère avait voulu la forcer d'épouser au plus vite son cousin Checo. Le redoublement de politesse et de prévenances de M. Spada envers ces deux étrangers, que le matin même elle lui avait entendu maudire et traiter de chiens et d'idolâtres semblait, au reste, une confirmation assez évidente de cette opinion. Mais si cette opinion flattait sa fantaisie, sa fierté naturelle et sa délicatesse se révoltaient contre l'espèce de marche dont elle se croyait l'objet; et, craignant d'être complice d'une embûche dressée au musulman, elle s'enveloppait dans sa mante, et restait morne, silencieuse et froide, comme une statue, le plus loin de lui qu'il lui était possible.

Cependant Timothée, résolu à s'amuser le plus longtemps possible de cette comédie, inventée et mise en jeu par son génie facétieux, car Abul n'avait pas plus songé à réclamer ses deux mille sequins pour acheter de la soie blan··· qu'il n'avait songé à trouver Mattea jolie; Timothée, dis-je semblable à un petit gnome ironique, prolongeait les émotions de M. Zacomo en le jetant dans une perpétuelle alternative de crainte et d'espoir. Celui-ci le pressait de communiquer à Abul la proposition d'acheter la soie smyrniote de moitié avec lui, offrant de payer le tout comptant, et de ne rembourser à Abul les deux mille sequins qu'avec le bénéfice de l'affaire. Mais il n'osait pressentir le rôle que jouait Mattea dans cette négociation; car rien dans la contenance d'Abul ne trahissait une passion dont elle fût l'objet. Timothée retardait toujours cette proposition formelle d'association, en disant qu'Abul était sombre et intraitable si on le dérangeait quand il était en train de fumer un certain tabac. Voulant voir jusqu'où irait la cupidité misérable du Vénitien, il le fit consentir à descendre sur la rive droite de la Zueca, et à s'asseoir avec sa fille et le musulman sous la tente d'un café. Là, il commença un dialogue fort divertissant pour tout spectateur qui eût compris les deux langues qu'il parla tour à tour; car tandis qu'il s'adressait à Zacomo pour établir avec lui les conditions du traité, il se tournait vers son maître et lui disait:

« M. Spada me parle de la bonté que vous avez eue

jusqu'ici de ne jamais user de vos billets à ordre, et d'avoir bien voulu attendre sa commodité; il dit qu'on ne peut avoir affaire à un plus digne négociant que vous.

— Dis-lui, répondait Abul, que je lui souhaite toutes sortes de prospérités, qu'il ne trouve jamais sur sa route une maison sans hospitalité, et que le mauvais œil ne s'arrête point sur lui dans son sommeil.

— Que dit-il? demandait Spada avec empressement.

— Il dit que cela présente d'énormes difficultés, répondait Timothée. Nos mûriers ont tant souffert des insectes l'année dernière, que nous avons un tiers de perte sur nos taffetas pour nous être associés à des négociants de Corfou qui ont eu part égale à nos bénéfices sans avoir part égale aux frais. »

Cette bizarre conversation se prolongeait; Abul n'accordait aucune attention à Mattea, et Spada commençait à désespérer de l'effet des charmes de sa fille. Timothée, pour compliquer l'imbroglio dont il était le poëte et l'acteur, proposa de s'éloigner un instant avec Spada pour lui faire en secret une observation importante. Spada, se flattant à la fin d'être arrivé au fait, le suivit sur la rive hors de la portée de la voix, mais sans perdre Mattea de vue. Celle-ci resta donc avec son Turc dans une sorte de tête-à-tête.

Cette dernière démarche parut à Mattea une triste confirmation de tout ce qu'elle soupçonnait. Elle crut que son père flattait son penchant d'une manière perfide, et l'engageait à entrer dans ses vues de séduction pour arriver plus sûrement à duper le musulman. Extrême dans ses jugements comme le sont les jeunes têtes, elle ne pensa pas seulement que son père voulait retarder ses paiements, mais encore qu'il voulait manquer de parole et donner les œillades et la réputation de sa fille en échange des marchandises turques qu'il avait reçues. Cette manière d'agir des Vénitiens envers les Turcs était si peu rare, et ser Zacomo lui-même avait en sa présence usé de tant de mesquins-subterfuges pour tirer d'eux quelques sequins de plus, que Mattea pouvait bien craindre, avec quelque apparence de raison, d'être engagée dans une intrigue semblable.

Ne consultant donc que sa fierté, et cédant à un irrésistible mouvement d'indignation généreuse, elle se flatta de faire comprendre la vérité au marchand turc. S'armant de toute la résolution de son caractère dans un moment où elle était seule avec lui, elle entr'ouvrit son voile, se pencha sur la table qui les séparait, et lui dit, en articulant nettement chaque syllabe et en simplifiant sa phrase autant que possible pour être entendue de lui : « Mon père vous trompe, je ne veux pas vous épouser. »

Abul, surpris, un peu ébloui peut-être de l'éclat de ses yeux et de ses joues, ne sachant que penser, crut d'abord à une déclaration d'amour, et répondit en turc : « Moi aussi je vous aime, si vous le désirez. »

Mattea, ne sachant ce qu'il répondait, répéta sa première phrase plus lentement, en ajoutant : « Me comprenez-vous ? »

Abul, remarquant alors sur son visage une expression plus calme et une fierté plus assurée, changea d'avis et répondit à tout hasard : « Comme il vous plaira, *madamigella*. »

Enfin, Mattea ayant répété une troisième fois son avertissement en essayant de changer et d'ajouter quelques mots, il crut comprendre, à la sévérité de son visage, qu'elle était en colère contre lui. Alors, cherchant en lui-même en quoi il avait pu l'offenser, il se souvint qu'il ne lui avait fait aucun présent ; et s'imaginant qu'à Venise, comme dans plusieurs des contrées qu'il avait parcourues, c'était un devoir de politesse indispensable envers la fille de son associé, il réfléchit un instant au don qu'il pouvait lui faire sur-le-champ pour réparer son oubli. Il ne trouva rien de mieux qu'une boîte de cristal pleine de gomme de lenstique qu'il portait habituellement sur lui, et dont il mâchait une pastille de temps en temps, suivant l'usage de son pays. Il tira ce don de sa poche et le mit dans la main de Mattea. Mais comme elle le repoussait, il craignit d'avoir manqué de grâce, et se souvenant d'avoir vu les Vénitiens baiser la main aux femmes qu'ils abordaient, il baisa celle de Mattea ; et, voulant ajouter quelque parole agréable, il mit sa propre main sur sa poitrine en disant en italien d'un air grave et solennel : « *Votre ami.* »

Cette parole simple, ce geste franc et affectueux, la figure noble et belle d'Abul, firent tant d'impression sur Mattea, qu'elle ne se fit aucun scrupule de garder un présent si honnêtement offert. Elle crut s'être fait comprendre, et interpréta l'action de son nouvel ami comme un témoignage d'estime et de confiance. « Il ignore nos usages, se dit-elle, et je l'offenserais sans doute en refusant son présent. Mais ce mot d'ami qu'il a prononcé exprime tout ce qui se passe entre lui et moi : loyauté sainte, affection fraternelle ; nos cœurs se sont entendus. »

Elle mit la boîte dans son sein en disant : « *Oui, amis, amis pour la vie.* » Et tout émue, joyeuse, attendrie, rassurée, elle referma son voile et reprit sa sérénité. Abul, satisfait d'avoir rempli son devoir, se rendit le témoignage d'avoir fait un présent de valeur convenable, la boîte étant de cristal du Caucase, et la gomme de lenstique étant une denrée fort chère et fort rare que produit la seule île de Scio, et dont le Grand Seigneur avait alors le monopole. Dans cette confiance, il reprit sa cuiller de vermeil et acheva tranquillement son sorbet à la rose.

Pendant ce temps, Timothée, jaloux de tourmenter M. Spada, lui communiquait d'un air important les observations les plus futiles, et chaque fois qu'il le voyait tourner la tête avec inquiétude pour regarder sa fille, il lui disait : « Qui peut vous tourmenter ainsi, mon cher seigneur? la signora Mattea n'est pas seule au café. N'est-elle pas sous la protection de mon maître, qui est l'homme le plus galant de l'Asie Mineure! Soyez sûr que le temps ne semble pas trop long au noble Abul-Amet. »

Ces réflexions malignes enfonçaient mille serpents dans l'âme bourrelée de Zacomo; mais en même temps elles réveillaient la seule chance sur laquelle pût être fondé l'espoir d'acheter la soie blanche, et Zacomo se disait : « Allons, puisque la faute est faite, tâchons d'en profiter. Pourvu que ma femme ne le sache pas, tout sera facile à arranger et à réparer. »

Il en revenait alors à la supputation de ses intérêts. « Mon cher Timothée, disait-il, sois sûr que ton maître a offert beaucoup trop de cette marchandise. Je connais bien celui qui en a offert deux mille sequins (c'était lui-même), et je te jure que c'était un prix honnête.

— Eh quoi! répondait le jeune Grec, n'auriez-vous pas pris en considération la situation malheureuse d'un confrère, si c'était vous, je suppose, qui eussiez fait cette offre?

— Ce n'est pas moi, Timothée; je connais trop les bons procédés que je dois à l'estimable Amet pour aller jamais sur ses brisées dans un genre d'affaire qui le concerne exclusivement.

— Oh! je le sais, reprit Timothée d'un air grave, vous ne vous écartez jamais en secret de la branche d'industrie que vous exercez en public; vous n'êtes pas de ces débitants qui enlèvent aux fabricants qui les fournissent un gain légitime; non certes! »

En parlant ainsi, il le regarda fixement sans que son visage trahît la moindre ironie ; et ser Zacomo, qui, à l'égard de ses affaires, possédait une assez bonne dose de ruse, affronta ce regard sans que son visage trahît la moindre perfidie.

« Allons donc décider Amet, reprit Timothée, car, entre gens de bonne foi comme nous le sommes, on doit s'entendre à demi-mot. M. Spada vient de m'offrir pour vous, dit-il en turc à son maître, le remboursement de votre créance de cette année ; le jour où vous aurez besoin d'argent, il le tiendra à votre disposition.

— C'est bien, répondit Abul ; dis à cet honnête homme que je n'en ai pas besoin pour le moment, et que mon argent est plus en sûreté dans ses mains que sur mes navires. La foi d'un homme vertueux est un roc en terre ferme, les flots de la mer sont comme la parole d'un larron.

— Mon maître m'accorde la permission de conclure cette affaire avec vous de la manière la plus loyale et la plus avantageuse aux deux parties, dit Timothée à M. Spada ; nous en parlerons donc dans le plus grand détail demain, et si vous voulez que nous allions ensemble examiner la marchandise dans le port, j'irai vous prendre de bonne heure.

— Dieu soit loué ! s'écria M. Spada, et que dans sa justice il daigne convertir à la vraie foi l'âme de ce noble musulman ! »

Après cette exclamation ils se séparèrent, et M. Spada reconduisit sa fille jusque dans sa chambre, où il l'embrassa avec tendresse, lui demandant pardon dans son cœur de s'être servi de sa passion comme d'un enjeu, puis il se mit en devoir d'examiner ses comptes de la journée. Mais il ne fut pas longtemps tranquille, car madame Loredana vint le trouver avec un coffre à la main. C'étaient quelques hardes qu'elle venait de préparer pour sa fille, et elle exigeait que son mari la conduisît chez la princesse le lendemain dès le point du jour. M. Spada n'était plus aussi pressé d'éloigner Mattea ; il tâcha d'éluder ces sommations ; mais voyant qu'elle était décidée à la conduire elle-même dans un couvent s'il hésitait à l'emmener, il fut forcé de lui avouer que la réussite de son affaire dépendait seulement de quelques jours de plus de la présence de Mattea dans la boutique. Cette nouvelle irrita beaucoup la Loredana ; mais ce fut bien pis lorsque ayant fait subir un interrogatoire implacable à son époux, elle lui fit confesser qu'au lieu d'aller chez la princesse dans la soirée, il avait parlé au musulman dans un café en présence de Mattea. Elle devina les circonstances aggravantes que célait encore M. Spada, et les lui ayant arrachées par la ruse, elle entra dans une juste colère contre lui et l'accabla d'injures violentes mais trop méritées.

Au milieu de cette querelle, Mattea, à demi déshabillée, entra, et se mettant à genoux entre eux deux : « Ma mère, dit-elle, je vois que je suis un sujet de trouble et de scandale dans cette maison ; accordez-moi la permission d'en sortir pour jamais. Je viens d'entendre le sujet de votre dispute. Mon père suppose qu'Abul-Amet a le désir de m'épouser, et vous, ma mère, vous supposez qu'il a celui de me séduire et de m'enfermer dans son harem avec ses concubines. Sachez que vous vous trompez tous deux. Abul est un honnête homme à qui sa religion défend sans doute de m'épouser, car il n'y songe pas, mais qui, ne m'ayant point achetée, ne songera jamais à me traiter comme une concubine. Je lui ai demandé sa protection et une existence modeste en travaillant dans ses ateliers ; il me l'accorde ; donnez-moi votre bénédiction, et permettez-moi d'aller vivre à l'île de Scio. J'ai lu un livre chez ma marraine, dans lequel j'ai vu que c'était un beau pays, paisible, industrieux, et celui de toute la Grèce où les Turcs exercent une domination plus douce. J'y serai pauvre, mais libre, et vous serez plus tranquilles quand vous n'aurez plus, vous, ma mère, un objet de haine; vous, mon père, un sujet d'alarmes. J'ai vu aujourd'hui combien le soin de vos richesses a d'empire sur votre âme; mon exil vous tiendra quitte de la dot sans laquelle Checo ne m'eût point épousée, et cette dot dépassera de beaucoup les deux mille sequins auxquels vous eussiez sacrifié le repos et l'honneur de votre fille, si Abul n'eût été un honnête homme, digne de respect encore plus que d'amour. »

En achevant ce discours, que ses parents écoutèrent jusqu'au bout, paralysés qu'ils étaient par la surprise, la romanesque enfant, levant ses beaux yeux au ciel, invoqua l'image d'Abul pour se donner de la force; mais en un instant elle fut renversée sur une chaise et rudement frappée par sa mère, qui était réellement folle dans la colère. M. Spada, épouvanté, voulut se jeter entre elles deux, mais la Loredana le repoussa si rudement qu'il alla tomber sur la table. « Ne vous mêlez pas d'elle, criait la mégère, ou je la tue. »

En même temps elle poussa sa fille dans sa chambre; et comme celle-ci lui demandait avec un sang-froid forcé, inspiré par la haine, de lui laisser de la lumière, elle lui jeta le flambeau à la tête. Mattea reçut une blessure au front, et voyant son sang couler : « Voilà, dit-elle à sa mère, de quoi m'envoyer en Grèce sans regret et sans remords. »

Loredana, exaspérée, eut envie de la tuer; mais saisie d'épouvante au milieu de sa frénésie, cette femme, plus malheureuse que sa victime, s'enfuit en fermant la porte à double tour, arracha violemment la clef qu'elle alla jeter à son mari ; puis elle courut s'enfermer dans sa chambre, où elle tomba sur le carreau en proie à d'affreuses convulsions.

Mattea essuya le sang qui coulait sur son visage et regarda une minute cette porte par laquelle sa mère venait de sortir ; puis elle fit un grand signe de croix en disant : « Pour jamais ! »

En un instant les draps de son lit furent attachés à sa fenêtre, qui, étant située immédiatement au-dessus de la boutique, n'était éloignée du sol que de dix à douze pieds. Quelques passants attardés virent glisser une ombre qui disparut sous les couloirs sombres des Procuraties ; puis bientôt après une gondole de place, dont le fanal était caché, passa sous le pont de *San-Mose*, et s'enfuit rapidement avec la marée descendante le long du grand canal.

Je prie le lecteur de ne point trop s'irriter contre Mattea ; elle était un peu folle, elle venait d'être battue et menacée de la mort ; elle était couverte de sang, et de plus elle avait quatorze ans. Ce n'était pas sa faute si la nature lui avait donné trop tôt la beauté et les malheurs d'une femme, quand sa raison et sa prudence étaient encore dignes d'un enfant.

Pâle, tremblante et retenant sa respiration comme si elle eût craint de s'apercevoir elle-même au fond de la gondole, elle se laissa emporter pendant environ un quart d'heure. Lorsqu'elle aperçut les dentelures triangulaires de la mosquée se dessiner en noir sur le ciel éclairé par la lune, elle commanda au gondolier de s'arrêter à l'entrée du petit canal des Turcs.

La mosquée de Venise est un bâtiment sans beauté, mais non sans caractère, flanqué et comme surchargé de petites constructions, qui, par leur entassement et leur irrégularité au milieu de la plus belle ville du monde, présentent le spectacle de la barbarie ottomane, inerte au milieu de l'art européen. Ce pâté de temples et de fabriques grossières est appelé à Venise *il Fondaco dei Turchi*. Les maisonnettes étaient toutes habitées par des Turcs ; le comptoir de leur compagnie de commerce y était établi, et lorsque Phingari, la lune, brillait dans le ciel, ils passaient les longues heures de la nuit prosternés dans la mosquée silencieuse.

A l'angle formé par le grand et le petit canal qui baignent ces constructions, une d'elles, qui n'est pour ainsi dire que la coque d'une chambre isolée, s'avance sur les eaux à la hauteur de quelques toises. Un petit prolongement y forme une jolie terrasse ; je dis jolie à cause d'une tente de toile bleue et de quelques beaux lauriers-roses qui la décorent. Dans une pareille situation, au sein de Venise, et par le clair de lune, il n'en faut pas davantage pour former une retraite délicieuse. C'est là qu'Abul-Amet demeurait. Mattea le savait pour l'avoir vu souvent fumer au déclin du jour, accroupi sur un tapis au milieu de ses lauriers-roses ; d'ailleurs chaque fois que son père passait avec elle en gondole devant le Fondaco, il lui avait montré cette baraque, dont la position était assez remarquable, en lui disant : « Voici la maison de notre ami Abul, le plus honnête de tous les négociants. »

On abordait à cette prétendue maison par une marche au-dessus de laquelle une niche pratiquée dans la muraille protégeait une lampe, et derrière cette lampe, il y avait et il y a encore une madone de pierre qui est bien littéralement flanquée dans le ventre de la mosquée turque, puisque toutes les constructions adjacentes sont superposées sur la base massive du temple. Ces deux cultes vivaient là en bonne intelligence, et le lien de fraternité entre les mécréants et les giaours, ce n'était pas la tolérance, encore moins la charité; c'était l'amour du gain, le dieu d'or de toutes les nations.

Mattea suivit le degré humide qui entourait la maison jusqu'à ce qu'elle eût trouvé un escalier étroit et sombre qu'elle monta au hasard. Une porte, fermée seulement au loquet, s'ouvrit à elle, et ensuite une pièce carrée, blanche et unie, sans aucun ornement, sans autre meuble qu'un lit très-bas et d'un bois grossier, couvert d'un tapis de pourpre rayé d'or, une pile de carreaux de cachemire, une lampe de terre égyptienne, un coffre de bois de cèdre incrusté de nacre de perle, des sabres, des pistolets, des poignards et des pipes du plus grand prix, une veste chamarrée de riches broderies, qui valait bien quatre ou cinq cents thalers, et à laquelle une corde tendue en travers de la chambre servait d'armoire. Une écuelle d'airain de Corinthe pleine de pièces d'or était posée à côté d'un yatagan; c'était la bourse et la serrure d'Amet. Sa carabine, couverte de rubis et d'émeraudes, était sur son lit, et une devise en gros caractères arabes était écrite sur la muraille au-dessus de son chevet.

Mattea souleva la portière de tapisserie qui servait de fenêtre, et vit sur la terrasse Abul déchaussé et prosterné devant la lune.

Cette profonde immobilité de sa prière, que la présence d'une femme seule avec lui, la nuit, dans sa chambre, ne troublait pas plus que le vol d'un moucheron, frappa la jeune fille de respect. — Ce sont là, pensa-t-elle, les hommes que les mères qui battent leurs filles vouent à la damnation! Comment donc seront damnés les cruels et les injustes?

Elle s'agenouilla sur le seuil de la chambre et attendit, en se recommandant à Dieu, qu'il eût fini sa prière. Quand il eut fini en effet, il vint à elle, la regarda, essaya d'échanger avec elle quelques paroles inintelligibles de part et d'autre; puis, comprenant tout bonnement que c'était une fille amoureuse de lui, il résolut de ne pas faire le cruel, et souriant sans rien dire, il appela son esclave, qui dormait en plein air sur une terrasse supérieure, et lui ordonna d'apporter des sirops, des confitures sèches et des glaces. Puis il se mit à charger sa plus longue pipe de cerisier, afin de l'offrir à la belle compagne de sa nuit fortunée.

Heureusement pour Mattea, qui ne se doutait guère des pensées de son hôte, mais qui commençait à trouver fort embarrassant qu'il ne comprît pas un mot de sa langue, une autre gondole avait descendu le grand canal en même temps que la sienne. Cette gondole avait aussi éteint son fanal, preuve qu'elle allait en aventures. Mais c'était une gondole élégante, bien noire, bien fluette, bien propre, avec une grande scie bien brillante, et montée par les deux meilleurs rameurs de la place. Le signoro que l'on menait en conquête était couché tout seul au fond de sa boîte de satin noir, et, tandis que ses jambes nonchalantes reposaient allongées sur les coussins, ses doigts agiles voltigeaient avec une négligente rapidité sur une guitare. La guitare est un instrument qui n'a son existence véritable qu'à Venise, la ville silencieuse et sonore. Quand une gondole rase ce fleuve d'encre phosphorescente, où chaque coup de rame enfonce un éclair, tandis qu'une grêle de petites notes légères, nettes et folâtres bondit et rebondit sur les cordes que parcourt une main invisible, on voudrait arrêter et saisir cette mélodie faible, mais distincte, qui agace l'oreille des passants et qui fuit le long des grandes ombres des palais, comme pour appeler les belles aux fenêtres, et passer en leur disant : — Ce n'est pas pour vous la sérénade, et vous ne saurez ni d'où elle vient ni où elle va.

Or, la gondole était celle que louait Abul durant les

mois de son séjour à Venise, et le joueur de guitare était Timothée. Il allait souper chez une actrice, et sur son passage il s'amusait à lutiner par sa musique les jaloux ou les amantes qui veillaient sur les balcons. De temps en temps il s'arrêtait sous une fenêtre, et attendait que la dame eût prononcé bien bas en se penchant sous sa *tendina* le nom de son galant pour lui répondre : *Ce n'est pas moi*, et reprendre sa course et son chant moqueur. C'est à cause de ces courtes mais fréquentes stations, qu'il avait tantôt dépassé, tantôt laissé courir devant lui la gondole qui renfermait Mattea. La fugitive s'était effrayée chaque fois à son approche, et, dans sa crainte d'être poursuivie, elle avait presque cru reconnaître une voix dans le son de sa guitare.

Il y avait environ cinq minutes que Mattea était entrée dans la chambre d'Abul, lorsque Timothée, passant devant le Fondaco, remarqua cette gondole sans fanal qu'il avait déjà rencontrée dans sa course, amarrée maintenant sous la niche de la madone des Turcs. Abul n'était guère dans l'usage de recevoir des visites à cette heure, et d'ailleurs l'idée de Mattea devait se présenter d'emblée à un homme aussi perspicace que Timothée. Il fit amarrer sa gondole à côté de celle-là, monta précipitamment, et trouva Mattea qui recevait une pipe de la main d'Abul, et qui allait recevoir un baiser auquel elle ne s'attendait guère, mais que le Turc se reprochait de lui avoir déjà trop fait désirer. L'arrivée de Timothée changea la face des choses ; Abul en fut un peu contrarié : « Retire-toi, mon ami, dit-il à Timothée, tu vois que je suis en bonne fortune.

— Mon maître, j'obéis, répliqua Timothée ; cette femme est-elle donc votre esclave?

— Non pas mon esclave, mais ma maîtresse, comme on dit à la mode d'Italie; du moins elle va l'être, puisqu'elle vient me trouver. Elle m'avait parlé tantôt, mais je n'avais pas compris. Elle n'est pas mal.

— Vous la trouvez belle? dit Timothée.

— Pas beaucoup, répondit Abul, elle est trop jeune et trop mince; j'aimerais mieux sa mère, c'est une belle femme bien grasse. Mais il faut bien se contenter de ce qu'on trouve en pays étranger, et d'ailleurs ce serait manquer à l'hospitalité que de refuser à cette fille ce qu'elle désire.

— Et si mon maître se trompait, reprit Timothée; si cette fille était venue ici dans d'autres intentions?

— En vérité, le crois-tu?

— Ne vous a-t-elle rien dit?

— Je ne comprends rien à ce qu'elle dit.

— Ses manières vous ont-elles prouvé son amour?

— Non, mais elle était à genoux pendant que j'achevais ma prière.

— Est-elle restée à genoux quand vous vous êtes levé?

— Non, elle s'est levée aussi.

— Eh bien, dit Timothée en lui-même en regardant la belle Mattea qui écoutait, toute pâle et tout interdite, cet entretien auquel elle n'entendait rien, pauvre insensée! il est encore temps de te sauver de toi-même.—Mademoiselle, lui dit-il d'un ton un peu froid, que désirez-vous que je demande de votre part à mon maître?

— Hélas! je n'en sais rien, répondit Mattea fondant en larmes; je demande asile et protection à qui voudra me l'accorder; ne lui avez-vous pas traduit ma lettre de ce matin? Vous voyez que je suis blessée et ensanglantée; je suis opprimée et maltraitée au point que je n'ose pas rester une heure de plus dans la maison de mes parents; je vais me réfugier de ce pas chez ma marraine, la princesse Gica; mais elle ne voudra me soustraire que bien peu de temps aux maux qui m'accablent et que je veux fuir à jamais, car elle est faible et dévote. Si Abul veut me faire avertir le jour de son départ, s'il consent à me faire passer en Grèce sur son brigantin, je fuirai, et j'irai travailler toute ma vie dans ses ateliers pour lui prouver ma reconnaissance...

— Dois-je dire aussi votre amour? dit Timothée d'un ton respectueux, mais insinuant.

— Je ne pense pas qu'il soit question de cela, ni dans ma lettre, ni dans ce que je viens de vous dire, répondit Mattea en passant d'une pâleur livide à une vive rougeur de colère; je trouve votre question étrange et cruelle dans la position où je suis; j'avais cru jusqu'ici à de l'amitié de votre part. Je vois bien que la démarche que je fais m'ôte votre estime; mais en quoi prouve-t-elle, je vous prie, que j'aie de l'amour pour Abul-Amet?

— C'est bon, pensa Timothée, c'est une fille sans cervelle, et non pas sans cœur. » Il lui fit d'humbles excuses, l'assura qu'elle avait droit au secours et au respect de son maître, ainsi qu'aux siens, et s'adressant à Abul :

« Seigneur mon maître, qui avez été toujours si doux et si généreux envers moi, lui dit-il, voulez-vous accorder à cette fille la grâce qu'elle demande, et à votre serviteur fidèle celle qu'il va vous demander?

— Parle, répondit Abul; je n'ai rien à refuser à un serviteur et à un ami tel que toi.

— Eh bien, dit Timothée, cette fille, qui est ma fiancée et qui s'est engagée à moi par des promesses sacrées, vous demande la grâce de partir avec nous sur votre brigantin, et d'aller s'établir dans votre atelier à Scio; et moi je vous demande la permission de l'emmener et d'en faire ma femme. C'est une fille qui s'entend au commerce et qui m'aidera dans la gestion de nos affaires.

— Il n'est pas besoin qu'elle soit utile à mes affaires, répondit gravement Abul; il suffit qu'elle soit fiancée à mon serviteur fidèle pour que je devienne son hôte sincère et loyal. Tu peux emmener ta femme, Timothée; je ne soulèverai jamais le coin de son voile; et quand je la trouverais dans mon hamac, je ne la toucherais pas

— Je le sais, ô mon maître, répondit le jeune Grec, et tu sais aussi que, le jour où tu me demanderas ma tête, je me mettrai à genoux pour te l'offrir; car je te dois plus qu'à mon père, et ma vie t'appartient plus qu'à celui qui me l'a donnée. — Mademoiselle, dit-il à Mattea, vous avez bien fait de compter sur l'honneur de mon maître; tous vos désirs seront remplis, et, si vous voulez me permettre de vous conduire chez votre marraine, je connaîtrai désormais en quel lieu je dois aller vous avertir et vous chercher au moment du départ de notre voile. »

Mattea eût peut-être bien désiré une réponse un peu moins strictement obligeante de la part d'Abul, mais elle n'en fut pas moins touchée de sa loyauté. Elle en exprima sa reconnaissance à Timothée, tout en regrettant tout bas qu'une parole tant soit peu affectueuse n'eût pas accompagné ses promesses de respect. Timothée la fit monter dans sa gondole, et la conduisit au palais de la princesse Veneranda. Elle était si confuse de cette démarche hardie, aveugle inspiration d'un premier mouvement d'effervescence, qu'elle n'osa dire un mot à son compagnon durant la route.

« Si l'on vous emmène à la campagne, lui dit Timothée en la quittant à quelque distance du palais, faites-moi savoir où vous allez, et comptez que j'irai vous trouver.

— On m'enfermera peut-être, dit Mattea tristement.

— On sera bien malin si on m'empêche de me moquer des gardiens, reprit Timothée. Je ne suis pas connu de cette princesse Gica; si je me présente à vous devant elle, n'ayez pas l'air de m'avoir jamais vu. Adieu, bon courage. Gardez-vous de dire à votre marraine que vous n'êtes pas venue directement de votre demeure à la sienne. Nous nous reverrons bientôt. »

VI.

Au lieu d'aller souper chez son actrice, Timothée rentra chez lui et se mit à rêver. Lorsqu'il s'étendit sur son lit, aux premiers rayons du jour, pour prendre le peu d'instants de repos nécessaire à son organisation active, le plan de toute sa vie était déjà conçu et arrêté. Timothée n'était pas, comme Abul, un homme simple et candide, un héros de sincérité et de désintéressement. C'était un homme bien supérieur à lui dans un sens, et peu inférieur dans l'autre, car ses mensonges n'étaient jamais des perfidies, ses méfiances n'étaient jamais des injustices. Il avait toute l'habileté qu'il faut pour être un scélérat, moins l'envie et la volonté de l'être. Dans les occasions où sa finesse et sa prudence étaient nécessaires pour opérer contre des fripons, il leur montrait qu'on peut les surpasser dans leur art sans embrasser leur profession. Ses actions portaient toutes un caractère de profondeur, de prévoyance, de calcul et de persévérance. Il avait trompé bien souvent, mais il n'avait jamais dupé; ses artifices avaient toujours tourné au profit des bons contre les méchants. C'était là son principe, que tout ce qui est nécessaire est juste, et que ce qui produit le bien ne peut être le mal. C'est un principe de morale turque qui prouve le vide et la folie de toute formule humaine, car les despotes ottomans s'en servent pour faire couper la tête à leurs amis sur un simple soupçon, et Timothée n'en faisait pas moins une excellente application à tous ses actes. Quant à sa délicatesse personnelle, un mot suffisait pour la prouver : c'est qu'il avait été employé par dix maîtres cent fois moins habiles que lui, et qu'il n'avait pas amassé la plus petite pacotille à leur service. C'était un garçon jovial, aimant la vie, dépensant le peu qu'il gagnait, aussi incapable de prendre que de conserver, mais aimant la fortune et la caressant en rêve comme une maîtresse qu'il est très-difficile d'obtenir et très-glorieux de fixer.

Sa plus chère et sa plus légitime espérance dans la vie était de se trouver un jour assez riche pour s'établir en Italie ou en France, et pour être affranchi de toute domination. Il avait pourtant une vive et sincère affection pour Abul, son excellent maître. Quand il faisait des tours d'adresse à ce crédule patron (et c'était toujours pour le servir, car Abul se fût ruiné en un jour s'il eût été livré à ses propres idées dans la conduite des affaires); quand, dis-je, il le trompait pour l'enrichir, c'était sans jamais avoir l'idée de se moquer de lui, car il l'estimait profondément, et ce qui était à ses yeux de la stupidité chez ses autres maîtres devenait de la grandeur chez Abul.

Malgré cet attachement, il désirait se reposer de cette vie de travail, ou au moins en jouir par lui-même, et ne plus user ses facultés au service d'autrui. Une grande opération l'eût enrichi s'il eût eu beaucoup d'argent; mais, n'en ayant pas assez, il n'en voulait pas faire de petites, et surtout il repoussait avec un froid et silencieux mépris les insinuations de ceux qui voulaient l'intéresser aux leurs aux dépens d'Abul-Amet. M. Spada n'y avait pas manqué; mais, comme Timothée n'avait pas voulu comprendre, le digne marchand de soieries se flattait d'avoir été assez habile en échouant pour ne pas se trahir.

Un mariage avantageux était la principale utopie de Timothée. Il n'imaginait rien de plus beau que de conquérir son existence, non sur des sots et des lâches, mais sur le cœur d'une femme d'esprit. Mais, comme il ne voulait pas vendre son honneur à une vieille et laide créature, comme il avait l'ambition d'être heureux en même temps que riche, et qu'il voulait la rencontrer et la conquérir jeune, belle, aimable et spirituelle, on pense bien qu'il ne trouvait pas souvent l'occasion d'espérer. Cette fois enfin, il l'avait touchée du doigt, cette espérance. Depuis longtemps il essayait d'attirer l'attention de Mattea, et il avait réussi à lui inspirer de l'estime et de l'amitié. La découverte de son amour pour Abul l'avait bouleversé un instant; mais, en y réfléchissant, il avait compris combien peu de crainte devait lui inspirer cet amour fantasque, rêve d'un enfant en colère qui veut fuir ses pédagogues, et qui parle d'aller dans l'île des Fées. Un instant aussi il avait failli renoncer à son entreprise, non plus par découragement, mais par dégoût; car il voulait aimer Mattea en la possédant, et il avait craint de trouver en elle une effrontée. Mais il avait reconnu que la conduite de cette jeune fille n'était que de l'extravagance, et il se sentait assez supérieur à elle pour l'en corriger en faisant le bonheur de tous deux. Elle avait le temps de grandir, et Timothée ne désirait ni n'espérait l'obtenir avant quelques années. Il fallait commencer par détruire un amour dans son cœur avant de pouvoir y établir le sien. Timothée sentit que le plus sûr moyen qu'un homme puisse employer pour se faire haïr, c'est de combattre un rival préféré et de s'offrir à la place. Il résolut, au contraire, de favoriser en apparence le sentiment de Mattea, tout en le détruisant par le fait sans qu'elle s'en aperçût. Pour cela, il n'était pas besoin de nier les vertus d'Abul, Timothée ne l'eût pas voulu; mais il pouvait faire ressortir l'impuissance de ce cœur musulman pour un amour de femme, sans porter la moindre atteinte de regret à l'amateur éclairé qui trouvait la matrone Loredana plus belle que sa fille.

La princesse Veneranda fut dérangée au milieu de son précieux sommeil par l'arrivée de Mattea à une heure indue. Il n'est guère d'heures indues à Venise ; mais en tout pays il en est pour une femme qui subordonne toutes ses habitudes à l'importante affaire de se maintenir le teint frais. Comme pour ajouter au bienfait de ses longues nuits de repos, elle se servait d'un enduit cosmétique dont elle avait acheté la recette à prix d'or à un sorcier arabe, elle fut assez troublée de cet événement, et s'essuya à la hâte pour ne point faire soupçonner qu'elle eût besoin de recourir à l'art. Quand elle eut écouté la plainte de Mattea, elle eut bien envie de la gronder, car elle ne comprenait rien aux idées exaltées ; mais elle n'osa le faire, dans la crainte d'agir comme une vieille et de paraître telle à sa filleule et à elle-même. Grâce à cette crainte, Mattea eut la consolation de lui entendre dire : « Je te plains, ma chère amie ; je sais ce que c'est que la vivacité des jeunes têtes ; je suis encore bien peu sage moi-même, et entre femmes on se doit de l'indulgence. Puisque tu viens à moi, je me conduirai avec toi comme une véritable sœur et te garderai quelques jours, jusqu'à ce que la fureur de ta mère, qui est un peu trop dure, je le sais, soit passée. En attendant, couche-toi sur le lit de repos qui est dans mon cabinet, et je vais envoyer chez tes parents afin qu'en s'apercevant de ta fuite ils ne soient pas en peine.

Le lendemain M. Spada vint remercier la princesse de l'hospitalité qu'elle voulait bien donner à une malheureuse folle. Il parla assez sévèrement à sa fille. Néanmoins il examina avec une anxiété qu'il s'efforçait vainement de cacher la blessure qu'elle avait au front. Quand il eut reconnu que c'était peu de chose, il pria la princesse de l'écouter un instant en particulier; et, quand il fut seul avec elle, il tira de sa poche la boîte de cristal de roche qu'Abul avait donnée à Mattea. « Voici, dit-il, un bijou et une drogue que cette pauvre infortunée a laissés tomber de son sein pendant que sa mère la frappait. Elle ne peut l'avoir reçue que du Turc ou de son serviteur. Votre Excellence m'a parlé d'amulettes et de philtres : ceci ne serait-il point quelque poison analogue, propre à séduire et à perdre les filles?

— Par les clous de la sainte croix, s'écria Veneranda, cela doit être ! »

Mais quand elle eut ouvert la boîte et examiné les pastilles : « Il me semble, dit-elle, que c'est de la gomme de lenstique, que nous appelons mastic dans notre pays. En effet, c'est même de la première qualité, du véritable skinos. Néanmoins il faut essayer d'en tremper un grain dans de l'eau bénite, et nous verrons s'il résistera à l'épreuve. »

L'expérience ayant été faite, à la grande gloire des pastilles, qui ne produisirent pas la plus petite détonation et ne répandirent aucune odeur de soufre, Veneranda rendit la boîte à M. Spada, qui se retira en la remerciant et en la suppliant d'emmener au plus vite sa fille loin de Venise.

Cette résolution lui coûtait beaucoup à prendre; car avec elle il perdait l'espoir de la soie blanche et, il retrouvait la crainte d'avoir à payer ses deux mille *doges*. C'est ainsi que, suivant une vieille tradition, il appelait ses sequins, parce que leur effigie représente le doge de Venise à genoux devant saint Marc. *Doze a Zinocchion* est encore pour le peuple synonyme de sequins de la république. Cette monnaie, qui mériterait par son ancienneté de trouver place dans les musées et dans les cabinets, a encore cours à Venise, et les Orientaux la reçoivent de préférence à toute autre, parce qu'elle est d'un or très-pur.

Néanmoins Abul-Amet, à sa prière, se montra d'autant plus miséricordieux qu'il n'avait jamais songé à le rançonner; mais, comme le vieux fourbe avait voulu couper l'herbe sous le pied à son généreux créancier en s'emparant de la soie blanche en secret, Timothée trouva que c'était justice de faire faire cette acquisition à son maître sans y associer M. Spada. Assem, l'armateur smyrniote, s'en trouva bien; car Abul lui en donna mille sequins de plus qu'il n'en espérait, et M. Spada reprocha souvent à sa femme de lui avoir fait par sa fureur un tort irréparable; mais il se taisait bien vite lorsque la virago, pour toute réponse, serrait le poing d'un air expressif, et il se consolait un peu de ses angoisses de tout genre avec l'assurance de ne payer ses chers et précieux doges, ses *dattes succulentes,* comme il les appelait, qu'à la fin de l'année.

Veneranda et Mattea quittèrent Venise; mais cette prétendue retraite, où la captive devait être soustraite au voisinage de l'ennemi, n'était autre que la jolie île de Torcello, où la princesse avait une charmante villa et où l'on pouvait venir dîner en partant de Venise en gondole après la sieste. Il ne fut pas difficile à Timothée de s'y rendre entre onze heures et minuit sur la *barchetta* d'un pêcheur d'huîtres.

Mattea était assise avec sa marraine sur une terrasse couverte de sycomores et d'aloès, d'où ses grands yeux rêveurs contemplaient tristement le lever de la lune, qui argentait les flots paisibles et semait d'écailles d'argent le noir manteau de l'Adriatique. Rien ne peut donner l'idée de la beauté du ciel dans cette partie du monde; et quiconque n'a pas rêvé seul le soir dans une barque au milieu de cette mer, lorsqu'elle est plus limpide et plus calme qu'un beau lac, ne connaît pas la volupté. Ce spectacle dédommageait un peu la sérieuse Mattea des niaiseries insipides dont l'entretenait une vieille fille coquette et bornée.

Tout à coup il sembla que le vent apportait les notes grêles et coupées d'une mélodie lointaine. La musique n'était pas chose rare sur les eaux de Venise; mais Mattea crut reconnaître des sons qu'elle avait déjà entendus. Une barque se montrait au loin, semblable à une imperceptible tache noire sur un immense voile d'argent. Elle s'approcha peu à peu, et les sons de la guitare de Timothée devinrent plus distincts. Enfin la barque s'arrêta à quelque distance de la ville, et une voix chanta une romance amoureuse où le nom de Veneranda revenait à chaque refrain au milieu des plus emphatiques metaphores. Il y avait si longtemps que la pauvre princesse n'avait plus d'aventures, qu'elle ne fut pas difficile sur la poésie de cette romance. Elle en parla toute la soirée et tout le lendemain avec des minauderies charmantes et en ajoutant tout haut, pour moralité à ses doux commentaires, de grandes exclamations sur le malheur des femmes qui ne pouvaient échapper aux inconvénients de leur beauté et qui n'étaient en sûreté nulle part. Le lendemain Timothée vint chanter plus près encore une romance encore plus absurde, qui fut trouvée non moins belle que l'autre. Le jour suivant il fit parvenir un billet, et le quatrième jour il s'introduisit en personne dans le jardin, bien certain que la princesse avait fait mettre les chiens à l'attache et qu'elle avait envoyé coucher tous ses gens. Ce n'est pas qu'aux temps les plus florissants de sa vie elle n'eût été galante. Elle n'avait jamais eu ni une vertu ni un vice; mais tout homme qui se présentait chez elle avec l'adulation sur les lèvres était sûr d'être accueilli avec reconnaissance. Timothée avait pris de bonnes informations, et il se précipita aux pieds de la douairière dans un moment où elle était seule, et, sans s'effrayer de l'évanouissement qu'elle ne manqua pas d'avoir, il lui débita une si belle tirade qu'elle s'adoucit; et, pour lui sauver la vie (car il ne fit pas les choses à demi, et, comme tout galant eût fait à sa place, il menaça de se tuer devant elle), elle consentit à le laisser venir de temps en temps baiser le bas de sa robe. Seulement, comme elle tenait à ne pas donner un mauvais exemple à sa filleule, elle recommanda bien à son humble esclave de ne pas s'avouer pour le chanteur de romances et de se présenter dans la maison comme un parent qui arrivait de Morée.

Mattea fut bien surprise le lendemain à table lorsque ce prétendu neveu, annoncé le matin par sa marraine, parut sous les traits de Timothée; mais elle se garda bien de le reconnaître, et ce ne fut qu'au bout de quelques jours qu'elle se hasarda à lui parler. Elle apprit de lui, à la dérobée, qu'Abul, occupé de ses soieries et de sa teinture, ne retournerait guère dans son île qu'au bout d'un mois. Cette nouvelle affligea Mattea, non-seulement parce qu'elle lui inspirait la crainte d'être forcée de retourner chez sa mère, d'où il lui serait très-difficile désormais de s'échapper, mais parce qu'elle lui ôtait le peu d'espérance qu'elle conservait d'avoir fait quelque impression sur le cœur d'Abul. Cette indifférence de son sort, cette préférence donnée sur elle à des intérêts commerciaux, c'était un coup de poignard enfoncé peut-être dans son amour-propre encore plus que dans son cœur; car nous avouons qu'il nous est très-difficile de croire que son cœur jouât un rôle réel dans ce roman de grande passion. Néanmoins, comme ce cœur était noble, la mortification de l'orgueil blessé y produisit de la douleur et de la honte sans aucun mélange d'ingratitude ou de dépit; elle ne cessa pas de parler d'Abul avec vénération et de penser à lui avec une sorte d'enthousiasme.

Timothée devint, en moins d'une semaine, le sigisbé en titre de Veneranda. Rien n'était plus agréable pour elle que de trouver, à son âge, un tout jeune et assez joli garçon, plein d'esprit, et jouant merveilleusement de la guitare, qui voulût bien porter son éventail, ramasser son bouquet, lui dire des impertinences et lui écrire des bouts-rimés. Il avait soin de ne jamais venir à Torcello qu'après s'être bien assuré que M. et madame Spada étaient occupés en ville et ne viendraient pas le surprendre aux pieds de sa princesse, qui ne le connaissait que sous le nom du prince Zacharias Kalasi.

Durant les longues soirées, le sans-gêne de la campagne permettait à Timothée d'entretenir Mattea, d'autant plus qu'il venait souvent des visites, et que dame Gica, par soin de sa réputation, prescrivait à son cavalier servant de l'attendre au jardin tandis qu'elle serait au salon; et pendant ce temps, comme elle ne craignait rien au monde plus que de le perdre, elle recommandait à sa filleule de lui tenir compagnie, sûre que ses charmes de quatorze ans ne pouvaient entrer en lutte avec les siens. Le jeune Grec en profita, non pour parler de ses prétentions, il s'en garda bien, mais pour l'éclairer sur le véritable caractère d'Abul, qui n'était rien moins qu'un galant paladin, et qui, malgré sa douceur et sa bonté naturelle, faisait jeter une femme adultère dans un puits, ni plus ni moins que si c'eût été un chat. Il lui peignit en même temps les mœurs des Turcs, l'intérieur des harems, l'impossibilité d'enfreindre leurs lois qui faisaient de la femme une marchandise appartenant à l'homme, et jamais une compagne ou une amie. Il lui porta le dernier coup en lui apprenant qu'Abul, outre vingt femmes dans son harem, avait une femme légitime dont les enfants étaient élevés avec plus de soin que ceux des autres, et qu'il aimait autant qu'un Turc peut aimer une femme, c'est-à-dire un peu plus que sa pipe et un peu moins que son cheval. Il engagea beaucoup Mattea à ne pas se placer sous la domination de cette femme, qui, dans un accès de jalousie, pourrait bien la faire étrangler par ses eunuques. Comme il lui disait toutes ces choses par manière de conversation, et sans paraître lui donner des avertissements dont elle se fût peut-être méfiée, elles faisaient une profonde impression sur son esprit et la réveillaient comme d'un rêve.

En même temps il eut soin de lui dire tout ce qui pouvait lui donner l'envie d'aller à Scio, pour y jouir dans les ateliers qu'il dirigeait, d'une liberté entière et d'un sort paisible. Il lui dit qu'elle trouverait à y exercer les talents qu'elle avait acquis dans la profession de son père, ce qui l'affranchirait de toute obligation qui pût faire rougir sa fierté auprès d'Abul. Enfin il lui fit une si riante peinture du pays, de sa fertilité, de ses productions rares, des plaisirs du voyage, du charme qu'on éprouve à se sentir le maître et l'artisan de sa destinée, que sa tête ardente et son caractère fort et aventureux embrassèrent l'avenir sous cette nouvelle face. Timothée eut soin aussi de ne pas détruire tout à fait son amour romanesque, qui était le plus sûr garant de son départ, et dont il ne se flattait pas vainement de triompher. Il lui laissa un peu d'espoir, en lui disant qu'Abul venait souvent dans les ateliers et qu'il y était adoré. Elle pensa qu'elle aurait au moins la douceur de le voir; et quant à lui, il connaissait trop la parole de son maître pour s'inquiéter des suites de ces entrevues. Quand tout ce travail que Timothée avait entrepris de faire dans l'esprit de Mattea eut porté les fruits qu'il en attendait, il pressa son maître de mettre à la voile, et Abul, qui ne faisait rien que par lui, y consentit sans peine. Au milieu de la nuit, une barque vint prendre la fugitive à Torcello et la conduisit droit au canal des Marano, où elle s'amarra à un des pieux qui bordent ce chemin des navires au travers des bas-fonds. Lorsque le brigantin passa, Abul tendit lui-même une corde à Timothée, car il eût emmené trente femmes plutôt que de laisser ce serviteur fidèle, et la belle Mattea fut installée dans la plus belle chambre du navire.

VII.

Trois ans environ après cette catastrophe, la princesse Veneranda était seule un matin dans la villa de Torcello, sans filleule, sans sigisbé, sans autre société pour le moment que son petit chien, sa soubrette et un vieil abbé qui lui faisait encore de temps en temps un madrigal ou un acrostiche. Elle était assise devant une superbe glace de Murano, et surveillait l'édifice savant que son coiffeur lui élevait sur la tête avec autant de soin et d'intérêt qu'aux plus beaux jours de sa jeunesse. C'était toujours la même femme, pas beaucoup plus laide, guère plus ridicule, aussi vide d'idées et de sentiments que par le passé. Elle avait conservé le goût fantasque qui présidait à sa parure et qui caractérise les femmes grecques lorsqu'elles sont dépaysées, et qu'elles veulent entasser sur elles les ornements de leur costume avec ceux des autres pays. Veneranda avait en ce moment sur la tête un turban, des fleurs, des plumes, des rubans, une partie de ses cheveux poudrée et une autre teinte en noir. Elle essayait d'ajouter des crépines d'or à cet attirail qui ne la faisait pas mal ressembler à une des belettes empanachées dont parle La Fontaine, lorsque son petit nègre lui vint annoncer qu'un jeune Grec demandait à lui parler. « Juste ciel! serait-ce l'ingrat Zacharias? s'écria-t-elle.

—Non, Madame, répondit le nègre, c'est un très-beau jeune homme que je ne connais pas, et qui ne veut vous parler qu'en particulier.

—Dieu soit loué! c'est un nouveau sigisbé qui me tombe du ciel, » pensa Veneranda; et elle fit retirer les témoins en donnant l'ordre d'introduire l'inconnu par l'escalier dérobé. Avant qu'il parût, elle se hâta de donner un dernier coup d'œil à sa glace, marcha dans la chambre pour essayer la grâce de son panier, fonça un peu son rouge, et se posa ensuite gracieusement sur son ottomane.

Alors un jeune homme, beau comme le jour ou comme un prince de conte de fées, et vêtu d'un riche costume grec, vint se précipiter à ses pieds et s'empara d'une de ses mains qu'il baisa avec ardeur.

« Arrêtez, Monsieur, arrêtez! s'écria Veneranda éperdue; on n'abuse pas ainsi de l'étonnement et de l'émotion d'une femme dans le tête-à-tête. Laissez ma main; vous voyez que je suis si tremblante que je n'ai pas la présence d'esprit de la retirer. Qui êtes-vous? au nom du ciel! et que doivent me faire craindre ces transports imprudents?

—Hélas! ma chère marraine, répondit le beau garçon, ne reconnaissez-vous point votre filleule, la coupable Mattea, qui vient vous demander pardon de ses torts et les expier par son repentir? »

La princesse jeta un cri en reconnaissant en effet Mattea, mais si grande, si forte, si brune et si belle sous ce déguisement, qu'elle lui causait la douce illusion d'un jeune homme charmant à ses pieds. « Je te pardonnerai, à toi, lui dit-elle en l'embrassant; mais que ce misérable Zacharias, Timothée, ou comme on voudra l'appeler, ne se présente jamais devant moi.

—Hélas! chère marraine, il n'oserait, dit Mattea; il

est resté dans le port sur un vaisseau qui nous appartient et qui apporte à Venise une belle cargaison de soie blanche. Il m'a chargée de plaider sa cause, de vous peindre son repentir, et d'implorer sa grâce.

—Jamais ! jamais ! » s'écria la princesse.

Cependant elle s'adoucit en recevant de la part de son infidèle sigisbé un cachemire si magnifique, qu'elle oublia tout ce qu'il y avait d'étrange et d'intéressant dans le retour de Mattea pour examiner ce beau présent, l'essayer et le draper sur ses épaules. Quand elle en eut admiré l'effet, elle parla de Timothée avec moins d'aigreur, et demanda depuis quand il était armateur et négociant pour son compte.

« Depuis qu'il est mon époux, répondit Mattea, et qu'Abul lui a fait un prêt de cinq mille sequins pour commencer sa fortune.

—Eh quoi ! vous avez épousé Zacharias? s'écria Veneranda, qui voyait dès lors en Mattea une rivale; c'était donc de vous qu'il était amoureux lorsqu'il me faisait ici de si beaux serments et de si beaux quatrains? O perfidie d'un petit serpent réchauffé dans mon sein ! Ce n'est pas que j'aie jamais aimé ce freluquet; Dieu merci, mon cœur superbe a toujours résisté aux traits de l'amour; mais c'est un affront que vous m'avez fait l'un et l'autre...

—Hélas! non, ma bonne marraine, répondit Mattea, qui avait pris un peu de la fourberie moqueuse de son mari; Timothée était réellement fou d'amour pour vous. Rassemblez bien vos souvenirs, vous ne pourrez en douter. Il songeait à se tuer par désespoir de vos dédains. Vous savez que de mon côté j'avais mis dans ma petite cervelle une passion imaginaire pour notre respectable patron Abul-Amet. Nous partîmes ensemble, moi pour suivre l'objet de mon fol amour, Timothée pour fuir vos rigueurs, qui le rendaient le plus malheureux des hommes. Peu à peu, le temps et l'absence calmèrent sa douleur; mais la plaie n'a jamais été bien fermée, soyez-en sûre, Madame; et s'il faut vous l'avouer, tout en demandant sa grâce, je tremble de l'obtenir; car je ne songe pas sans effroi à l'impression que lui fera votre vue.

— Rassure-toi, ma chère fille, répondit la Gica tout à fait consolée, en embrassant sa filleule, tout en lui tendant une main miséricordieuse et amicale; je me souviendrai qu'il est maintenant ton époux, et je te ménagerai son cœur, en lui montrant la sévérité que je dois avoir pour un amour insensé. La vertu que, grâce à la sainte Madone, j'ai toujours pratiquée, et la tendresse que j'ai pour toi, me font un devoir d'être austère et prudente avec lui. Mais explique-moi, je te prie, comment ton amour pour Abul s'est passé, et comment tu t'es décidée à épouser ce Zacharias que tu n'aimais point.

— J'ai sacrifié, répondit Mattea, un amour inutile et vain à une amitié sage et vraie. La conduite de Timothée envers moi fut si belle, si délicate, si sainte, il eut pour moi des soins si désintéressés et des consolations si éloquentes, que je me rendis avec reconnaissance à son affection. Lorsque nous avons appris la mort de ma mère, j'ai espéré que j'obtiendrais le pardon et la bénédiction de mon père, et nous sommes venus l'implorer, comptant sur votre intercession, ô ma bonne marraine!

— J'y travaillerai de mon mieux; cependant je doute qu'il pardonne jamais à ce Zacharias, à ce Timothée, veux-je dire, les tours perfides qu'il lui a joués.

— J'espère que si, reprit Mattea; la position de mon mari est assez belle maintenant, et ses talents sont assez connus dans le commerce, pour que son alliance ne semble point désavantageuse à mon père. »

La princesse fit aussitôt amener sa gondole, et conduisit Mattea chez M. Spada. Celui-ci eut quelque peine à la reconnaître sous son habit sciote; mais dès qu'il se fut assuré que c'était elle, il lui tendit les bras et lui pardonna de tout son cœur. Après le premier mouvement de tendresse, il en vint aux reproches et aux lamentations; mais dès qu'il fut au courant de la face qu'avait prise la destinée de Mattea, il se consola, et voulut aller sur-le-champ dans le port voir son gendre et la soie blanche qu'il apportait. Pour acheter ses bonnes grâces, Timothée la lui vendit à un très-bas prix, et n'eut point lieu de s'en repentir; car M. Spada, touché de ses égards et frappé de son habileté dans le négoce, ne le laissa point repartir pour Scio sans avoir reconnu son mariage et sans l'avoir mis au courant de toutes ses affaires. En peu d'années la fortune de Timothée suivit une marche si heureuse et si droite, qu'il put rembourser la somme que son cher Abul lui avait prêtée; mais il ne put jamais lui en faire accepter les intérêts. M. Spada, qui avait un peu de peine à abandonner la direction de sa maison, parla pendant quelque temps de s'associer à son gendre; mais enfin Mattea étant devenue mère de deux beaux enfants, Zacomo, se sentant vieillir, céda son comptoir, ses livres et ses fonds à Timothée, en se réservant une large pension, pour le paiement régulier de laquelle il prit scrupuleusement toutes ses sûretés, en disant toujours qu'il ne se méfiait pas de son gendre, mais en répétant ce vieux proverbe des négociants: *Les affaires sont les affaires.*

Timothée se voyant maître de la belle fortune qu'il avait attendue et espérée, et de la belle femme qu'il aimait, se garda bien de laisser jamais soupçonner à celle-ci combien ses vues dataient de loin. En cela il eut raison. Mattea crut toujours de sa part à une affection parfaitement désintéressée, née à l'île de Scio, et inspirée par son isolement et ses malheurs. Elle n'en fut pas moins heureuse pour être un peu dans l'erreur. Son mari lui prouva toute sa vie qu'il l'aimait encore plus que son argent, et l'amour-propre de la belle Vénitienne trouva son compte à se persuader que jamais une pensée d'intérêt n'avait trouvé place dans l'âme de Timothée à côté de son image. Avis à ceux qui veulent savoir le fond de la vie, et qui tuent la poule aux œufs d'or pour voir ce qu'elle a dans le ventre! Il est certain que si Mattea, après son mariage, eût été déshéritée, Timothée ne l'aurait pas moins bien traitée, et probablement il n'en eût pas ressenti la moindre humeur; les hommes comme lui ne font pas souffrir les autres de leurs revers, car il n'est guère de véritables revers pour eux. Abul-Amet et Timothée restèrent associés d'affaires et amis de cœur toute leur vie. Mattea vécut toujours à Venise, dans son magasin, entre son père, dont elle ferma les yeux, et ses enfants, pour lesquels elle fut une tendre mère, disant sans cesse qu'elle voulait réparer envers eux les torts qu'elle avait eus envers la sienne. Timothée alla tous les ans à Scio, et Abul revint quelquefois à Venise. Chaque fois que Mattea le revit après une absence, elle éprouva une émotion dont son mari eut très-grand soin de ne jamais s'apercevoir. Abul ne s'en apercevait réellement pas, et, lui baisant la main à l'italienne, il lui disait la seule parole qu'il eût pu jamais apprendre : *Votre ami*.

Quant à Mattea, elle parlait à merveille les langues modernes de l'Orient, et dans la conduite de ses affaires elle était presque aussi entendue que son mari. Plusieurs personnes, à Venise, se souviennent de l'avoir vue. Elle était devenue un peu forte de complexion pour une femme, et le soleil d'Orient l'avait bronzée, de sorte que sa beauté avait pris un caractère un peu viril. Soit à cause de cela, soit à cause de l'habitude qu'elle en avait contractée dans la vie de commis qu'elle avait menée à Scio, et qu'elle menait encore à Venise, elle garda toujours son élégant costume sciote, qui lui allait à merveille, et qui la faisait prendre pour un jeune homme par tous les étrangers. Dans ces occasions, Veneranda, quoique décrépite, se redressait encore, et triomphait d'avoir un si beau sigisbé au bras. La princesse laissa une partie de ses biens à cet heureux couple, à la charge de la faire ensevelir dans une robe de drap d'or et de prendre soin de son petit chien.

GEORGE SAND.

LA
VALLÉE-NOIRE

LA VALLÉE-NOIRE

I.

Un habitant de la Brenne, en m'adressant des paroles trop flatteuses, me demandait, il y a quelque temps, où je prenais la Vallée-Noire. Cette question me pique, je l'avoue. Je viens dire aux gens de Mézières-en-Brenne, aussi bien qu'à ceux de La Châtre, où je prends la Vallée-Noire.

Eh, mes chers compatriotes, je la prends où elle est ! N'y a-t-il pas une géographie naturelle dont ne peuvent tenir compte les dénominations et les délimitations administratives? Cette géographie de fait existera toujours, et chacun a le droit de la rétablir dans la logique de ses regards et de sa pensée. Si c'est un pur caprice de romancier qui m'a fait donner un nom quelconque (un nom très-simple, et le premier venu, je le confesse), à cette admirable région que nous avons le bonheur d'habiter, ce n'en est pas moins après un examen raisonné que j'ai fait, de ce coin du Berry, un point particulier, ayant sa physionomie, ses usages, son costume, sa langue, ses mœurs et ses traditions. Je pensais devoir garder pour moi-même cette découverte innocente. Il me plaisait seulement de ramener souvent l'action de mes romans dans ce cadre de prédilection. Mais puisqu'on veut que la

Vallée-Noire n'existe que dans ma cervelle, je prétends prouver qu'elle existe, distincte de toutes les régions environnantes, et qu'elle méritait un nom propre.

Elle fait partie de l'arrondissement de La Châtre ; mais cet arrondissement s'étend plus loin, vers Eguzon et l'ancienne Marche. Là, le pays change tellement d'aspect, que c'est bien réellement un autre pays, une autre nature. La Vallée-Noire s'arrête par là à Cluis. De cette hauteur on plonge sur deux versants bien différents. L'un sombre de végétation, fertile, profond et vaste, c'est la Vallée-Noire : l'autre maigre, ondulé, semé d'étangs, de bruyères et de bois de châtaigniers. Ce pays-là est superbe aussi pour les yeux, mais superbe autrement. C'est encore le ressort du tribunal de La Châtre, mais ce n'est plus la Vallée-Noire. Plus vous avancez vers le Pin et le cours de la Creuse et de la Gargilesse, plus vous entrez dans la Suisse du Berry. La Vallée-Noire en est le bocage, comme la Brenne en est la steppe.

Je veux d'abord, pour me débarrasser de toute chicane, tracer la carte de cette vallée. Faites courir une ligne circulaire, partant, si vous voulez, de Cluis-Dessus, qui est le point de mire de tous les horizons de la Vallée-Noire, et faites-la passer par toutes les hauteurs qui enferment et protégent notre bocage. Du côté de Cluis, toutes les hauteurs sont boisées, c'est ce qui donne à nos lointains cette belle couleur bleue qui devient violette et quasi noire dans les jours orageux. C'est, d'un côté, le bois Fonteny ; de l'autre, le bois Mavoye, le bois Gros, le bois Saint-George. Dirigez votre ligne d'enceinte vers les plateaux d'Aigurande, de Sazeray, Vijon, les sources de l'Indre, les bois de Vicher, la forêt de Maritet, Châteaumeillant, le bois de Boulaise, Thevet, Verneuil, Vilchère, Corlay. De là vous dirigez votre vol d'oiseau vers les bois du Magnié, où la vallée s'abaisse et se perd avec le cours de l'Indre dans les brandes d'Ardentes. Si vous voulez la retrouver, il faut vous éloigner de ces tristes steppes et remonter vers le Lys-Saint-George, d'où vous la verrez se perdre à votre droite, avec le cours de la Bouzanne, dans la direction de Jeu-les-Bois et des brandes d'Arthon. A votre gauche, elle se creuse majestueusement, pour se relever vers Neuvy-Saint-Sépulchre et vous ramener au clocher de Cluis, votre point de départ, que, dans toute cette tournée, vous n'avez guère perdu de vue.

Si vous traversez cette vallée, qui comprend une grande partie de l'arrondissement de La Châtre, vous trouverez des détails charmants à chaque pas. Mais ne vous étonnez pourtant point, voyageurs exigeants, si vous avez à traverser certaines régions plates et nues. De loin, ces clairières fromentales mêlaient admirablement leurs grandes raies jaunes à la verdure des prairies bocagères. De près, se trouvant presque de niveau avec de légers relèvements de terrain, elles offrent peu d'horizon, peu d'ombrage, et l'on ne se croirait plus dans ce pays enchanté qu'on va bientôt retrouver. C'est qu'il est impossible de ne pas traverser des veines de ce genre sur une aussi grande étendue de terrain. La Vallée-Noire, a, selon moi, une quarantaine de lieues de superficie, quarante-cinq à cinquante mille habitants, et une vingtaine de petites rivières formant affluents aux principales, qui sont l'Indre, la Bouzanne, la Vauvre, et l'Igneraie.

Ces courants d'eau partent du sud, c'est-à-dire des limites élevées du département de la Creuse, et viennent aboutir au pied des hauteurs de Verneuil et de Corlay, pour se perdre plus loin dans les brandes. Par leur inclinaison naturelle, ils creusent et fécondent cette vallée riante et fertile, où tout est semé sur des plans inégaux et ondulés. Si le voyageur veut bien me prendre pour guide, je lui conseille de se faire d'abord une idée de l'ensemble à Corlay ou à Vilchère, sommets qui, par les routes de Châteauroux et d'Issoudun, marquent l'entrée de ce paradis terrestre au sortir des tristes plateaux d'Ardentes et de Saint-Aoust. Qu'il visite Saint-Chartier, cette antique demeure des princes du bas Berry, d'où relevaient toutes les châtellenies de la Vallée-Noire, et que Philippe-Auguste disputa et reprit aux Anglais. Qu'il aille ensuite chercher le cours de l'Indre à Ripoton ou à Barbotte, sans s'inquiéter de ces noms barbares. Barbotte a été illustré par la beauté des filles du meunier, quatre madones qu'on appelait naïvement les *Barbottines*, et qui sont aujourd'hui mariées aux alentours. Que mon voyageur ne les cherche pas ; qu'il cherche son chemin, ce qui n'est pas facile et ne souffre guère de distraction ; ou bien qu'il suive la rivière, en remontant ses rives herbues, et qu'il la quitte au moulin de la Beauce, pour se diriger (s'il le peut), en droite ligne, sur la Vauvre.

Je lui recommande là, tout près du gué, le moulin d'Angibault, hélas ! bien ébranché et bien éclairci depuis l'année dernière. Puis il reprendra le chemin de Transault. Il s'arrêtera un instant au petit étang de Lajon, où les poules d'eau gloussent au printemps parmi les nénuphars blancs et les joncs serrés. Il traversera Transault, et, s'il prend le plus long pour arriver au Lys-Saint-George, c'est-à-dire s'il oblique par le chemin de gauche, il verra le vallon de Neuvy se présenter sous un aspect enchanteur. Au Lys, il visitera le château et l'affreux cachot où Ludovic Sforce a langui dix-huit mois. Il déjeunera en plein air, je le lui conseille, pour admirer le pays environnant, et ensuite il ira gagner le Magnié par Fourche et la grande prairie.

Du Lys à Fourche, le pays change d'aspect. C'est là que la vallée s'ouvre sur des landes tourmentées, et commence à cesser d'être Vallée-Noire. Les arbres deviennent plus rares, les horizons moins harmonieux, les terres plus froides. Mais l'aspect de cette région transitoire et grandiose, quand le soleil fait étinceler les flaques d'eau en s'abaissant derrière les buttes inégales où la bruyère commence à se montrer, plante folle et charmante, qui s'étale fièrement à côté du dernier sillon tracé par le laboureur sur cette limite du fromental généreux et de la brande inféconde.

Bon voyageur, tu tâcheras de ne pas te tromper de chemin, car tu pourrais courir longtemps avant de trouver l'Indre guéable. Pour rentrer dans la Vallée-Noire, tu demanderas Fourche ; car si tu prends par Mers (et je te conseille Mers et Presles pour le lendemain), tu ne verrais pas ce soir un coin de bois qu'il faut traverser avant Fourche, et qui est, sur ma parole, un joli coin de bois. Le petit castel du Magnié, les jardins et les bois si bien plantés et si bien situés qui l'entourent, son air d'abandon, son silence et sa poésie, ont bien aussi leur mérite.

Mais, dans cette tournée, où mangeras-tu, où dormiras-tu, où trouveras-tu du café, des journaux, des cigares, et quelqu'un à qui parler? Nulle part, je t'en préviens. Tu feras comme tu pourras, et même, pour te diriger à travers ce labyrinthe de chemins verdoyants et perfides, tu trouveras peu d'aide. Les passants sont rares, les métairies sont vides à la saison des travaux d'été, seule saison où le pays ne soit pas inondé et impraticable. Tu n'es pas ici en Suisse ; si tu demandes à un paysan de te servir de guide, il te répondra en riant : « Bah! est-ce que j'ai le temps? J'ai mes bœufs, mes blés ou mes foins à rentrer. » Si tu demandes à Angibault le chemin du Lys-Saint-George, on te dira : « Ma foi! c'est quelque part par là. Je n'y ai jamais été. » Le meunier peut connaître le pays à une lieue à la ronde, mais sa

femme et ses enfants n'ont certes jamais voy
dans le rayon d'un kilomètre autour de leur c
Tu rencontreras partout des gens polis et bien
mais ils ne peuvent rien pour toi, et ils ne comp.
pas que tu veuilles voir leur pays.

Et, au fait, pourquoi voudrait-on venir de loin pour le
voir, ce pays modeste qui n'appelle personne, et dont
l'humble et calme beauté n'est pas faite pour piquer la
curiosité des oisifs? Dans les pays à grands accidents,
comme les montagnes élevées, la nature est orgueilleuse
et semble dédaigner les regards, comme ces fières beau-
tés qui sont certaines de les attirer toujours. Dans d'autres contrées moins grandioses, elle se fait coquette dans
les détails, et inspire des passions au paysagiste. Mais
elle n'est ni farouche ni prévenante dans la Vallée-Noire:
elle est tranquille, sereine, et muette sous un sourire de
bonté mystérieuse. Si l'on comprend bien sa physionomie, on peut être sûr que l'on connaît le caractère de
ses habitants. C'est une nature qui ne se farde en rien,
et qui s'ignore elle-même. Il n'y a pas là d'exubérance
irréfléchie, mais une fécondité patiente et inépuisable.
Point de luxe, et pourtant la richesse; aucun détail qui
mérite de fixer l'attention, mais un vaste ensemble dont
l'harmonie vous pénètre peu à peu, et fait entrer dans
l'âme le sentiment du repos. Enfin on peut dire de cette
nature qu'elle possède une aménité grave, une majesté
sérte et douce, et qu'elle semble dire à l'étranger qui la
contemple : « Regarde-moi si tu veux, peu m'importe. Si
tu passes, bon voyage; si tu restes, tant mieux pour
toi. »

J'ai dit que comprendre la physionomie de cette contrée, c'était connaître le caractère de ses habitants, et
j'ai dit là une grande naïveté. Le sol ne communique-t-il
pas à l'homme des instincts et une organisation analogue

à ses propriétés essentielles? La terre, et le bras et le cerveau de l'homme qui la cultive, ne réagissent-ils pas continuellement l'un sur l'autre? A intensité égale de soleil, le plus ou moins de vertu du sol fait un air plus ou moins souple et sain, plus ou moins pur et vivifiant. L'air est admirablement doux et respirable dans la Vallée-Noire. Point de grandes rivières, conducteurs électriques des ouragans et des maladies; point d'eaux stagnantes, de marécages conservateurs perfides des germes pestilentiels. Partout des mouvements de terrain dont la science agricole pourrait tirer sans doute un meilleur parti, mais qui du moins facilitent naturellement un rapide écoulement aux inondations; des terres qui ne sèchent pas vite, mais qui ne s'imbibent pas vite non plus, et qui ne communiquent pas de brusques transitions à l'atmosphère. L'homme qui naît dans cet air tranquille ne connaît ni l'excitation fébrile des pays des montagnes, ni l'accablement des régions brûlantes. Il se fait un tempérament pacifique et soutenu. Ses instincts manquent d'élan; mais s'il ignore les mouvements impétueux de l'imagination, il connaît les douceurs de la méditation, et la puissance de l'entêtement, cette force du paysan, qui raisonne à sa manière, et s'arrange, en dépit du progrès, pour l'espèce de bonheur et de dignité qu'il conçoit. Les gens civilisés parlent bien à leur aise de bouleverser tout cela, oubliant qu'il y a bien des choses à respecter dans ces antiques habitudes de sobriété morale et physique, et que le paysan ne fera jamais bien que ce qu'il fera de bonne grâce.

Si le sol agit lentement et mystérieusement sur le tempérament et le caractère de l'homme, l'homme, à son tour, agit ostensiblement sur la physionomie du sol. Son action paraît plus prompte, il faut moins de temps pour ébrancher un arbre, ou creuser un fossé, que pour faire des dents de sagesse : mais cette action du bras humain étant moins soutenue, est soumise à des lois moins fixes ; celle du sol reste victorieuse à la longue, et l'homme ne change pas plus dans la Vallée-Noire, que le système du labourage et l'aspect des campagnes.

Grâce à des habitudes immémoriales, la Vallée-Noire tire son caractère particulier de la mutilation de ses arbres. Excepté le noyer et quelques ormes séculaires autour des domaines ou des églises de hameau, tout est ébranché impitoyablement pour la nourriture des moutons pendant l'hiver. Le détail est donc sacrifié dans le paysage, mais l'ensemble y gagne, et la verdure touffue des têteaux renouvelée ainsi chaque année prend une intensité extraordinaire. Les amateurs de *style* en peinture se plaindraient de cette monstrueuse coutume ; et pourtant, lorsque, d'un sommet quelconque de notre vallée, ils en saisissent l'aspect général, ils oublient que chaque arbre est un nain trapu ou un baliveau rugueux, pour s'étonner de cette fraîcheur répandue à profusion. Ils demandent si cette contrée est une forêt ; mais bientôt, plongeant dans les interstices, ils s'aperçoivent de leur méprise. Cette contrée est une prairie coupée à l'infini par des buissons splendides et des bordures d'arbres ramassés, semée de bestiaux superbes, et arrosée de ruisseaux qu'on voit çà et là courir sous l'épaisse végétation qui les ombrage. Il n'y aurait jamais de point de vue possible dans un pays ainsi planté, et avec un terrain aussi accidenté, si les arbres étaient abandonnés à leur libre développement. La beauté du pays existerait, mais, à moins de monter sur la cime des branches, personne n'en jouirait. L'artiste, qui rêve en contemplant l'horizon, y perdrait le spectacle de sites enchanteurs, et le paysan, qui n'est jamais absurde et faux dans son instinct, n'y aurait plus cette jouissance de respirer et de voir, qu'il exprime en disant : C'est bien joli par ici, c'est bien *clair*, on voit loin.

Voir loin, c'est la rêverie du paysan ; c'est aussi celle du poëte. Le paysagiste aime mieux un coin bien composé que des lointains infinis. Il a raison pour son usage ; mais le rêveur, qui n'est pas forcé de traduire le charme de sa contemplation, adorera toujours ces vagues profondeurs des vallées tranquilles, où tout est uniforme, où aucun accident pittoresque ne dérange la placidité de son âme, où l'églogue éternelle semble planer comme un refrain monotone qui ne finit jamais. L'idée du bonheur est là, sinon la réalité. Pour moi, je l'avoue, il n'est point d'amertumes que la vue de mon horizon natal n'ait endormies, et, après avoir vu l'Italie, Majorque et la Suisse, trois contrées au-dessus de toute description, je ne puis rêver pour mes vieux jours qu'une chaumière un peu confortable dans la Vallée-Noire.

C'est un pays de petite propriété, et c'est à son morcellement qu'il doit son harmonie. Le morcellement de la terre n'est pas mon idéal social ; mais, en attendant le règne de la Fraternité, qui n'aura pas de raisons pour abattre les arbres et priver le sol de sa verdure, j'aime mieux ces petits lots divisés où subsistent des familles indépendantes, que les grandes terres où le cultivateur n'est pas chez lui, et où rien ne manque, si ce n'est l'homme.

Dans une grande partie du Berry, dans la Brenne particulièrement, la terre est inculte ou abandonnée : la fièvre et la misère ont emporté la population. La solitude n'est interrompue que par des fermes et des châteaux, pour le service desquels se rassemblent le peu de bras de la contrée. Mais je connais une solitude plus triste que celle de la Brenne, c'est la Brie. Là ce ne sont pas la terre ingrate et l'air insalubre qui ont exilé la population, c'est la grande propriété, c'est la richesse. Pour certains habitants sédentaires de Paris qui n'ont jamais vu de campagne que la Brie ou la Beauce, la nature est un mythe, le paysan un habitant de la lune. Il y a autant de différence entre cette sorte de campagne et la Vallée-Noire, qu'entre une chambre d'auberge et une mansarde d'artiste.

Voici la Brie : des villages où le pauvre exerce une petite industrie ou la mendicité; des châteaux à tourelles reblanchies, de grandes fermes neuves, des champs de blé ou des luzernes à perte de vue, des rideaux de peupliers, des meules de fourrages, quelques paysans qui ont posé dans le sillon leur chapeau rond et leur redingote de drap pour labourer ou moissonner; et d'ailleurs, la solitude, l'uniformité, le désert de la grande propriété, la morne solennité de la richesse qui bannit l'homme de ses domaines et n'y souffre que des serviteurs. Ainsi rien de plus affreux que la Brie, avec ses villages malpropres, peuplés de blanchisseuses, de vivandières, et de pourvoyeurs; ses châteaux dont les parcs semblent vouloir accaparer le peu de futaie et le peu d'eau de la contrée; ses paysans, demi-messieurs, demi-valets; ses froids horizons où vous ne voyez jamais fumer derrière la haie la chaumine du propriétaire rustique. Il n'y a pas un pouce de terrain perdu ou négligé, pas un fossé, pas un buisson, pas un caillou, pas une ronce. L'artiste se désole.

Mais, dira-t-on, l'artiste est un songe-creux qui voudrait arrêter les bienfaits de l'industrie et de la civilisation. Une charrue perfectionnée le révolte, un grand toit de tuiles bien neuves et bien rangées, un paysan bien mis, lui donnent des nausées; il ne demande que haillons, broussailles, chaumes moisis, haies échevelées.

Il semble, en effet, quand on songe au positif, que l'artiste soit un fou et un barbare. Je vais vous dire pourquoi l'artiste a raison dans son instinct : c'est qu'il sent la grandeur et la poésie de la liberté ; c'est que le paysan n'est un homme qu'à la condition d'être chez soi et de pouvoir travailler souvent sa propre terre. Or le paysan, dans l'état de notre société, a encore la négligence ou la parcimonie de sa race. Lors même qu'il arrive à l'aisance, il dédaigne encore les superfluités de la symétrie, et peut-être que, poëte lui-même, il trouve un certain charme au désordre de son hangar et à l'exubérance de son berceau de vignes. Quoi qu'il en soit, cet air d'abandon, cette souriante bonhomie de la nature respectée autour de lui, sont comme le drapeau de liberté planté sur son petit domaine.

Moi aussi, artiste, qu'on me le pardonne, je rêve pour les enfants de la terre un sort moins précaire et moins pénible que celui de petit propriétaire, sans autre liberté que celle de harder jalousement le globe qu'il a conquise, et sans autre idéal que celui de voir pousser la haie dont il l'a enfermée. Derrière ses grandes *bouchures* d'épine et d'églantier, on dirait que le paysan de la Vallée-Noire cache le maigre trésor qu'il a pu acheter en 93, et qu'il a peur d'éveiller les désirs de son ancien seigneur, toujours prêt, dans l'imagination du paysan, à réclamer et à ressaisir les *biens nationaux*. Mais tel qu'il est là, couvant son arpent de blé, je le crois plus fier et plus heureux que le valet de ferme qui vieillira comme son cheval sous le harnais, et qui passera, par grande fortune, à l'état de piqueur, de valet de pied, ou tout au plus, s'il amasse beaucoup, à la profession de cabaretier dans un tourne-bride. La domesticité du fermier n'est pas franchement rustique, et la grande ferme plus saine, plus aérée, j'en conviens, que la chaumière moussue, a toute la tristesse, toute la laideur du phalanstère, sans en avoir la dignité et la liberté rêvées.

Il est bien vrai qu'en chassant l'homme de la terre, en le parquant dans les fermes ou dans les villages, le riche éloigne de ses blés les troupeaux errants, et de son jardin les poules maraudeuses. Aussi loin que sa vue peut s'étendre, et bien plus loin encore, tout est à lui, à lui seul. Une petite enclave impertinente vient-elle à l'inquiéter? Il s'en rend maître à tout prix. Il n'aura besoin ni de fossés, ni de clôtures. Si une vache foule indolemment sa prairie artificielle, cette vache est à lui; si un poulain s'échappe à travers ses jeunes plantations, ce poulain sort de ses écuries. On grondera le palefrenier, et tout sera dit. Le garde-champêtre n'aura point à intervenir.

Mais qu'il est à plaindre dans sa sécurité, ce solitaire de la Brie! Il n'a de voisins qu'à une lieue de chez lui, à la limite de son vaste territoire. Il n'entend pas chanter son laboureur : son laboureur ne chante pas : il n'est pas gai, lorsqu'il laboure cette terre dont il ne partagera pas les produits. Mais le propriétaire n'est pas moins grave ni moins ennuyé. Il ne s'entend jamais appeler par la fileuse qui l'attend sur le pas de sa porte, pour lui montrer un enfant malade, ou le consulter sur le mariage de sa fille aînée. Il ne verra pas les garçons jouer aux quilles entre sa cour et celle du voisin, et lui crier quand il passe à cheval : « Prenez donc le galop, Monsieur, que « je lance ma boule. Je ne voudrais pas effrayer votre « monture, mais je suis pressé de gagner la partie. » Il ne chassera pas poliment de son parterre les oies du voisin, qui vient se lamenter avec lui sur le dommage, et qui jette des pierres, en punition, à ses bêtes malapprises, en ayant grand soin toutefois de ne pas les toucher! Il ne nourrira point le troupeau du paysan; mais aussi il n'aura pas sous sa main le paysan toujours prêt à lui donner aide, secours et protection; car le paysan est le meilleur des voisins. En même temps qu'il est pillard, tracasssier, susceptible, indiscret, et despote, il est, dans les grandes occasions, tout zèle, tout cœur, et tout élan. Insupportable dans les petites choses, il vous exerce à la patience, il vous enseigne l'égalité qu'il ne comprend pas en principe, mais qu'il pratique en fait; il vous force à l'hospitalité, à la tolérance, à l'obligeance, au dévouement; toutes vertus que vous perdez dans la solitude, ou dans la fréquentation exclusive de ceux qui n'ont jamais besoin de rien. Lui, il a besoin de tout; il le demande. Donnez-le-lui, ou il le prendra. Si vous lui faites la guerre, vous serez vaincu; si vous cédez, il n'abusera point trop, et il vous le rendra en services d'une autre nature, mais indispensables. Cet échange, où vous auriez tant de frais à faire, vous paraît dur? Il est plus dur de n'être pas aimé (lors même qu'on le mérite), faute d'être connu. Il est plus dur de ne pas se rendre utile, et de ne pas faire d'heureux dans la crainte de faire des ingrats. Il est plus dur d'avoir à payer que d'avoir à donner. Je vous en réponds, je vous en donne ma parole d'honneur. L'homme qui n'a pas quelque chose à souffrir de ses semblables souffrira bien davantage d'être privé de leur commerce et de leur sympathie. Si j'avais beaucoup de terres et point de voisins, je donnerais des terres aux mendiants, afin d'avoir leur voisinage, et afin de pouvoir causer de temps en temps avec des hommes libres. Je les leur donnerais sans vouloir qu'ils fussent reconnaissants.

II.

Quel contraste entre ces pays à habitudes féodales et la partie du Berry que j'ai baptisée Vallée-Noire! Chez nous, presque pas de châteaux, beaucoup de forteresses seigneuriales, mais en ruines, ouvertes à tous les vents, et servant d'étables aux métayers, ou de pâturages aux chèvres insouciantes. Comme on ne replâtre pas chez nous la féodalité, les murs envahis par le lierre et les tours noircies par le temps n'attirent pas de loin les regards. C'est tout au plus si un rayon du couchant vous les fait distinguer un instant dans le paysage. La chaumière est tapie sous le buisson, la métairie est voilée derrière ses grands noyers. Le pays semble désert, et sauf les jours de marché, les routes ne sont fréquentées que par les deux ou trois bons gendarmes qui font une promenade de santé, ou par le quidam poudreux qui porte une mine et un passeport suspects. Mais ce pays de silence et d'immobilité est très-peuplé; dans chaque chemin de traverse, le petit troupeau du ménagcot est pendu aux ronces de la haie, et, dans chaque haie, vous trouverez, caché comme un nid de grives, un groupe d'enfants qui jouent gravement ensemble, sans trop se soucier de la chèvre qui pèle les arbres, et des oies qui se glissent dans le blé. Autour de chaque maisonnette verdoie un petit jardin, où les œillets et les roses commencent à se montrer autour des légumes. C'est là un signe notable de bien-être et de sécurité : l'homme qui pense aux fleurs a déjà le nécessaire, et il est digne de jouir du superflu.

Encore une délimitation de la Vallée-Noire, qui en vaut bien une autre, et qui parle aux yeux. Tant que vous verrez une coiffe à barbes coquettement relevées, et rappelant les figures du moyen âge, vous n'êtes pas sorti de la Vallée-Noire. Cette coiffure est charmante quand elle est portée avec goût, et qu'elle encadre sans exagération un joli visage. Elle est grave et austère quand elle s'élargit lourdement sur la nuque d'une aïeule. Son originalité caractérise l'attachement à d'anciennes coutumes, et le vieux Berry, si longtemps écrasé par les Anglais, et si bravement disputé et repris, se montre ici dans un dernier vestige des modes du temps passé. Sainte-Sévère, la dernière forteresse où se retranchèrent nos ennemis, et d'où ils furent si fièrement expulsés par Du Guesclin soutenu de ses bons hommes d'armes et des rudes gars de l'endroit, élève encore, au bord de l'Indre, comme une glorieuse vigie, sa grande tour effondrée de haut en bas par la moitié, en pleine Vallée-Noire, dans un site moins riant que ceux du nord de la vallée, mais déjà empreint de la tristesse romantique de la Marche et des mouvements plus accusés de cette région montagneuse.

C'est dans la Vallée-Noire qu'on parle le vrai, le pur berrichon, qui est le vrai français de Rabelais. C'est là qu'on dit un *draygouer*, que les modernes se permettent d'écrire draggoir ou drageoir, fautes impardonnables : un bouffouer (un soufflet) que nos voisins dégénérés appellent *boufferet*. C'est là que la grammaire berrichonne est pure de tout alliage et riche de locutions perdues dans tous les autres pays de la langue d'oïl. C'est là que les verbes se conjuguent avec des temps inconnus aujourd'hui, luxe de langage qu'on ne saurait nier : par exemple, cet imparfait du subjonctif qui mérite attention :

> Il ne faudrait pas que je m'y accoutumige,
> que tu t'y accoutumigis,
> qu'il s'y accoutumigît,
> que nous nous y accoutumigiens,
> que vous vous y accoutumiôge,
> qu'il s'y accoutumiengent.

C'est, dit le Dante, en parlant de la Toscane, la contrée où résonne le *si*. Eh bien, la Vallée-Noire est le pays où résonne le *zou*. Le *zou* est à coup sûr d'origine celtique, car je ne le trouve nulle part dans le vieux français d'oc ou d'oil. *Zou* est un pronom relatif qui ne s'applique qu'au genre neutre. Le berrichon de la Vallée-Noire est donc riche du neutre perdu en France. On dit d'un couteau : *ramassez zou*, d'un panier *faut zou s'emplir*. On ne dira pas d'un homme tombé de cheval *faut zou ramasser*. Le bétail noble non plus n'est pas neutre. On ne dit pas du bœuf, *tuez zou*, ni du cheval *mène zou au pré*; mais toute bête vile et immonde, le crapaud, la chauve-souris, subissent l'outrage du *zou; écrase zou : zous attuche pas, auc les mains!*

Les civilisés superficiels prétendent que les paysans parlent un langage corrompu et incorrect. Je n'ai pas assez étudié le langage des autres localités pour le nier d'une manière absolue, mais quant aux indigènes de la Vallée-Noire, je le nie particulièrement et positivement. Ce paysan a ses règles de langage dont il ne se départ jamais, et en cela son éducation faite sans livres, sans grammaire, sans professeur, et sans dictionnaire, est très-supérieure à la nôtre. Sa mémoire est plus fidèle, et à peine sait-il parler, qu'il parle jusqu'à sa mort d'une manière invariable. Combien de temps nous faut-il, à nous autres, pour apprendre notre langue? et l'orthographe? Le paysan n'écrit pas, mais sa prononciation ortographie avec une exactitude parfaite. Il prononce la dernière syllabe des temps du verbe au pluriel, et, au lieu de laisser tomber, comme nous, cette syllabe muette, ils *mangent*, ils *marchent*, il prononce ils *mangeant*, ils *marchant*. Jamais il ne prendra le singulier pour le pluriel dans cette prononciation, tandis que nous, c'est à coups de pensums que nous arrivons à ne pas écrire ils *mange*, ils *marche*. Ailleurs, le paysan dira peut-être : ils *mangeont*, ils *marchont;* jamais le paysan de la Vallée-Noire ne fera cette faute.

L'emploi de ce *zou* neutre est assurément subtil pour des intelligences que ne dirige pas le fil conducteur d'une règle écrite, définie, apprise par cœur, étudiée à frais de mémoire et d'attention. Eh bien, jamais il n'y fera faute, non plus qu'aux temps bizarres de ses conjugaisons. Je ne parle pas ici de la profusion et du pittoresque de ses adjectifs et de ses verbes, de l'originalité descriptive de ses substantifs. Ce serait à l'infini, et beaucoup de ces locutions ne sont pas même dans les vieux auteurs. Je n'insiste que sur la correction de sa langue, correction d'autant plus admirable qu'aucune académie ne s'en est jamais doutée, et qu'elle s'est conservée pure à travers les siècles.

Qu'on ne dise donc pas que c'est un langage barbare, incorrect, et venu par hasard. Il y a beaucoup plus de hasard, de fantaisie et de corruption dans notre langue académique; le sens et l'orthographe ont été beaucoup moins respectés par nos lettrés, depuis cinq cents ans, qu'ils ne le sont encore aujourd'hui par nos bouviers de la Vallée-Noire. Ceux qui parlent mal, sans règle, sans logique, et sans pureté, ce sont les artisans de nos petites villes, qui dédaignent de parler comme les *gens de campagne*, et qui ne parlent pas comme les bourgeois; ce sont les domestiques de bonne maison, qui veulent singer leurs maîtres, les cantonniers piqueurs qui courent les routes, les cabaretiers qui causent avec des passants de tout pays, et qui arrivent tous au charabiat, au *parler pointu*, au *chien-frais*, comme on dit chez nous. Les soldats qui reviennent de faire leur temps apportent aussi un parler nouveau, mais qui ne prend pas, et auquel ils renoncent en moins d'un an pour retourner à la langue primitive. Mais l'homme qui n'a jamais quitté sa charrue ou sa pioche parle toujours bien, et ici, comme partout, les femmes ont la langue encore mieux pendue que les hommes. Elles s'expriment facilement, abondamment. Elles racontent d'une manière remarquable, et il y en a plusieurs que j'ai écoutées des heures entières à mon grand profit. Au sortir du pathos à la mode, et de cette langue chatoyante, vague, et pleine de brillants contresens de la littérature actuelle, il me semblait que la logique de mon cerveau se retrempait dans cette simplicité riche, et dans cette justesse d'expressions que conservent les esprits sans culture.

Il faudrait pouvoir retrouver et retracer l'histoire de la Vallée-Noire. Je ne la sais point, mais je crois pouvoir la résumer par induction. Presque nulle part on ne retrouve de titres, et la révolution a fait une telle lacune dans les esprits, que tout ce qui existait la veille de ces grands jours n'a laissé que des traditions vagues et contradictoires. Seul, dans ma paroisse, j'ai mis la main sur quelques parchemins relatifs à Nohant, et aux seigneuries qui en relevaient, ou dont relevait Nohant. Voici ce que je crois pouvoir conclure des relations de paysans à seigneurs.

Depuis trois cents ans environ, Nohant, Saint-Chartier, Vieille-Ville, et plusieurs autres domaines de la Vallée-Noire étaient tombés en quenouille. C'étaient des héritages de vieilles filles, de nobles veuves ou de mineurs. Ces domaines étaient de moins en moins habités et surveillés par des maîtres actifs, et la gestion en était confiée à des hommes de loi, tabellions et procureurs, qui n'exigeaient, pour le maître absent ou débonnaire, ni corvées, ni redevances, ni prestation de foi et hommage. Les paysans prirent donc la douce habitude de ne se point gêner, et quand la révolution arriva, ils étaient si bien dégagés, par le fait, des liens de la féodalité, qu'ils n'exercèrent de vengeance contre personne. La conduite de M. de Serenne, gouverneur de Vierzon et seigneur de

Nohant, peint assez bien l'époque. Ayant acheté cette terre aux héritiers du maréchal de Balincourt, il vint essayer d'y faire acte d'autorité. Il n'était pas riche, et probablement le revenu de la première année, absorbé par les frais d'acte, ne fut pas brillant. Il voulut compulser ses titres pour savoir à qui il pourrait réclamer ses droits de seigneur. Mais ses titres étaient dans les mains des maudits tabellions de La Châtre, lesquels, bonnes gens, amis du pauvre, et peu habitués à se courber devant des pouvoirs tombés en désuétude, prétendaient avoir égaré toutes ces paperasses. Pourtant le meunier du Moulin-Neuf devait une paire de poules noires, celui du Grand-Moulin un sac d'avoine; qui, une *oche* avec son *ochon;* qui, trois sous parisis : tout cela remontait peut-être aux croisades. Il y avait bien longtemps qu'on s'en croyait quitte. La demoiselle de Saint-Chartier, vieille fille de bonne humeur, n'exigeait plus que ses vassaux lui présentassent un roitelet et un bouquet de roses, portés chacun sur une charrette à huit bœufs. Messire Chabenat, le tabellion, n'allait plus représenter auprès d'elle le seigneur de Nohant, un pied *déchaux*, sans ceinture, épée, ni boucles de souliers, pour lui rendre hommage, le genou en terre, au nom du seigneur de Nohant. Mais le seigneur de Nohant, qui oubliait volontiers de payer sa dette de servage à ladite demoiselle, voulait que ses propres vassaux se souvinssent de leur devoir. Il obtint un ordre, dit *lettre royau*, par lequel il était enjoint aux tabellions, notaires et procureur de La Châtre, et autres lieux, de lui rapporter tous ses titres, et aux vassaux de monseigneur, de venir, à jour dit, se présenter en la salle du château de Nohant, avec leurs poules, leurs sous, leurs sacs, leurs oches, et leurs dindes, s'y prosterner, et faire agréer leurs tributs.

Il paraît que personne ne se présenta, et que les damnés tabellions ne retrouvèrent pas le plus petit parchemin, ce qui irrita fort monseigneur. De leur côté, les paysans furent révoltés de ces prétentions surannées. Le curé de Nohant, qui avait par avance des instincts jacobins, fit une chanson contre monseigneur. Monseigneur exigea qu'à l'offertoire monsieur le curé lui offrît l'encens dans sa tribune. On n'a jamais dit ce que le curé mit dans l'encensoir, mais le seigneur en fut quasi asphyxié, et s'abstint de respirer pendant toute la messe.

La révolution grondait déjà au loin. Les paysans couchaient en joue le seigneur dans son jardin, en passant le canon de fusils non chargés par dessus la haie. Ce n'était encore qu'une menace : monseigneur la comprit et émigra.

Je crois que cette histoire ressemble à celle de toutes les localités de la Vallée-Noire, et pour s'en convaincre, il ne faut que voir le paysan propriétaire, maître chez lui, indépendant par position et par nature, calme et bienveillant avec ses amis riches, traitant d'égal à égal avec eux, se moquant beaucoup des grands airs, nullement servile dans sa gratitude ; il se sent fort, et ne ferait pourtant usage de sa force qu'à la dernière extrémité. Il se souvient que sa liberté date de loin et qu'il lui a suffi de menacer pour mettre la féodalité en fuite.

Que le gouvernement ne s'étonne donc pas trop de voir la bourgeoisie indocile de La Châtre nommer ses représentants et ses magistrats à sa guise : le paysan incrédule rit quand on lui parle des chemins de fer qui vont, tout exprès pour lui, se détourner des grands plateaux dont la Vallée-Noire est environnée et se plonger dans nos terrains tourmentés, où on ne trouverait pas un mètre du sol de niveau avec le mètre du voisin. On a promis à plus d'un meunier d'établir un débarcadère dans sa prairie ; on dit qu'un seul a été séduit par cette promesse. Il est vrai qu'il ne l'avait pas bien comprise et qu'il s'en allait disant à tout le monde : « Décidément Abd-el-Kader va passer dans mon pré! »

GEORGE SAND.

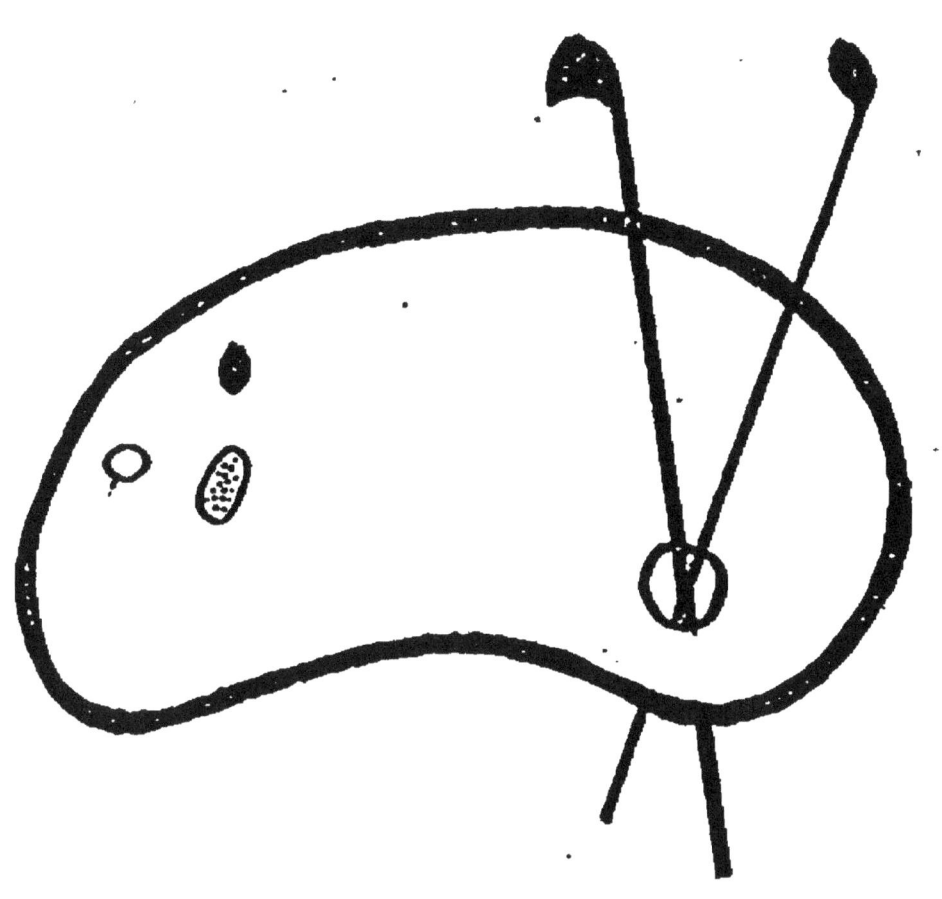

ORIGINAL EN COULEUR
NF Z 43-120-8

www.ingramcontent.com/pod-product-compliance
Lightning Source LLC
Chambersburg PA
CBHW071507160426
43196CB00010B/1450